VIE

DU

COMMANDANT CLEMMER

UN

Soldat d'Afrique

PAR

GUSTAVE DERUDDER

DOCTEUR ÈS LETTRES

EN VENTE :

à l'Imprimerie des Orphelins, 70, Quai de l'Est, Calais

et chez l'Auteur,

44, Avenue de Taulhac, Le Puy-en-Velay

1899

VIE

DU

COMMANDANT CLEMMER

CLEMMER

1825 - 1870

UN

SOLDAT D'AFRIQUE

PAR

GUSTAVE DERUDDER

DOCTEUR ÈS LETTRES

CALAIS

IMPRIMERIE DES ORPHELINS

70, QUAI DE L'EST, 70

1899

PRÉFACE

Je souhaite qu'on ait autant de plaisir à lire ce livre que j'en ai eu moi-même à l'écrire. Ce travail commencé, il y a quelques années, interrompu par un deuil cruel et fréquemment abandonné pour des occupations pressantes, était mon délassement préféré, celui dont j'aimais à goûter la douceur aux intervalles de liberté et de loisir.

Du jour où je me suis proposé de fixer dans un récit la meilleure part des souvenirs qui restent de Charles Clemmer, j'ai deviné que j'avais découvert, dans un passé peu éloigné de nous, une âme d'élite, un Français sans peur, un chrétien sans reproche, et je me suis efforcé de me rapprocher de cette intéressante figure, d'en démêler les traits nombreux et précis, d'en saisir la vraie expression.

On ne saurait longtemps observer cette physionomie, sans la trouver noble, sympathique et attachante, sans l'aimer et l'admirer. Ainsi s'explique le sentiment qui domine dans ce livre et qui exposerait l'auteur à quelque soupçon de partialité, si son héros n'était pas réellement au-dessus de tout éloge.

Pour parler de Clemmer et pour le juger, je n'ai pris conseil que de lui-même : j'ai eu le bonheur de lire ses lettres, tantôt brèves, écrites à la hâte, d'une main qui semble quitter l'épée pour la reprendre aussitôt après, tantôt abondantes de détails, de sentiments, toujours pleines de vie, de couleur, de vérité. On y trouve le portrait de l'homme, l'image de sa vie, l'expression fidèle d'un cœur tout à la franchise et à la tendresse.

Ces précieuses révélations m'ont aidé à comprendre Clemmer et à le faire voir tel qu'il était. Ceux de sa génération qui l'ont connu et vivent encore, pourront, j'ose l'espérer, le retrouver dans ces pages avec tout ce qu'il a de fin et de hardi, de souriant et de sévère. Ceux qui sont venus plus tard et ne peuvent pas, comme les autres, juger de la ressemblance du portrait, y reconnaîtront du moins l'image d'un héros et se plairont, suivant les circonstances, à la rapprocher des figures imposantes, éclairées par le feu des batailles, ou à la comparer aux figures doucement recueillies dans la paix du foyer.

Clemmer aimait à la fois les hasards de la guerre et la vie de famille, grâce à cette raison souveraine qui concilie heureusement les sentiments contraires, assure le parfait équilibre des qualités de l'âme et ne permet pas que le courage grandisse au détriment de la bonté.

Nous admirons l'homme qui brave les dangers, mais nous ne pouvons nous attacher à lui par l'amitié ou l'estime, s'il est dur et farouche. Le véritable homme de cœur est celui qui se montre toujours prêt à sacrifier sa vie pour sa patrie, sans sacrifier jamais le devoir sacré de l'affection. Tel nous apparaît Clemmer. Dans la mêlée nous le voyons intrépide, et, sitôt la bataille finie, sa première pensée est pour ses proches qu'il veut faire participer à son enthousiasme, dans la victoire, ou qu'il rassure en riant du danger passé, de la mort vue de près, des blessures reçues.

Non seulement il ne craint pas; mais il est persuadé que le péril n'existe pas pour lui et que les balles de l'ennemi ne sauraient l'atteindre. La confiance partout et toujours: voilà un des principaux traits de son caractère. Cette confiance n'a rien de commun avec la témérité aveugle qui nous permet de reconnaître entre mille un homme habitué à exposer sa vie. Il s'en faut bien; chez Clemmer, rien ne sent l'habitude mécanique ou la routine. Sa constante tranquillité aux plus terribles moments de sa vie périlleuse est le fruit de la réflexion et de la foi. Il sait que la Providence veille sur lui et que l'on n'a pas donné sans raison le nom d'ange gardien à l'esprit céleste, fidèle compagnon de l'homme sur l'âpre chemin qui va du berceau à la tombe.

Il a foi dans l'avenir et rien ne le décourage : il aime la vie, comme c'est naturel à ceux qui n'ont pas cueilli le fruit de l'arbre trompeur et n'ont pas sucé l'amertume du scepticisme. Il aime la vie, parce que le passé lui fait honneur et que l'avenir lui sourit : ses grades, ses décorations, tout ce qu'il a obtenu, il l'a bien gagné ; il s'est élevé par sa bonne conduite et son courage au grade de chef de bataillon dans un régiment de turcos. Pour réussir ainsi, quand, à dix-huit ans, on a revêtu la tunique du simple soldat, il faut, avec de grandes qualités, avoir eu le bonheur de suivre sa vocation. Clemmer eut le mérite de trouver sa vraie voie, et il profita de la vie qu'il s'était faite, aimant la vie sans craindre la mort. Il aurait pu dire, comme Napoléon : « Il faut vouloir vivre et savoir mourir. »

En effet, il sut mourir au premier rang des braves, et sa mort fut belle comme sa vie. Depuis ving-huit ans il repose sous la terre de Freschwiller, dans un coin ignoré du champ qui fut pour lui le dernier champ de bataille.

Longtemps on parlera de lui à Méteren. Son village natal était fier du vaillant officier, et l'aimait comme le noble fils qui lui faisait honneur. Clemmer aussi aimait son joli village, avec ses vieilles mœurs flamandes, ses maisons coquettes et agréablement groupées, sa grande église à trois nefs et le superbe clocher qui, aux grands jours, fait entendre si loin les notes de ses trois cloches sonnant à la volée. Il revenait volontiers, comme d'autres, comme moi-même, au charmant village propre et frais, encadré des ormes de ses patures et des guirlandes d'or de ses houblonnières. La Flandre n'offre rien de plus pittoresque et de plus gracieux que Méteren : comparable à une petite cité, ce village a ses traditions de politesse et d'élégance; il possède une élite d'esprits cultivés qui joignent à une rare distinction un vif amour pour les lettres et les arts.

Il semble qu'un courant extraordinaire ait passé là, faisant éclore de grandes vertus et de grands talents. Pendant que Clemmer commandait son bataillon de turcos, un autre enfant de Méteren était évêque de Laval. Dans le même temps, Pierre De Coninck, prix de Rome, prenait déjà parmi les peintres le rang qu'il a gardé jusqu'à ce jour.

De ces noms, célèbres entre tous, rapprochons le souvenir d'une studieuse jeunesse qui a donné à l'Église des prêtres savants, des missionnaires zélés, sacrifiant leur vie dans des régions lointaines, âmes d'apôtres, travaillant pour le triomphe de la foi comme Clemmer combattait pour le triomphe de la patrie.

Roubaix, le 19 Août 1898.

CHAPITRE PREMIER

La maison paternelle. — Apprentissage d'un état. — Clemmer
trouve un emploi à Lille.

Les vieilles fermes flamandes aux larges toitures de chaume, basses et croulantes, sont de
plus en plus rares. Chaque année il en disparaît
un certain nombre qui font place à des constructions d'un genre nouveau, à des groupes de
bâtiments solides et hauts, vastes et commodes,
présentant, du côté de la route, leurs élégants
pignons avec des reliefs de maçonnerie, quelques
capricieux ornements d'architecture, des briques
blanches adroitement enchâssées dans le mur de
brique rouge et formant les chiffres d'une date.
Granges et étables, maison d'habitation et séchoir
pour le houblon, sont autant de constructions
soignées où l'on ne tolère plus les murs rustiques,
faits de lattes et d'argile. Le chaume même, en
beaucoup d'endroits, est passé de mode, et l'on
voit, de distance en distance, les toits de tuile qui
luisent au soleil et tranchent un peu durement
avec le vert foncé des arbres voisins et des

prairies. Ainsi, les bâtiments, fort bien appropriés aux besoins du fermier, ne sont pas d'un pittoresque effet comme le décor champêtre qui les entoure, et c'est, pour les yeux du touriste, un plaisir de moins.

La vieille ferme, au contraire, s'harmonise à souhait avec le paysage; loin de faire tâche dans cette opulente et fraîche nature, elle lui sert d'ornement et ajoute même une délicate nuance de ton à la gamme des couleurs variées, agréablement réparties ou confondues dans le vaste tableau de la campagne.

Qu'on se figure une des ces vieilles fermes, réunion de quatre bâtiments que sépare entre eux une cour grossièrement pavée; qu'on se représente des murs affaissés, bas, formés de poutres et de torchis, abrités sous le grossier auvent d'un toit de chaume, percés d'étroites fenêtres et, au milieu, une porte tournant sous un linteau noirci par le temps mais laissant lire encore les chiffres d'une date ancienne, et l'on aura une idée assez exacte de la maison où naquit, le 15 novembre 1825, Charles-Louis Clemmer.

Dans ce modeste intérieur, où tout respirait l'honnêteté, l'amour de l'ordre et du travail, le respect de l'incomparable propreté flamande, la famille était déjà nombreuse; mais elle devait s'accroître encore, et le brave homme, qui en était le chef, ne vit le bout de sa postérité immédiate qu'après s'être mis pour la seizième fois en quête d'un parrain et d'une marraine. Parrains et marraines, alors, se trouvaient aisément ; on ne connaissait pas encore la mode onéreuse qui maintenant a fait du baptême une occasion de dépenses et de cadeaux. Pour répondre aux vœux du père et de la mère, il suffisait d'offrir à l'enfant un nom bien choisi et d'apporter à la joyeuse réunion la gaieté et le bon appétit. Les convives ne manquaient pas ces jours-là ; du moins on peut le supposer, car Pierre-Jean Clemmer avait beaucoup d'amis à Bailleul, à Meteren et à Dranoutre.

C'est seulement quelques mois avant la naissance de son fils Charles, qu'il était venu occuper la petite ferme agréablement située dans ce coin du territoire de Meteren, qu'on appelle « Fonteyne-Houck. » Jusqu'alors il avait habité dans le voisinage de Bailleul, où il était né en 1790. Il s'était marié avec Marie-Jeanne Vermeersch, à Dranoutre, village belge qui touche à notre frontière.

Il suffit de passer quelques jours dans ce pays, où la France confine avec la Belgique, pour comprendre tout ce qu'il y a de conventionnel dans une frontière. Cette ligne de démarcation, qui a tant d'importance pour le géographe, n'en a aucune pour le peuple. Il semble même qu'au lieu de séparer deux nations voisines, elle les rapproche davantage en établissant entre elles un lien que resserrent les rapports incessants du commerce le plus actif. Aujourd'hui les Flamands de France se font un devoir d'économie de s'approvisionner en Belgique de tabac et d'une quantité d'articles d'alimentation ou de luxe qu'ils y trouvent à des prix autrement avantageux que chez leurs compatriotes. De leur côté, les Belges ont intérêt à venir acheter chez nous des produits qui se vendent plus cher dans leur pays. Les uns et les autres se livrent à ce trafic par plaisir autant que par calcul d'économie; ils ne font que suivre de vieilles et agréables traditions qui vont parfaitement à leurs goûts d'indépendance et auxquelles, du reste, ils sont initiés et préparés dès l'enfance. Beaucoup de ces jeunes Flamands croiraient avoir perdu la journée, si, le dimanche, ils n'avaient pas enjambé la frontière et rapporté de jolis paquets de cigares, toujours excellents, parce qu'ils laissent dans la bouche un arrière-goût de fruit défendu. Ils reviennent avec la satisfaction d'avoir trompé les douaniers, en les évitant avec adresse ou en leur échappant à force d'agilité.

Les redoutables patrouilles bleues, armées de fusils et de révolvers, escortées de chiens, sont comme une armée permanente, en mouvement jour et nuit aux abords de la frontière. Elles font la guerre aux contrebandiers, mais ne tuent ni les contrebandiers ni la contrebande. Ceux qu'on appelle les «petits fraudeurs» et qui ne cherchent que leur plaisir ou leur gagne-pain dans ces sortes d'équipées, semblent piqués d'honneur en présence du danger et trouvent ainsi plus de plaisir encore à passer et à repasser la frontière. Ceux qui ont des goûts plus bourgeois regardent la douane comme un mal nécessaire, et, s'ils sont par malheur dépouillés, ils vont refaire quand même leur petite provision en Belgique, puis, avec la prudence des rois mages, retournent chez eux par un autre chemin. Quant à « la contrebande en grand », elle est trop lucrative pour être populaire. On ne s'intéresse pas à ceux qu'on appelle les « grands fraudeurs », parce qu'ils prennent d'habiles mesures pour n'avoir pas à craindre ceux que les autres sont obligés d'éviter par la tactique vulgaire.

Ainsi, les avantages et le plaisir de la contrebande attirent en Belgique une quantité de gens qui, sans qu'ils s'en doutent, entraînent à leur suite une foule d'autres personnes. Celles-ci, tout en n'ayant ni les mêmes goûts ni les mêmes intérêts, vont naturellement du côté où ils voient aller le grand nombre, car les hommes choisissent d'ordinaire pour leurs promenades les routes les plus fréquentées, et ainsi s'explique le double courant qui porte les promeneurs vers cette magique frontière. Là, tous se rencontrent, se voient, se revoient. Mille relations s'établissent entre les individus et les familles. Peut-être ces traditions remontent-elles fort haut ; peut-être Pierre-Jean Clemmer les suivit-il dans sa jeunesse. Certainement il eut des amis en Belgique, puisqu'il y fit la connaissance de la jeune fille qu'il se choisit pour femme. Il se maria, à Dranoutre, en 1818.

Pierre-Jean Clemmer et Marie-Jeanne Vermeersch avaient été l'un et l'autre témoins de terribles événements. Leur enfance avait été attristée par les souvenirs récents de la Terreur, par le récit des grands désastres, par la vue même des soldats ennemis qui pénétrèrent sur le territoire français. Augustin Vermeersch, fermier à Dranoutre, le même qui devait être plus tard le beau-père de Pierre-Jean Clemmer, avait voulu soustraire sa famille à la brutalité de l'ennemi : au moment où il apprit l'occupation de la Flandre par les Alliés et l'approche de l'armée, il résolut de rester seul dans sa ferme. Un soir, il partit avec ses cinq filles : ce groupe de fugitifs à cheval arriva la nuit même à Méteren et se dirigea vers la ferme occupée aujourd'hui par M. Weens-Chirouter. C'est là qu'habitait alors la belle-sœur du fermier de Dranoutre. Aussitôt entré, il demande l'hospitalité pour ses filles et dit : « Conservez-les ici jusqu'au départ des Prussiens ; je ne veux pas qu'elles aient affaire à ces gens-là. »

Cet homme était d'une remarquable trempe d'âme et de corps. Il eut un jour une fracture à la jambe. Sur la foi du médecin qui le soignait, il croyait à une prochaine et complète guérison. Toutefois l'opération avait été mal conduite et le paysan, condamné depuis plusieurs semaines à l'immobilité, ne s'était pas aperçu que sa jambe, au lieu d'être droite, restait arquée. Un jour il le remarqua, et, plein de mécontentement, il le fit constater par sa femme. Il ne voulut pas se résigner à boiter et à paraître contrefait en public. La conclusion fut brusque : d'un vigoureux coup de poing il rompit sa jambe à l'endroit de la fracture récente et ordonna au médecin de recommencer l'opération.

Quand on a un tel père, on est forcément élevé à bonne école ; et nous devinons que la femme de Pierre-Jean Clemmer avait été, dans ce milieu sévère, bien préparée à tous les devoirs et à toutes les peines de la vie. Son mari était aussi un homme de caractère, plein d'énergie et de courage. Son extérieur un peu rude ne l'empêchait pas d'avoir un excellent cœur. Il ne recula jamais devant les durs labeurs ; il éprouva de cruels revers ; mais il ne se laissa point abattre. Il avait l'opiniâtreté du Flamand qui peut douter de la fortune, mais qui ne doute pas de la grâce de Dieu.

Il est vraisemblable que la fortune ne lui sourit pas durant les premières années qui suivirent son mariage ; et c'est probablement pour trouver quelque chance de prospérité, qu'il s'établit, en 1824, dans la petite ferme qui fait face au cabaret ayant pour enseigne « La Fontaine. » Il ne reste plus trace aujourd'hui ni du cabaret ni de la ferme de cette époque : ils ont été rebâtis selon le goût du jour.

Si Charles Clemmer, enfant, n'eut pas la joie de goûter au foyer paternel les douceurs et le contentement que donne l'aisance, il eut du moins le plaisir de prendre ses premiers ébats dans un des coins les plus riants de la Flandre. Sans doute, on ne vit pas de paysages et de beau temps ; mais il y a dans la nature, quand elle est vraiment belle, quelque chose de délicieux

qui apaise l'âme et ranime le cœur. A l'angle
même de la maison, à l'endroit où plusieurs
chemins se joignent et se croisent, l'enfant avait
devant les yeux un tableau magnifique. A travers
les arbres d'une pâture, apparaissait au loin le
Mont des Cats avec ses genêts d'or et ses chemins
de sable rouge ; plus au nord et plus près, les
sapins du Mont-Noir se présentaient comme un
splendide amphithéâtre dressé de l'autre côté de
la vallée de Saint-Jean's Cappel ; les maisons
blanches de Bailleul égayaient l'horizon sur un
autre point. Cette ville, située sur une colline,
est à la fois régulière et pittoresque, coquette
et originale. La plupart de ses rues descendent
d'un point central où s'élève la grosse tour carrée
de l'église Saint-Vaast. Elle fait contraste avec
un clocher voisin et avec le beffroi, dont les
flèches élancées, légères et agréablement décou-
pées, semblables à des minarets, dessinent leur
mince silhouette sur le ciel. De tous côtés, dans
l'intervalle des rues, les jardins et les prairies
s'étendent comme de verts tapis.

Il est juste de croire que nous conservons,
toute notre vie, l'image des premiers objets qui
ont frappé nos regards. L'enfant qui, en grandis-
sant, a eu pour spectacle une campagne riante,
colorée à souhait pour le plaisir des yeux, ne sera
jamais indifférent à l'harmonie d'un beau paysage. Peut-être cette impression, reçue dans les
années de l'enfance, s'est-elle conservée chez
Clemmer et l'a-t-elle disposé, à son insu, à
admirer plus tard la campagne ombreuse qui

avoisine Dellys. Peut-être aussi le même souvenir des pittoresques tableaux de la Flandre a-t-il rendu son âme incapable de s'attacher aux sévères perspectives qu'offre la plaine aride et nue de Mostaganem.

Pendant que cet enfant croissait et que ses facultés s'éveillaient, la famille augmentait et, avec elle, les charges que ne compensait pas le maigre produit des années de labeur. Les parents ne s'abandonnaient pas au découragement; mais l'avenir leur semblait plein de menaces. Ils s'épuisaient en combinaisons stériles pour faire face aux dépenses inévitables, et, dans cette ferme, où ils étaient venus avec l'espoir de vivre à l'abri de l'âpre souci du lendemain et d'élever leurs jeunes enfants, ils se sentaient aux prises avec d'invincibles difficultés. Ils manquaient, malheureusement, de ces fonds de réserve que les fermiers plus fortunés mettent de côté et tiennent prêts pour les périodes critiques. Ils avaient beau travailler, le déficit s'accentuait de jour en jour, et de sombres préoccupations régnaient dans ce foyer, autour des petits lits de la jeune famille.

Ce qui était prévu arriva : Pierre-Jean Clemmer, comme tant d'autres pour qui l'agriculture est pleine de périls, prit le parti de vendre ses bestiaux et ses récoltes. Il quitta sa ferme, et, cette fois, il dut renoncer à l'espoir de s'installer de nouveau à la campagne.

L'homme qui s'est vu longtemps à la tête d'une métairie souffre plus que tout autre du brusque changement de vie. Il se sépare à regret des champs qu'il a labourés, ensemensés, laborieusement soignés comme la source principale de sa richesse; il referme avec tristesse ses étables dont il a vu sortir une à une et pour toujours les vaches, que naguère il montrait avec orgueil; les granges qu'il a tant de fois remplies de ses récoltes, sont vides; dans la vaste cour et dans la maison règne ce morne silence qui suit les jours de vente publique. En quittant sa demeure, le fermier sent toute l'angoisse de l'exil, toute l'amertume que laissent au fond du cœur le souvenir du travail sans récompense, le désenchantement, l'espérance trompée.

Charles Clemmer, tout jeune encore, a dû comprendre la peine de ses parents; leurs stériles efforts, et leurs chagrins ont été pour son âme la première leçon de l'expérience. Au foyer paternel, plus sûrement que dans la meilleure école, il a appris ce qu'il importe le plus de savoir, il a vu de près l'infortune. Chaque jour la réalité palpable, brutale, impitoyable parlait à son cœur et mettait dans l'esprit de l'enfant les préceptes qui, de bonne heure, ont fait de lui un homme en le prémunissant contre les séductions de la vie. C'est ainsi qu'il a commencé à s'instruire, qu'il a compris la nécessité de travailler et de réfléchir, qu'il s'est fait un caractère sérieux et solide, qu'il a jugé prudent d'élever son esprit par de bons et infaillibles principes de sagesse, qu'il s'est aguerri contre les perfides insinuations de l'orgueil et du découragement, qu'il est devenu ferme dans les entreprises, patient dans les épreuves, ennemi des chimériques espérances et capable, à force d'énergie, de faire son chemin dans la vie. On le trouva toujours simple et modeste ; lorsque déjà il avait conquis un beau grade, il ne montrait d'autre ambition que d'avoir « du pain sur la planche. » Il n'oublia ni son origine, ni la pauvreté de la maison paternelle. On l'admira plus d'une fois, lorsque, revenu au pays, vers le mois de septembre, il prenait une chaise et cueillait du houblon avec les anciens camarades d'enfance.

Quand on a connu le malheur dès l'âge le plus tendre, on est d'ordinaire courageux et bon, sévère pour soi-même et juste pour les autres ; on sait se contenter de peu, accepter les peines quand elles sont inévitables et compatir à celles d'autrui ; on ne se plaît pas à faire des châteaux en Espagne, mais on ne connaît pas non plus les déceptions, la mélancolie, le sombre chagrin des âmes inquiètes, égoïstes et exigeantes ; on sait à quel prix on peut être heureux, on ne compte que sur soi-même, on ne demande à la vie que les seuls plaisirs qu'on a droit d'en attendre, on est en paix avec soi-même et avec les autres.

Pour s'élever à cette hauteur, il faut avoir des qualités naturelles, de la raison et du cœur ; mais l'éducation aide, transforme, élève la nature ; et il suffit parfois d'une bonne occasion mise à profit pour donner à l'âme une impulsion définitive qui la met pour toujours dans la voie de l'honneur et de la vertu. Ces bonnes occasions n'ont pas manqué à Clemmer ; ajoutez encore les exemples de piété et de charité qu'il avait journellement sous les yeux, les paroles édifiantes de sa mère, la fidélité de son père aux devoirs religieux que les familles flamandes pratiquent avec amour.

Il est aisé de comprendre que, dans un milieu si favorable à la formation de l'esprit et du cœur, l'enfant ait, de bonne heure, possédé à un degré élevé les deux qualités qui vont toujours ensemble, la piété et le respect de ses parents. Il avait pour eux d'autant plus d'amour et de respect, qu'il les voyait malheureux, attristés du souvenir des épreuves passées et plus que jamais inquiets de l'avenir.

Son père s'était fixé à Méteren, au centre même du village, dans une maison qui fait face au cimetière et porte encore cette enseigne d'estaminet : « A la Rose. » Installé là, après avoir quitté sa ferme, il avisa sans tarder au moyen de vivre. On sait combien il est difficile de changer de métier, de trouver son gagne-pain dans un village, quand on ne s'est pas, dans sa jeunesse, préparé par un long apprentissage aux travaux de l'artisan.

Le cultivateur qui a été contraint de se séparer de ses champs et de ses bestiaux se sent dépaysé, perdu, pour ainsi dire, dans un monde nouveau. Ce n'est certes pas la bonne volonté qui

lui manque, mais encore doit-il pouvoir trouver
l'occasion de l'employer. Ses projets semblent
se détruire l'un l'autre ; ses combinaisons sont
souvent irréalisables : il fait de vains efforts
pour concilier les données du problème longtemps insoluble.

Cependant Pierre-Jean Clemmer crut avoir
trouvé la solution du redoutable problème : il
prit un parti, le plus sage apparemment, car
il se choisit un métier qui lui permit d'utiliser
la pratique qu'il avait du charroi et des chevaux.
L'entreprise des transports de marchandises à
Méteren, à Bailleul et dans les localités voisines
convenait à ses goûts et à ses aptitudes. Il
s'arrêta donc à ce projet, et bientôt il fit rouler
sur le pavé de la route royale le lourd chariot
à grande bâche verte. Comme il possédait un
matériel de roulage assez encombrant, il avait
quitté sa maison du contour du cimetière et
s'était installé en un endroit plus fréquenté. Il
habitait, dans la rue principale du village, le
cabaret situé à l'angle que forment la route
nationale et le chemin du Mont des Cats. C'est
sur l'emplacement de cette maison que fut bâti,
depuis, l'estaminet à l'enseigne du « Tambour-
Major. »

A cette époque Clemmer fréquentait l'école
communale, où l'enseignement était donné à la
jeunesse du pays avec une extrême familiarité
de ton et de procédés par Philippe Boone. Cet
instituteur a laissé à Méteren un inoubliable
souvenir. Les vieux se le rappellent avec bon-

heur, et, quand ils en parlent, ils croient le revoir encore avec ses culottes de mode ancienne, sa longue redingote couleur noisette et son tricorne. Ce signalement répond bien au type du magister de village, tel que les mœurs l'avaient fait au commencement de ce siècle. Ce magister cumulait un joli nombre de fonctions dont il s'acquittait du reste sans se surmener. Il était organiste ; mais, ne sachant pas la musique, il se faisait remplacer aux orgues par l'instituteur-adjoint qui, aidé du souffleur, chantait de toutes ses forces et jouait à tour de bras. Boone était sonneur ; mais ses plus grands élèves étaient, pour cet office, autant de suppléants ; ils ne demandaient qu'à quitter la classe et à tirer avec entrain la grosse corde qui traine sur les dalles du portail de l'église. Boone était sacristain ; mais quand il avait achevé les préparatifs de la messe, il revenait à l'école, et d'instant en instant, envoyait un de ses élèves à l'église. C'était le petit messager : il allait voir où on en était de la messe, pour en informer ensuite le magister qui ne retournait à sa sacristie que lorsqu'il était sûr de ne pas devoir y attendre le curé.

Les charges multiples qui incombaient à Philippe Boone ne l'empêchaient pas, comme on le voit, de vaquer aux travaux de l'enseignement. Il y avait dans cet enseignement dont le jeune Clemmer eut à profiter, trois éléments : l'élément pratique, l'élément tragique et l'élément comique.

Les élèves ne perdaient pas tout leur temps
à l'école. Leur maître avait à leur faire suivre
un programme qui réglait leurs travaux et faisait
comprendre au plus grand nombre l'utilité de la
lecture, de l'écriture, des premières notions de
style et d'arithmétique. Cet enseignement n'était
pas au-dessus des forces de Philippe Boone. En
effet, ceux qui l'ont connu assurent qu'il était
savant. Et s'il est resté légendaire, si les vieux ne
peuvent parler de lui sans rire, c'est qu'il était
original, tour à tour sérieux et familier, comme
le fameux Dirck Kemp, le maître du poète Cats,
à l'école de Zierikzée, comme tant d'autres enfin
qui, avant la réforme de l'enseignement et le
nouveau mode de recrutement des instituteurs,
ont perpétué la race des vieux magisters. Ces
personnages, à la fois ridicules et fiers, se donnaient volontiers des airs de prophète, triom-
phaient grâce à l'ignorance universelle, parlaient
comme « des cuistres de plomb dans une
chaire en bois », et, aux jours de mauvaise
humeur, se montraient terribles.

L'enseignement de Boone prenait à ces
moments-là un caractère tragique : c'était bien
la faute des élèves indociles, c'était aussi la faute
des coutumes existantes qui, malgré les éloquentes protestations commencées par Montaigne
deux cent cinquante ans auparavant, n'avaient
pas encore été abrogées. Qu'on se figure le
magister trépignant de colère en face des mu-
tins, agitant les bras avec d'horribles menaces,
frappant du poing les planches de son vieux

pupitre, descendant avec un bruit de tonnerre les trois marches de sa chaire, allant droit à l'ennemi, répandant la terreur parmi les moins hardis. L'instant était solennel : malheur à ceux qui ne paraient pas les coups en ramenant adroitement les deux bras autour de leur tête ; la sèche et docte main du maître s'abattait en sifflant sur les joues des coupables. Et puis, c'étaient des larmes, des cris. Qui aime bien, châtie bien.

Philippe Boone aimait bien son école et ses écoliers. Maître et élèves vivaient d'ordinaire en bonne intelligence : ceux-ci étaient de gais lutins, pleins de malice et d'espièglerie ; celui-là était bizarre, indulgent, et patient même à ses heures. Il serait impossible de narrer toutes les infortunes de son tricorne que les gamins martyrisaient souvent, et dont ils aimaient à faire leur point de mire. Que de fois aussi les longs pans de sa redingote furent maltraités ! Les écoliers de marque tenaient tête au magister. Un fier adolescent lui témoigna un jour son mécontentement en pleine classe et lui jeta à la face cette superbe apostrophe : « Vous vous garderez désormais de venir à la ferme de mon père ; vous ne recevrez plus de chez nous aucun sac de navets. »

Sacs de navets, sacs de pommes, sacs de pommes de terre, gracieusement donnés par les fermiers mettaient l'abondance dans la maison de Philippe Boone. La somme pour laquelle il émargeait au budget de l'État n'était pas comparable au traitement actuel des instituteurs ; mais, en revanche, il était payé en nature par les familles aisées de la campagne. Parmi les petites redevances auxquelles le curé et le maître d'école avaient droit, non en vertu d'un texte de loi, mais à raison de l'affection et du respect dont ils étaient l'objet chez les paysans, il faut compter, entre autres choses de première utilité, les fruits des vergers et les poules des basses-cours. C'était le bon temps. L'État a beau être riche et faire aux hommes en place de jolis appointements, la charité est plus riche encore, et il vaut toujours mieux recevoir de ceux qui donnent que de ceux qui payent.

Toutefois, on devine que ces relations familières de villageois à instituteur n'étaient pas de nature à affermir le nerf de la discipline. Pour chaque écolier l'école était un second foyer ; le maître ne connaissait pas la savante combinaison que l'on pratique aujourd'hui pour conquérir et conserver l'autorité. Philippe Boone ne soupçonnait même pas l'existence du plus simple principe de pédagogie. Il tolérait quelque diversion à la fatigue de l'étude, permettait aux élèves de faire cuire des pommes au feu, en hiver, et en mangeait ensuite avec eux. Quand les pommes cuites avaient satisfait l'appétit de chacun, les jeunes convives se jetaient à la tête celles qui restaient ; mais la tête qu'ils visaient de préférence était celle de l'instituteur. Tels étaient les petits divertissements qu'on se procurait l'hiver. En été, il y en avait d'autres. Ainsi, l'élément comique et grotesque, si rigoureusement proscrit aujourd'hui du programme de l'enseignement, exerçait de bonne heure à la gaieté les jeunes disciples de Philippe Boone.

En sortant de cette école, Charles Clemmer avait, comme on peut le supposer, l'esprit orné de médiocres connaissances. Ce n'est pas qu'il fût absolument ignorant; mais, les principes d'arithmétique et de grammaire qu'il avait saisis au hasard, dans le désordre et le tumulte de la classe, n'étaient qu'un souvenir vague et confus. Il regretta vivement, dans la suite, de n'avoir pas étudié la langue flamande; il la parla toujours avec facilité, mais il aurait voulu pouvoir l'écrire avec plus d'aisance et de correction. La plupart de ses lettres à sa famille montrent bien que le français lui était plus familier que sa langue maternelle. C'était pour lui un vrai chagrin. Souvent il finit en français une lettre commencée en flamand; c'est lorsque le temps lui manque et qu'après avoir informé ses parents de ce qui peut les intéresser le plus, il se hâte d'écrire le reste en français, persuadé qu'ils trouveront à Méteren quelque ami qui se chargera d'interpréter les dernières lignes. Il croit même manquer de respect à sa famille, quand, exceptionnellement, il n'écrit pas en français : « Ma chère sœur, dit-il à Fidéline, je vous ai annoncé, le 2 juillet, que j'étais capitaine. Mais, je vous l'ai écrit en français, parce que, ce jour-là, j'avais peu de temps. Aussi, ma chère sœur, voudrez-vous bien me le pardonner. »

Cette fidélité de Clemmer à la langue maternelle fait honneur à son caractère et prouve qu'il était au-dessus de la mesquine vanité qui pousse un grand nombre de ses compatriotes à un ridicule mépris de cette langue. Ils la savent et voudraient faire croire qu'ils ne la savent pas. Que dis-je? Ils ne savent guère que le flamand et affectent de parler le français qu'ils estropient en dépit des règles de la grammaire, de l'autorité du vocabulaire et des exigences de l'accent, au grand désespoir de ceux qui les écoutent. Il est de bon ton, pour ceux qui sont atteints de cette étrange manie, de renier systématiquement leur vieille langue, après un séjour de quelques mois en pays français.

C'est ce genre d'amour propre que Clemmer condamne, quand il dit : « Je continue donc à m'expliquer en français. Peut-être, chers parents, trouverez-vous des gens qui, en voyant la présente, diront : Votre fils est encore comme beaucoup d'autres; c'est-à-dire qu'au bout d'un séjour de deux ans parmi les Français, il feint de ne plus savoir notre mère langue. Non, mes chers, je serais heureux et fier, si je pouvais me flatter de savoir mon flamand, mais je n'ai l'avantage de savoir ni l'une ni l'autre langue. Aussi, je vous prie de détromper les personnes qui voudraient me tourner ainsi en ridicule. Car vous savez que je n'ai jamais reçu de leçons en flamand, et que le peu de progrès que j'ai faits dans mes classes, je les ai faits pour le français. Je ne serais pas étonné que vous me disiez que ce n'est qu'à grand peine que vous avez pu comprendre ma première épître, puisque je n'ai jamais reçu que de faibles principes, et cela dans mon bas-âge. J'ose espérer que les personnes qui reconnaîtront ma faiblesse seront assez indulgentes pour me pardonner mon style vulgaire. »

Il craignait parfois que ses lettres flamandes ne fussent pas comprises ; car, pour ceux qui n'ont pas appris à l'école la langue cultivée et parlée aujourd'hui en Néerlande seulement et dans une partie de la Belgique, il est bien difficile de l'écrire sans faire de nombreuses fautes d'orthographe et sans hérisser les phrases de barbarismes. La crainte d'avoir été trop barbare fait dire à Clemmer le 1er mars 1855 : « Je suis bien content que vous ayez compris ma première lettre. Je ne veux pas dire que j'ai oublié le flamand, mais je pense que j'écris mieux en français. Il est certain que je le fais avec plus de facilité. »

Il s'en fallait bien que Clemmer eût oublié le flamand ; il le parlait couramment quand il en avait l'occasion, chaque fois qu'il rencontrait au régiment un camarade du pays, et, à Méteren, pendant les périodes de congé qu'il passait dans sa famille. « Je ne sais plus le flamand », disait un jour en sa présence, à l'estaminet de « La Fontaine », un de ces jeunes prétentieux toujours prêts à se parer d'une distinction frivole et à mépriser le costume et la langue des paysans qui ne sont jamais sortis du canton. — « Je vous plains, mon ami, répartit Clemmer, de ne plus savoir votre langue maternelle, puisque, s'il en est ainsi, vous n'en savez plus aucune. »

On croit trop communément que le flamand n'est pas une langue ; que c'est plutôt un dialecte abâtardi, un ensemble incohérent de mots barbares à l'usage des ignorants. Mais on se trompe : les Flamands de France ont conservé la vieille langue friso-franque, celle que parlaient encore il y a quelques siècles les Hollandais et les autres peuples des Pays-Bas. Ils sont restés étrangers aux transformations que cette langue a subie en Zélande, dans la Hollande du Nord et dans la Hollande du Sud, sous l'influence des chambres de Rhétorique, des académies et des écoles poétiques ; mais leur langue n'en n'est pas moins belle, élégante, riche en expressions qui font image, plus harmonieuse même que le néerlandais classique. Leur accent est agréable et doux ; il flatte mieux l'oreille que l'accent des Belges, habitués à prendre un ton élevé, beaucoup au-dessus du diapason normal, et à monter encore, en parlant, d'un ton à un autre, comme s'ils avaient à à parcourir, dans chaque phrase, toutes les notes d'une gamme. Ils sont fatigants à écouter.

Clemmer faisait preuve d'esprit et de bon goût en restant fidèle à ses anciennes amours pour le flamand. Toutefois, par l'effet de la désuétude, il finit par le savoir moins bien que dans sa jeunesse. On peut le deviner à ces lignes qui semblent avoir été écrites avec une mélancolique résignation : « Le désir de mon père, dites-vous, est que je vous écrive en flamand. Il est vrai que vous ignorez la difficulté que j'ai à le faire. Il y a bien quatorze ou quinze ans que je ne parle plus le flamand, et vous voulez que je l'écrive. Je ferai ce que vous voulez, mais je vous prie d'être indulgente pour mes fautes, car je ne suis pas fort en orthographe flamande. »

Ce qui est incontestable, c'est que, malgré l'initiative des savants qui veulent le remettre en honneur, le faire aimer et pratiquer, le flamand s'en va du beau pays de Flandre, et que, cette langue une fois disparue, le pays aura perdu un des principaux caractères qui le distinguent, le rendent curieux et original. Le peuple qui l'habite se dépouille ainsi, sans le savoir, d'un élément de vigueur qui lui est propre. Participant à la fois à la délicatesse française et au génie des races du Nord, il disposait, pour l'expression des idées et des sentiments, de toutes les ressources qui donnent à l'esprit une incomparable supériorité. Son langage était fortement empreint de réalisme et orné de grâces décentes ; il était fin et hardi, coloré et incisif, riche et varié autant que simple et clair. Avec les tendances nouvelles, il s'appauvrit, se décolore ; il perd insensiblement la sève exubérante qui grisait les âmes, les rendait éloquentes, leur faisait trouver de graves sen-

tences ou des paroles bouffonnes, l'expression
de la tristesse ou de la folle gaieté. Aujourd'hui
ces mœurs sont bien changées. Les restes du
vieil esprit flamand s'en vont chaque jour avec
les vieux qui s'en vont dans l'autre monde.

Le catéchisme flamand, que chacun autrefois apprenait et connaissait, qui était dans
toutes les mains, que seuls, quelques enfants de
douaniers étaient incapables de comprendre, a
déjà été mis de côté comme un livre de forme
surannée. Cependant le jeune Clemmer n'en a
jamais eu d'autre; il le savait, quand il faisait
sa première communion, et depuis, il ne l'oublia pas. C'est le souvenir de ces leçons, conservées au fond de sa mémoire, qui explique, dans
une certaine mesure, l'attachement qu'il eut
toujours pour les devoirs de la religion. Malgré les entraînements d'une carrière où le
danger moral se rencontre souvent, il montra
toute sa vie l'inviolable fermeté et la fierté de
race qui préservent l'homme des lâchetés de
l'indifférence. Il n'eut garde de jeter loin de
lui l'arme du chrétien, le talisman doublement
précieux, la foi et la prière. La première fois
que je le vis, ce fut à l'église de Méteren, le
jour de l'Assomption, pendant la messe, à laquelle il assistait avec le maire et les notabilités
de la commune. Je fus frappé de son beau costume d'officier. Je le suivais volontiers du regard,
comme les autres enfants du village qui, pendant son séjour à Méteren, l'escortaient en
foule, le dimanche quand il allait à la grand'

messe. Dans l'accomplissement de ses devoirs religieux, il apportait la même simplicité qui l'honorait partout. Le soir, il priait avec sa famille, quand il était au pays ; et il avait l'habitude, comme il le disait lui-même, de prier chaque jour, en quelque lieu que le jetât le mouvement de l'armée. Il avait trop de bon sens pour croire que le respect de la religion humilie l'homme. Du reste, il était bien d'accord sur ce point avec les héros de son temps, avec les officiers de l'armée d'Afrique qui savaient concilier l'amour de Dieu et celui de la patrie. Rien n'est au-dessus des forces d'un soldat quand il sait joindre au courage militaire une parfaite soumission à la volonté de Dieu. Clemmer avait cette grandeur d'âme, et, dans le malheur, il n'avait pas de peine à trouver sa consolation et sa force. Que de fois ses espérances furent trompées ! Et il s'écriait : « Dieu en a disposé autrement ; que sa volonté soit faite. »

Un jour qu'il mettait son dolman, son père, qui était là, entendit un léger cliquetis sous le vêtement de l'officier et il lui demanda : « Qu'as-tu donc qui sonne ainsi sur ta poitrine »?

« Ce sont trois médailles, lui répondit-il, trois médailles qui ne me quittent jamais et qui me porteront bonheur : elles représentent la Foi, l'Espérance et la Charité. »

Ce n'est pas au régiment que s'était formée cette âme où fleurissaient les trois vertus théologales, mais dans la famille, dans la société éminemment pieuse du village natal, parmi

le groupe de jeunes enfants assidus au catéchisme.

Clemmer, une fois sorti de l'école et en
possession de cette sorte d'indépendance qui
est le privilège du jeune homme que la première communion vient de séparer de la catégorie des enfants, eut le bonheur d'être soumis
à une rude discipline dans la maison paternelle.
Les jours ouvriers, il travaillait ; le dimanche,
il partageait son temps entre les offices religieux, le catéchisme de persévérance et d'agréables délassements. En ce temps-là les jeunes
gens ne faisaient aucune objection contre cet
emploi du temps, le dimanche ; et, à vrai dire,
ils y trouvaient bien leur compte de joyeuses
distractions ; ils avaient beaucoup plus de plaisir que certains jeunes gens d'aujourd'hui, plus
impatients de saisir toute leur indépendance et
qui, faisant de leurs jours de loisir l'occasion
d'équipées folles et aventureuses, sont forcés de
reconnaître que les fruits de la liberté sont
souvent amers, que l'ennui, mortel aux amuse-
ments, déborde mainte fois de la source même
des délices.

Clemmer et ses camarades passaient d'agréables moments au catéchisme. Ce n'était pas une
froide et insipide leçon qu'ils écoutaient là,
mais une suite d'explications intéressantes, curieuses, diversifiées à souhait pour de jeunes
garçons qui aimaient à rire. Le curé flamand
a une mémoire inépuisable ; il sait des histoires
extraordinaires, il raconte avec art, il subjugue

son auditoire et le tiendrait des heures entières
sous le charme de sa parole, il instruit avec
des préceptes et des anecdotes, et, quand les
petits villageois le quittent, il leur reste juste
assez de temps pour prendre leurs ébats sans
s'éloigner trop de la maison paternelle. Un tel
emploi du dimanche ne laissait pas le loisir de
songer au cabaret.

Alors, il est vrai, le cabaret n'était pas,
comme aujourd'hui, un lieu de réunion pour les
grands enfants. Ils n'auraient eu garde de s'y
aventurer; ils se seraient vus exposés aux rail-
leries du public. Non seulement ils auraient
reçu mauvais accueil à la table des buveurs de
bière, mais la cabaretière indignée les aurait
mis à la porte en leur indiquant du doigt la
petite épicerie où l'on vend des bâtons de sucre
d'orge aux enfants. Depuis cette époque l'éducation de la jeunesse a commencé d'être plus
molle et plus complaisante. L'autorité a substitué
peu à peu la douceur de la persuasion à la
rigueur de la sévérité. Mais l'expérience nous force
de douter de l'efficacité des méthodes nouvelles.
L'enfant qui ne craint personne ne tarde pas
à se faire craindre lui-même; et c'est le commencement du désordre social. Un tel danger
n'existait pas dans le temps où Clemmer et ses
jeunes camarades tremblaient au seul son de
la voix de leur père.

Ne croyons pas que cette jeunesse, rude-
ment menée, fût plus à plaindre que celle
d'aujourd'hui. Elle avait ses heures de bruyante

et joyeuse liberté. Plus que maintenant peut-être, elle avait le .génie de la farce, des bouffonnes turlupinades. Laissons parler les vieux, et nous serons ravis d'entendre le désopilant récit des aventures comiques et des burlesques exploits. La gaieté était alors comme une richesse publique, commune à tous, à laquelle on participait avec une outrageuse hardiesse ; et les petits jeunes gens n'en étaient pas privés.

Ils trouvaient mainte occasion de rire comme les grands, avec les grands, profitant du concours des vieux rusés et s'amusant au dépens des âmes naïves. Ils se mêlaient à la foule qu'attiraient les curiosités de la kermesse. Ils entouraient Jan Heyman et d'autres organisateurs de jeux d'adresse. Ils avaient leurs places aux fêtes de la moisson et du houblon. Ils tournaient avec les autres dans les sarabandes folles, où les boute en train étaient infatigables, malicieux, spirituels, grotesques : personnages inimitables dans le tournoiement des groupes rustiques, coryphées à la tête expressive, types pleins de vie, que le peintre Pierre de Coninck a fait passer plus d'une fois dans ses tableaux.

Clemmer a vu de près ces fêtes où les chansons prenaient leur vol parmi les décors champêtres ; il s'est abandonné à la vraie gaieté dans sa jeunesse, et, toute sa vie, il a paru spirituel, très gai de caractère, comme la plupart des Flamands de sa génération. Dès leur enfance ils avaient assisté à des combats de coqs, à des concours de tir à la perche, à des jeux de boule; ils avaient vu les joyeux spectacles des lundis de Pâques et de Pentecôte, sortes de joutes pour lesquelles on ne trouve pas dans le vocabulaire français l'équivalent des noms qui les rend si populaires en Flandre. Je me représente Clemmer et ses camarades s'approchant, aussi près qu'ils peuvent, de ces cabotins improvisés, fendant la foule, se rangeant avec curiosité autour du mât de cocagne enduit de savon vert, suivant, sans se lasser, le courant tumultueux de la foule qui, les jours de kermesse, remplissait les rues, et défilait avec la pittoresque variété de ses costumes, pendant que des groupes animés de buveurs devisaient joyeusement sur les bancs disposés devant les cabarets, sous de larges portiques de feuillage, et mêlaient l'âcre parfum du tabac à celui de la vieille bière et des fraîches branches de tilleul.

Les kermesses d'aujourd'hui ne sont plus qu'une faible imitation de celles d'autrefois : alors les hommes et les femmes de toute condition prenaient part avec le même entrain aux réjouissances publiques. Les mœurs étaient plus simples et les cœurs plus gais. L'égoïsme n'avait pas encore brisé les liens de fraternité qui unissaient les humbles et les grands. Avec le temps, la vanité a fait du progrès, et ce progrès a ménagé le triomphe d'un esprit nouveau. Maintenant, on aime mieux prendre ses distractions dans l'aristocratique isolement de la maison, mieux meublée, plus silencieuse, rigoureusement close pour tous

ceux qui ne sont pas de la famille. Encore faut-
il, pour s'y voir admis, être de la fine fleur de
la famille. Ainsi, le cercle des relations s'est
peu à peu resserré, et l'ancien type s'est pour
ainsi dire effacé, à la suite de transformations
incessantes, dans cette société où de nouvelles
tendances ont fait prévaloir l'individu au détriment de la race.

Ce n'est pas que l'on fût moins fier et moins
épris du luxe autrefois qu'aujourd'hui.

Les Flamandes riches du temps passé avaient
une prédilection marquée pour les belles couleurs
et portaient des robes éclatantes. Ces femmes ne
le céderaient pas sur ce point à celles que nous
admirons maintenant. Les groupes de jeunes filles
sortant le dimanche de l'église, sous un beau
soleil, pouvaient rivaliser, au milieu de leurs
étoffes chatoyantes, avec les papillons du Brésil,
avec les oiseaux aux riches maillures, comme ceux
qu'on trouve aux îles du Cap-Vert et dans les
fééries. L'amour des belles couleurs, qui distingue la population flamande, est peut-être,
une conséquence de la beauté même du pays.
Le ciel y est d'un bleu intense et délicieux à
l'œil; la campagne offre partout les nuances
les plus exquises du vert, du jaune, du violet.
Ceux qui voient chaque jour un si opulent et
si brillant décor, ne peuvent que l'aimer et
s'en inspirer pour toutes les choses qui re-
lèvent du goût.

Les Flamands de Méteren ne manquent pas de
ce goût. Naturel, délicat et sûr, il se révèle chez eux

avec une grâce incomparable, même parmi les plus
humbles. De là un cachet particulier qui rend ce
village curieux entre tous. Ici comme ailleurs, il
y a, pour ceux qui savent bien observer, une ligne
invisible qui sépare le distingué du vulgaire.

Il semble que l'art, dans ce qu'il a de simple
et d'original, dans ce qu'il a de gracieux sans
étude, de flatteur sans recherche, se manifeste
à un degré rare dans ce lieu privilégié.
On l'y rencontre partout, comme une fleur
naturelle, spontanément épanouie sur ce sol qui
ne peut rien refuser. Pour s'en faire une idée, il
faudrait parcourir les rues de Méteren, le jour
où un grand personnage doit y faire son entrée.
Ce sont partout des guirlandes de fleurs et de
verdure ; des couronnes de papier artistement
découpé se balancent au-dessus du cortège de
fête ; les banderoles flottent au vent ; de petites
lames de cristal suspendues aux festons entre-
croisés sonnent leur joyeux carillon.

C'est au milieu de cet appareil que Clemmer
vit entrer à l'église et au presbytère M. l'abbé
Baelde, le curé qui le prépara à sa première
communion. C'était un homme bon, indulgent,
aimé de tous. On lui pardonnait volontiers, à
raison de sa faible santé, sa lenteur à dire la
messe. Le dimanche, il ne commençait pas les
offices avant de s'être assuré que chacun était
présent. Il attendait patiemment ses paroissiens ;
et, comme ses paroissiens savaient qu'il ne
monterait pas à l'autel avant leur arrivée, ils
se laissaient quelquefois attendre longtemps. La

grand'messe, qui devait commencer à dix heures précises, était ainsi retardée d'un quart d'heure, d'une demi-heure même et, à certains jours, de trois quarts d'heure. Ce n'est pas là que Clemmer apprit à pratiquer la règle de l'exactitude militaire.

A cette époque on n'avait pas le grand art de relever, par la musique et le décor, l'éclat des cérémonies. Les riches donateurs, qui naguère ont transformé l'église de Méteren en une sorte de basilique, n'avaient pas encore répandu dans le sanctuaire l'abondante et sainte offrande. Quand on voyait brûler quelques cierges sur l'autel, on ne pouvait prévoir qu'un jour le chœur resplendirait de ces guirlandes de feu qui jettent aujourd'hui leur clarté jusqu'au fond des trois nefs. On était resté étranger à la religieuse émotion que communique à l'âme la splendeur des offices solennels, majestueux, à grand orchestre. On aimait mieux, en général, le curé que l'église, et, parmi les curés, on aimait surtout ceux qui ne faisaient pas durer la messe longtemps.

Les paroissiens, en ce temps-là, appartenaient presque tous à la race laborieuse, un peu dure et impatiente, parmi laquelle ne se rencontrent guère les âmes séraphiques. Ils étaient avant tout préoccupés des travaux des champs et des travaux d'atelier. Ils aimaient à faire honneur à leurs affaires, et, dans la lutte opiniâtre pour la vie, ils comptaient pour rien la peine et les sueurs. Clemmer voyait cela chez lui, et il comprenait qu'à son tour il devait, comme les autres, obéir à la loi du travail. Il travaillait, en effet, et, sans avoir guère consulté ses préférences, il s'était laissé embrigader parmi les maçons du village. Mais il n'était encore qu'un faible débutant, moins qu'un apprenti, capable, tout au plus, du rôle de manœuvre.

A certains jours de chômage, il se rendait utile chez son père, réparant çà et là, appropriant, comme il pouvait, la maison où le chariot à bache verte n'avait pas encore apporté l'aisance. Il prit ainsi de bonne heure goût au travail, et plus tard, dans une de ses lettres écrites de Matchuala (Mexique), il dira avec la meilleure grâce du monde : « Je suis fort content ici, encore que j'aie beaucoup d'ouvrage et que les travaux de la correspondance et du commandement me prennent tout mon temps. »

On voit déjà dans le petit ouvrier de Méteren l'homme actif qui sera plus tard un commandant infatigable. Il était ingénieux et plein d'initiative. Un jour qu'il s'efforçait de rendre plus riante d'aspect la maison paternelle, et qu'après avoir, comme un badigeonneur rompu au métier, blanchi à la chaux les murs extérieurs, il voulait refaire les lettres de l'enseigne, il parut débordé par les difficultés de ce travail décoratif. Ces gros caractères noirs étaient difficiles à former, et la peinture était, ce semble, d'un emploi incommode car elle se répandait en grosses larmes sur l'échelle, sur le mur, sur le vêtement et le visage même du jeune décorateur. Il se servait tantôt du pinceau, tantôt de ses doigts, et prêtait à rire au grand public pour lequel il travaillait. Il riait lui-même avec ceux qui riaient de lui ; car il avait un excellent caractère, comme les gens qui ont de l'esprit et n'en tirent pas vanité.

Il avait su gagner la sympathie des jeunes camarades de son âge et celle des hommes faits : ceux-ci l'estimaient, l'aimaient entre tous pour sa gaieté, pour son bon sens et sa bonne tenue. Ennemi de la dissipation, il était plus sérieux qu'on ne l'est d'ordinaire dans ce moment critique de l'adolescence. Son visage, malgré son facile sourire, reflétait la pensée continue d'une âme qui cherche à déchiffrer, au-delà du cercle étroit de l'heure présente, les signes mystérieux où se cache la solution du problème de l'avenir. La prévoyance, le souci de sa destinée, ne détournaient pas son esprit du travail matériel, qui était son premier lot dans la vie. Il donnait toute satisfaction à ses parents et à son patron, François Ghevaere, maître-maçon, très laborieux lui-même et fort exigeant, qu'on voyait, le dimanche, organiser avec passion les jeux de boule.

Son jeune apprenti ne passait pas, à flâner, les moments de loisir que la division du travail laisse aux ouvriers, à certaines heures du jour. Il ne voulait pas que ces heures de repos fussent pour lui des heures stériles, et, pendant que ses grands compagnons fumaient leur pipe, accoudés à la « demi-porte » de leur

maison ou assis à la table d'un cabaret, il
lisait quelque livre; il y trouvait son plaisir, et
cette étude rapide, faite aux moments perdus,
ornait son esprit et précisait davantage en lui
les aspirations encore vagues à une carrière
noble, conforme à ses goûts. Il apprenait l'histoire et se passionnait pour la géographie. Un
jour, il se rendit chez Augustin de Coninck
et le pria de munir de baguettes et de rouleaux
deux cartes de géographie. Déjà alors il y avait
en lui des pressentiments et des projets. « Moi,
je veux voyager, » disait-il. Pour le jeune
paysan, voyager veut dire quitter le village, voir
d'autres pays, chercher quelque chose là où ses
camarades ne songent même pas à s'aventurer.
Sans doute, ce « quelque chose » que Clemmer
voulait trouver était encore bien confus, bien
mal défini; mais, au fond, c'était une force
magique, un aimant mystérieux qui attirait le
jeune homme et l'amenait au point de départ
de la carrière : l'âme entendait l'appel intérieur,
cette voix qui est l'écho même de la voix de
Dieu et qui s'appelle la vocation.

Cependant il ne suffit pas d'entendre cet
appel et d'en goûter le charme ; il faut encore
être capable d'y répondre. On peut, à la rigueur,
quitter son pays sans argent, mais il faut du
moins emporter avec soi un certain trésor de
connaissances, sans lesquelles on trouve fermé
l'accès à toutes les carrières. Clemmer ne
l'ignorait pas, et il redoublait d'énergie et de
constance pour réunir un à un les éléments

précieux qui composent ce viatique humain.
Il conciliait, dans la mesure de ses forces et de
sa liberté, le travail manuel et le travail de
l'intelligence, il partageait son activité entre
les devoirs de son état et la préparation dis-
crète de sa future carrière, et il sut si bien
associer le rude labeur de l'ouvrier avec la
culture délicate de l'esprit, il se résigna de si
bonne grâce à l'un et modéra si heureusement
son goût pour l'autre, qu'il ne sacrifia ni les
intérêts de son patron par amour pour ses
livres, ni l'amour de ses livres par un dévouement exclusif à son patron. Il se sentait heureux, les jours ouvriers, parmi ses
compagnons de travail, plus heureux encore,
le dimanche, quand il pouvait s'abandonner à
loisir à son penchant pour l'étude. Dès lors
on reconnut en lui ce jugement calme, cet
esprit juste et droit, cette force morale qui
règle l'équilibre des facultés, cette fermeté sans
roideur, cette chaleur d'âme sans passion,
cette constance sans impatience ni entêtement,
toutes ces qualités enfin qui, sans élever l'homme
à une extraordinaire hauteur, n'en sont pas
moins très rares et très fécondes, triomphantes à
coup sûr dans toutes les luttes et parmi tous
les dangers de la vie. Ce sont ces qualités
qui ont assuré l'avenir de Clemmer et qui
lui ont valu le rang que mérite un bon soldat,
un homme d'esprit et de cœur.

Pour développer ces qualités Clemmer manquait d'un secours indispensable. Il lui aurait

fallu un maître pour l'instruire, un ami éclairé pour lui donner conseil. Il gardait un profond mystère sur ses projets et ses espérances, persuadé que le plus sûr moyen de faire surgir les obstacles, c'est de vouloir les éviter en s'aidant du concours d'un ami maladroit, d'un imprudent ou indiscret conseiller.

Heureusement, une occasion de s'instruire se présenta au jeune homme. L'hiver commençait et l'ouvrage se faisait rare pour les maçons. Les uns battaient le blé dans les granges pendant la mauvaise saison, les autres s'asseyaient sur la planche mobile d'un métier à toile. Clemmer n'aimait ni la grange ni la chambre du tisserand : il obtint de son père la permission de suivre, à Bailleul, l'enseignement donné par le vieux Scheercousse. Il ne songea pas au collège, qui ne s'ouvrait qu'aux enfants des familles aisées, et qui, loin encore de sa prospérité actuelle, n'avait alors qu'une existence précaire.

Le sage Scheercousse était bien le maître qu'il fallait à Clemmer, celui qui pouvait le mieux lui apprendre les règles élémentaires du style et de l'arithmétique, lui donner les connaissances essentielles, suffisantes pour un jeune homme qui, grâce aux qualités solides du caractère, ne perdra rien de ce qu'il aura emporté de l'école et complètera même, par le travail personnel, sa sommaire instruction. On a remarqué aussi que les jeunes gens, qui reprennent leurs études tardivement, ont tout intérêt à suivre les leçons d'un maître d'école vieilli dans le métier, expérimenté, capable, plus qu'un professeur savant, de voir, à côté d'un programme, ce qui est directement utile et pour ainsi dire préparatoire à la vie. Clemmer eut le bonheur de profiter d'un tel enseignement. Cet élève, qui avait déjà les doigts alourdis et dont les mains étaient encore calleuses, après des mois d'un pénible travail, fut bientôt à la hauteur des connaissances qu'on exige de l'employé de commerce et du comptable. Une place dans un bureau, c'était alors pour lui l'idéal rêvé, l'emploi le plus souhaitable. Ce n'est pas qu'il aimât le travail sédentaire ; il a dit souvent qu'il a en horreur les « chiffres et les paperasses » ; mais, dans la vie, on a rarement le privilège de faire ce qu'on aime, et, pour Clemmer, il ne s'agissait pas à ce moment de faire valoir des goûts et des préférences, la grande affaire était de sortir du village et d'entrer, par quelque porte que ce fût, dans une carrière où il y a de l'avenir.

Cependant le père de Clemmer ne devinait pas la pensée de son fils. Il ne comprenait pas cette passion de l'étude, cet amour de l'école, si contraires aux inclinations des paysans, toujours pressés de dire adieu à la classe et à l'instituteur. Le jeune homme avait des vues plus élevées. Deux fois par jour, malgré le mauvais temps, il parcourait la route de Méteren à Bailleul, se contentait de dîner, à midi, de la frugale provision emportée le matin avec les livres dans le petit paquet serré d'une ficelle. Bien simple est ce petit paquet que l'écolier porte sous le bras ; mais il renferme l'aliment de l'esprit et celui du corps, utiles l'un comme l'autre, agréables même et délicieux pour qui sait se contenter du nécessaire, ayant l'estomac bon et le cœur gai.

Clemmer atteint ainsi sa seizième année. L'hiver passe, les maçons reforment leurs groupes, mais ils ne voient plus se joindre à eux le jeune manœuvre de l'année précédente. Il ne veut pas s'exposer à perdre les connaissances qu'il vient d'acquérir, et, pour se soustraire plus sûrement au danger qui le menace, il se décide à partir sans retard. Il plaida bien sa cause auprès de ses parents, il persuada son père de l'opportunité de cette résolution, et, comme l'entreprise des transports ne conjurait pas la détresse de la famille, il sut démontrer qu'il gagnerait sa vie et plus tard subviendrait aisément aux besoins de ceux qu'il allait quitter. Il prit alors cet admirable engagement auquel il devait rester fidèle jusqu'à sa mort. Il partit en promettant d'être la providence des siens ; et les vœux de son père, de sa mère, de toute sa famille accompagnèrent le fils courageux et appelèrent sur son chemin les bénédictions divines.

Il arriva à Lille et parvint, non sans peine, à y trouver un modeste emploi. Déjà alors, on se disputait les places ; et il fallait donner de sérieuses garanties d'intelligence, de bonne volonté et de probité pour en obtenir une avec un maigre traitement. Clemmer n'avait pas les hautes prétentions qu'apportent d'ordinaire avec eux les

jeunes gens qui n'ont jamais senti les cruels
embarras de la pauvreté. Il avait déjà plié sous
le poids du malheur ; pour le moment, il ne
demandait qu'à être placé, sauf à monter plus haut
dans la suite, après avoir fait son premier pas.
Humble début, avancement sûr, et finalement,
le succès. Telle est la marche à suivre dans
la vie, et tel était en réalité le projet de Clemmer.

Il commença par être « coupeur » de papier
pour une imprimerie dont les ateliers s'ou-
vraient sur la rue Saint-Sauveur. C'était en
1841. Le hasard lui avait fait trouver cet emploi
peu rémunérateur, où il n'avait à exécuter qu'un
travail purement mécanique, sans espérer de
se faire valoir par son intelligence ; car rien
ne fait croire qu'il ait eu la pensée de devenir
typographe. Il était toutefois content de la situation qui lui était faite. Il gagnait sa vie et
pouvait attendre une place meilleure. Le moment n'était pas encore venu pour lui d'entrer
dans le personnel d'élite qui fait son chemin
dans les établissements industriels et dans les
maisons de commerce. En attendant la réalisation de cette espérance, il entretenait ses
connaissances et avait l'œil ouvert sur les
emplois dont une bonne occasion pouvait lui
ouvrir l'accès.

Cependant il eut le plaisir de noüer des
relations avec le jeune Camerlynck, d'Eecke,
qui, après avoir passé par le petit séminaire
de Cambrai, était arrivé à Lille, comme lui, pour
faire sa carrière, et avait obtenu une place de

commis dans une maison de commerce. On devine combien devait être étroite et constante l'amitié qui unit ces deux enfants de la Flandre, ayant le cœur plein des mêmes souvenirs et des mêmes espérances. Toutefois, celui d'Eecke était plus instruit que celui de Méteren. Son curé avait cru découvrir en lui le germe de la vocation ecclésiastique et lui avait donné des leçons de latin avant de le confier à des maîtres savants.

Les deux amis passaient ensemble leurs moments de liberté ; ils se voyaient même journellement ; car ils prenaient leur pension à la même table d'auberge, à la « Poire d'Or », rue du Sec-Arembault. Non seulement ils se trouvaient réunis pour leur repas, mais ils étaient même camarades de lit et avaient ainsi, matin et soir, l'occasion de s'entretenir de tout ce qui leur était cher.

Bientôt Clemmer cessa de couper du papier. Il entra dans la filature de M. Dehée, à l'extrémité du faubourg de Wazemmes. Là, il débuta comme « rattacheur ». Ce n'était pas encore la position rêvée. Mais l'industrie du coton, qui était la spécialité de la maison Dehée-Lefebvre, semblait, après une longue crise, avoir retrouvé une garantie de prospérité. Ceux qui, dans les fabriques, vivaient de l'industrie, ne gagnaient pas de gros salaires. Une lettre de Clemmer suffit pour nous édifier à cet égard. « La filature de M. Dehée-Lefebvre s'est mise en activité depuis le 15 novembre, et depuis que l'atelier est en marche mes appointements sont de dix francs par semaine. M. et Mme Dehée m'ont promis douze francs, qu'ils me donneront quand tous les métiers seront en train. »

La position n'était pas brillante ; toutefois Clemmer n'eut qu'à se louer d'être entré dans cette fabrique et il ne tarda pas à y être estimé comme il le méritait. Quand il eut fait suffisamment preuve d'intelligence, il passa dans les bureaux, comme nous l'apprenons par une lettre qu'il écrivit plus tard (1er mai 1852) à sa sœur Fidéline : « Si vous étiez jamais à même de fréquenter la maison Lefebvre-Horrent, je vous prierais de présenter mon respect à M. Lefebvre, père, et à M. Jules, etc... Vous pourriez leur demander s'ils se souviennent du petit Charles qui était garçon de bureau chez M. Dehée-Lefebvre, à Wazemmes, en 1843 et en 1844. Ce petit Charles était moi en personne. Si vous rencontriez M. Dehée ou Madame, vous auriez la complaisance de leur présenter mon respect. »

On voit que Clemmer avait d'excellents rapports avec son patron et qu'il lui était fidèlement attaché. Rien de plus ordinaire que l'attachement des Flamands pour leurs maîtres. Ainsi se revèlent la probité, le respect de l'autorité, la constance dans les affections et ces diverses qualités de l'esprit et du cœur qui rendent l'homme digne de confiance.

Clemmer n'avait, ce semble, aucun intérêt à quitter la maison Dehée. Non seulement on avait fait monter le chiffre de ses appointements, mais on avait pris le jeune homme en affection. Il n'oublia jamais les marques d'estime qu'il reçut de la famille de son patron. On peut en juger par ces lignes écrites à la date du 1er mars 1855 : « Vous savez où je travaillais... C'était chez M. Dehée-Lefebvre, à Wazemmes. Je vous prie de me faire savoir ce qu'est devenue cette excellente famille. Mme. Dehée est une personne de Roubaix ; elle a pour père M. Lefebvre-Horrent, fabricant. Tâchez de savoir où est la maison de M. Lefebvre, et vous obtiendrez sûrement les renseignements que je vous demande. J'ai toujours gardé bon souvenir de M. et de Mme Dehée ; car ils m'ont traité avec une extrême bonté. Peut-être m'ont-ils oublié ; mais moi, je ne les ai pas oubliés ! Dans cette maison, on ne m'appelait point par mon nom ; j'étais pour tous le petit Charles. »

Clemmer vivait heureux sous la paternelle autorité de M. Dehée. Toutefois, il ne se croyait pas encore à sa vraie place. Il se sentait une activité, une énergie, un courage qui ne trouvaient pas tout leur emploi dans l'étroite enceinte d'une fabrique. Il voyait enfin qu'il ne pouvait pas se contenter de ce qui avait d'abord été son rêve. Le temps passait, l'esprit mûrissait, les perspectives changeaient ; il aspirait, lui, à une carrière où il pourrait, avec de la conduite et de la bonne volonté, parvenir à un rang distingué. La carrière qui promet ce genre de succès et qui sourit ainsi au jeune homme sûr de lui-même, c'est la carrière militaire. Cette réflexion faite, Clemmer prit une détermination sur laquelle il ne revint plus : il résolut d'être soldat.

CHAPITRE II

Clemmer au régiment. — Départ pour l'Afrique. — Les fusiliers de discipline. — Campagne d'Algérie. — Premiers grades.

Vers la fin du mois de juin 1844, Clemmer était à Méteren. Il venait revoir le village natal avant de partir pour l'armée ; car la détermination à laquelle il s'était arrêté avec le consentement de sa famille avait été promptement exécutée. Au lieu d'attendre l'heure de la conscription, il avait pris les devants, impatient d'aller tenir sa place sous les drapeaux et de faire valoir ses services de bonne heure, dans l'intérêt de son avancement. L'amour de la patrie et la gloire des armes françaises exerçaient sur lui un pouvoir extraordinaire et l'attiraient avec une force irrésistible à la caserne, cette école austère du devoir, où le soldat se plie humblement au joug de la discipline pour s'élever ensuite devant l'ennemi à la hauteur de l'héroïsme.

Clemmer avait signé son engagement le 15 juin et, en attendant le moment du départ, il allait voir ses amis d'enfance, parcourait à loisir les chemins où il avait tant de fois pris ses ébats avec ses jeunes camarades sous les grands ormes qui, en cette saison, répandaient la fraîcheur de leur ombre. Il réservait les meilleures heures du jour pour les causeries intimes dans le cercle aimé de la famille. Là, il rassurait ses parents qui ne pensaient pas sans inquiétude aux dangers que leur fils pouvait rencontrer dans sa nouvelle carrière ; il se montrait si bon et si affectueux pour tous, que son départ, auquel on était cependant bien préparé, laissa dans le cœur des siens toute l'amertume de la séparation.

A ses paroles d'adieu ses parents répondirent par des vœux pleins de tendresse, par de suprêmes conseils et par ces paroles solennelles et simples qui sont la bénédiction paternelle. Ce fut une heure pénible pour lui-même : il ne s'éloigna pas sans émotion du joli village natal ; car les bons soldats ont du cœur, et le cœur commande l'amour.

Le jeune homme, encore tout attendri des paroles échangées sur le seuil de la maison, jeta sans doute plus d'une fois un regard vers l'église aux trois nefs, vers la flèche pittoresque du clocher, avant de disparaître sur la route de Bailleul, qui s'allongeait alors entre deux rangées de tilleuls et de peupliers. Il était accompagné de son ami Pierre De Coninck, qui depuis lors a pris rang parmi les grands peintres. Tous deux marchaient, parlant du passé et de l'avenir, se sentant l'âme pleine du « long espoir et des vastes pensées. »

Clemmer se rendit à Paris avec sa feuille de route et prit l'uniforme militaire à la caserne de la Courtine, occupée par le 26e régiment d'infanterie auquel il appartenait. Cette fois, il était à sa vraie place, il suivait sa vocation. Aucune préoccupation étrangère à son état ne devait plus le troubler dans l'accomplissement de son devoir. Il voyait bien le but qu'il avait à poursuivre, et il se félicitait d'avoir trouvé sa voie. Sans doute c'était le bon chemin, puisque Clemmer ne pouvait pas en aimer d'autre; mais la carrière n'était pas semée de roses.

Pour être bon soldat il ne suffit pas d'être capable de grands actes de courage; il faut surtout être fidèle à la tâche quotidienne. Cette fidélité exige une sorte d'héroïsme que tous ne connaissent pas, mais qui est le propre des âmes fermes, calmes, constantes, ne voyant dans la vie que le devoir, prêtes à se soumettre chaque jour, sans hésitation ni calcul, au règlement qu'elles ont à suivre. Elles font leur devoir d'abord par obéissance, puis par goût et enfin par habitude. Chez elles le courage a toutes les marques de la vertu : c'est une qualité plus belle, plus méritoire, plus noble même que la vertu guerrière dont on n'a besoin que pour la bataille. Dans la vie du soldat, la bataille est relativement rare; c'est le moment exceptionnel, la grande et belle occasion de faire son devoir; c'est la fête des braves. Là, tout vous entraîne, tout contribue à élever l'âme, à exalter le sentiment de l'honneur. Les exemples sublimes et

le danger surtout enflamment le Français en
face de l'ennemi. Pour être un héros, d'ordinaire il suffit de combattre. Mais pour être
bon soldat, il faut savoir trouver en soi-même,
dans le cours monotone de la vie, les ressources morales qui mettent l'homme à la
hauteur de tous les devoirs et qu'on appelle
l'esprit de discipline. Pour faire chaque jour
sa tâche, l'humble tâche sans mépris, la tâche
répugnante sans dégoût, la tâche fastidieuse
sans impatience, il faut avoir le vrai courage.

C'est avec ce courage que Clemmer s'acquittait de ses devoirs de soldat. Les bonnes
notes obtenues des chefs, l'estime dont il
jouissait, son rapide avancement, tout prouve
qu'il était incapable de faire négligemment son
service. Il avait le respect de l'autorité, et malgré la gaieté de son caractère, la finesse de son
esprit et le goût qu'il avait à observer les hommes, à découvrir ce qu'ils ont de bon ou de
méchant, de noble ou de ridicule, il ne se permit jamais une remarque malicieuse à l'endroit
de ses chefs. Chez lui le bon sens de l'homme
du devoir était subordonné à la sagacité de
l'homme d'esprit : rien ne devait prévaloir
contre la discipline. Plus tard, quand il voudra
donner quelque récompense à son neveu Pierre
Deberdt, soldat à Philippeville, il s'assurera
d'abord s'il fait bien son devoir, comme nous
l'apprenons par ces lignes écrites de Soukarar
le 5 mars 1865 : « Je lui envoie aujourd'hui cinq
francs, parce que je sais qu'il fait bien son

service. » Et il ajoute : « Un soldat n'a pas besoin d'argent pour bien faire son service. » Aussi Clemmer, devenu officier, ne veut-il point que le soldat ait de quoi se payer des plaisirs ; mais quand il le juge assez sérieux pour faire un bon usage de l'argent, il lui en donne. Il ne lui en donnerait certainement pas, s'il pouvait craindre que cet argent ne dût être l'occasion de la moindre infraction au règlement.

L'argent est, ce semble, à ses yeux le grand danger pour le soldat. C'est un principe auquel il revient plus d'une fois, qu'il veut faire comprendre et accepter. C'est moins par sévérité que par intérêt d'affection qu'il veut empêcher son neveu Charles-Louis Hurthemel de recevoir de l'argent à Batna : « Je conseille à Barbara, écrit-il, de ne plus lui envoyer d'argent. Non pas que je croie qu'il en ferait un mauvais usage, mais je sais qu'il en a assez avec son prêt et ce que je lui donne à la fin de chaque mois pour son travail. Sa tante lui fait même faire des économies qui lui permettront d'aller en permission à la kermesse de Méteren. Si, à cette époque il lui manque cinq francs pour revenir à Paris, sa mère pourra les lui donner. »

Clemmer voulait imposer aux autres la règle qu'il avait dû suivre lui-même. Soldat à Paris, il aurait bien voulu, après quelque temps d'absence, revoir sa famille, se montrer à Méteren en uniforme, raconter à ses parents tout ce qu'il avait vu, entendu depuis son départ ; mais la distance l'empêchait de réaliser ce désir. On devine bien tout ce qu'il y a de mélancolique et de péniblement résigné dans ces mots d'une lettre adressée à Fidéline : « Je viendrais bien vous voir, mais je n'ai pas d'argent. »

Pas plus qu'en Autriche, le militaire n'est riche en France, « chacun sait ça ; » mais ici nous n'avons garde de plaindre le jeune Clemmer, puisqu'il a déclaré depuis, que « le soldat n'a pas besoin d'argent. » Nous avons bien le droit de trouver excellent pour lui-même le principe qu'il trouvera excellent pour Pierre Debert, lorsque, parlant de ce neveu, en 1865, il s'exprimera ainsi : « Il m'a écrit de nouveau pour me demander de l'argent : vous pouvez bien penser que je ne lui en ai pas envoyé ! S'il vous écrivait pour vous en demander à vous-même, il faut le lui refuser. Dites aussi à Régina qu'elle se garde bien de lui en envoyer... Quand ce sera nécessaire, je lui enverrai de temps en temps cinq francs. »

Faute d'argent, Clemmer se contentait du seul plaisir d'être soldat. Si l'argent a des dangers, il a aussi ses avantages, et il est bien difficile de s'en passer dans ce monde, où domine l'intérêt, où le conflit des convoitises développe partout l'égoïsme et ne permet guère à l'homme de compter que sur ce qu'il peut acheter. L'argent, d'un emploi si commode et dont le pouvoir magique aplanit tant d'obstacles, aide à résoudre tant de problèmes, double si rapidement les prérogatives de l'être humain et multiplie pour

lui les plaisirs, devient toutefois un instrument
mortel du moment qu'on ne sait pas s'en servir
avec sagesse. Il faut l'aimer modérément, avec
une sorte de détachement, pour n'avoir pas à
combattre les suggestions de l'avarice ; il faut
l'aimer avec intelligence, comme une chose utile,
et l'employer à propos. Pour en faire un bon usage, il convient d'en connaître la valeur, d'en avoir
constaté soi-même de bonne heure l'importance.
Ce juste sentiment de la valeur de l'argent ne se
rencontre pas d'ordinaire chez ceux qui sont nés
dans l'abondance. Ils dissipent follement la richesse qui ne semble pas pouvoir leur manquer,
ou bien s'y attachent avec passion comme s'ils
voulaient y trouver la garantie du bonheur autant
que de la dignité, et se dispenser de tout mérite
personnel, grâce au privilège de la fortune. Au
contraire, celui qui est né dans la pauvreté,
sait exactement ce que vaut l'argent, parce qu'il
en a eu besoin. Il sait à la fois être économe,
juste et charitable.

Clemmer ne recevait guère de subsides de
sa famille quand il était soldat, ainsi, il n'a
pas eu l'occasion de prendre goût à la dépense.
L'habitude de se priver même des plaisirs
légitimes l'a préparé à se passer sans peine des
plaisirs qu'il aurait pu se payer, une fois qu'il
pouvait disposer du bénéfice mensuel de la
paye. Il se contentait alors du strict nécessaire,
ayant horreur des dettes ; et si, par hasard, il était
dans l'impossibilité de payer au comptant, il s'imposait de sérieux efforts pour faire honneur, dans

le plus bref délai, aux obligations qu'il avait contractées. Du reste, s'il se trouva quelquefois à court d'argent, c'est qu'il prélevait d'ordinaire sur sa solde une bonne part, destinée à ses parents. Ainsi, nous le voyons souscrire pour eux une délégation de solde, avant de partir pour la Cochinchine. C'est un exemple entre mille, pris au hasard parmi les actes qui témoignent de sa piété filiale. En réalité, il chercha toujours à concilier deux choses qui ne demandent qu'à aller ensemble, l'économie et la charité. Chez lui, la charité était le but et l'économie, le moyen. La première était son plaisir, la seconde était quelquefois pour lui l'occasion de laborieux calculs. « De l'argent, toujours assez pour faire honneur à mes affaires, que voulez-vous de plus ? »

Il ne se sentit donc jamais riche, pas plus quand il était officier que quand il était simple soldat. Mais contentement passe richesse : cet aphorisme populaire était le grand principe dont il s'inspirait à la caserne.

Pour ceux qui, comme lui, connaissent la théorie du bonheur, il n'y a pas de chagrin, même dans la pauvreté, pourvu que la santé soit bonne, le cœur libre de passions, l'âme fortifiée par l'espérance. « Réfléchissez sur l'inexorable condition de toute vie humaine ; supprimez toutes les peines de l'ambition, toutes les tortures de l'envie, toutes les angoisses de l'orgueil, toutes les langueurs de la satiété ; vous vous étonnerez des bénédictions et des

joies que Dieu a versées sur les humbles et sur
les petits. »

Clemmer, à Paris, était un de ces humbles,
de ces petits que nul ne connait, qui passent
inaperçus dans la foule obscure et qui s'estiment heureux d'avoir « du pain sur la planche. » Mais, si on les comparait aux grands et
aux riches, on serait forcé de reconnaître parfois
qu'ils pourraient faire envie à ceux qui portent
la responsabilité de la fortune sans en goûter
les douceurs.

Clemmer accepte facilement le sort des
humbles ; mais il ne veut pas que ce soit pour
lui la condition définitive. Il a assez de courage
pour supporter la pauvreté, mais il a trop de
courage pour ne pas s'efforcer d'en sortir. Il
est partisan du progrès ; et, si la société avance
chaque jour, il faut que l'individu marche aussi
en avant, qu'il brise les obstacles, au besoin,
qu'il s'élève sans cesse, l'œil fixé sur un avenir
meilleur. C'est ce principe qui soutient et accroît
l'énergie humaine. « Il y a deux sortes de sots
en ce monde, écrit Clemmer ; ceux qui se trouvant malheureux, ne font rien pour améliorer
leur sort, et puis ceux qui se trouvant heureux,
ne savent pas conserver leur position. » Ici,
c'est le bon sens, c'est l'esprit pratique, c'est
l'homme d'expérience qui parle. Clemmer n'ignore
pas qu'il faut travailler pour faire son chemin
dans la vie, et il ne compte que sur lui-même,
sachant bien que l'avancement, le succès, la
fortune ne viennent pas « tout seuls ». Il ne se

fait pas illusion sur les difficultés de sa carrière : s'il veut être un jour le fils de ses œuvres, il faut qu'il ne perde pas de temps. Mais « avec de la conduite et de la persévérance, dit-il, on vient à bout de tout. »

La vie de caserne exige bien des sacrifices. Mais dans quelle condition l'homme peut-il se croire exempt de sacrifices ? A vrai dire, le régiment est la grande famille éternellement jeune, dont les membres sont unis dans un même sentiment de fraternité et de solidarité, égaux sans exception devant le devoir, mettant en commun leurs peines et leurs joies. Au régiment, comme dans la famille, « nous connaissons des vertus courageuses et nous y voyons toutes les bénédictions qui accompagnent la vertu, c'est-à-dire la paix, le contentement et l'honneur. » Ceux-là surtout y sont heureux qui méritent de l'être et savent, à l'occasion, subir une injustice sans se décourager ou s'aigrir. Lorsque Clemmer n'obtient pas ce qu'il a espéré, ce qui lui semble dû, il s'en console comme un doux philosophe : « Ne croyez pas que j'en veuille au maréchal, ou que je sois envieux du bonheur de M. de..., non, mon tour viendra, j'en suis certain. »

Quand le bonheur ne vient pas, on attend; quand il tarde longtemps à venir, on prend patience. « Patience et longueur de temps font plus que force ni que rage. » Quiconque se hâte d'être heureux court grand risque de ne l'être jamais. Pourquoi enfin courir après le bonheur, puisque nous portons en nous-mêmes tous les éléments dont nous pouvons, avec un peu de bonne volonté, composer la plus pure félicité ? « Car le bonheur est encore un effet de la sagesse, plutôt qu'un présent de la destinée ; il se compose encore, pour une part principale, de beaucoup de modération et de résignation, et les sources les plus abondantes n'en sont ni la richesse, ni la santé, ni l'éclat de l'esprit, ni la beauté corporelle, mais la bonté et la charité. »

A la caserne, plus que partout ailleurs, il faut savoir imposer silence à sa volonté propre et subordonner ses goûts aux exigences de la discipline ; il faut savoir sacrifier les caprices de son caractère dans l'intérêt des bons rapports entre camarades. Là, en effet, les hommes ne connaissent au-dessus d'eux que l'autorité et entre eux que la familiarité.

La camaraderie militaire est le résultat de toutes les bonnes volontés unies à souhait : elle demande la franchise, l'esprit même, la bonne humeur surtout ; elle oblige chaque soldat à payer son tribut aux usages établis, aux vieilles traditions, à apporter sa part de gaieté, d'activité, d'originalité au trésor moral du régiment. Mais elle lui rend au centuple sa contribution individuelle en le défendant contre la tristesse et la mélancolie de l'isolement. Elle est bienfaisante comme la clarté du ciel qui illumine les grands murs de la caserne ; elle diversifie, elle colore pour ainsi dire la monotone existence du soldat. Elle l'encourage sans cesse et entretient en lui l'énergie de l'âme, comme, dans les longues marches, la voix entraînante du clairon et la cadence des tambours raniment à chaque instant la force de ses jarrets.

Clemmer n'eut jamais un grand nombre d'amis, il eut toujours beaucoup de bons camarades! car c'est le hasard qui les donne. Il s'y attacha même quelquefois par un lien plus fort que celui de camaraderie: c'est avec un souvenir mêlé d'affection qu'il parle de ceux qu'il a connus et laissés à Dellys. « Que je voudrais être encore à Dellys, où j'avais beaucoup de bons camarades! » Nous aimons à remarquer qu'il parle volontiers de ceux qu'il voit chaque jour au régiment.

Dans ses lettres il esquisse des physionomies de soldats, il donne aussi des portraits d'officiers. Il éprouve un sentiment d'admiration pour ceux qui commandent et qui ont sur lui la supériorité du grade, de l'expérience, de la science militaire. Il ne fait aucune description de revue ou de bataille, sans y mêler le nom de ses chefs. Ce respect de l'autorité honore son caractère et prouve qu'il était au-dessus de ces haines sournoises qui animent souvent le soldat contre les officiers. Il ne s'avisa jamais de juger ou de critiquer leur conduite; quelque sévères que fussent leurs ordres, il les acceptait sans les condamner comme un abus de l'autorité. Il y trouvait seulement matière à réflexion: il s'instruisait des devoirs du chef en le voyant agir sous ses yeux ; il acquérait ainsi l'expérience dont il se promettait bien de profiter plus tard, si jamais il était appelé à exercer le commandement. Car, s'il ne désapprouvait pas ce qu'il y avait de répréhensible dans les actes et dans les paroles des officiers que ses camarades détestaient, il n'en était pas moins capable d'apprécier les causes de cette impopularité. A vrai dire, il y a des chefs qui commandent à leurs soldats comme s'ils ne s'adressaient pas à des hommes et qui semblent se faire un plaisir de les trouver en faute pour les accabler de grossières apostrophes. Ceux-là confondent, par un étrange oubli de la dignité humaine, l'autorité avec la brutalité. Cette extrême rigueur ne vient pas toujours de l'indignation que provoquent un ordre mal exécuté, un mouvement maladroit ou un mauvais exemple dans les rangs ; c'est plus souvent un effet du mauvais caractère qui ne supporte rien, de l'habitude qui supprime la notion même de la décence ; c'est quelquefois un calcul de la vanité, comme il arrive quand l'officier, en présence du public, veut donner une haute idée de son prestige et croit s'élever autant qu'il abaisse les autres.

Clemmer voyait et comprenait ces défauts de l'homme qui commande ; mais de l'homme il savait distinguer l'autorité, et il respectait l'un par respect pour l'autre. Rien ne pouvait atteindre dans son cœur l'amour de ses chefs : il leur était sincèrement et inviolablement attaché. C'est même sur eux qu'il comptait pour être consolé en cas de malheur. « Si je reçois une seconde blessure, écrit-il un jour, je suis persuadé que les officiers auront pour moi des paroles consolantes, car ils m'estiment beaucoup. Un homme de guerre qui est prêt, en toute circonstance, à exposer sa poitrine nue à l'ennemi, peut compter sur leur amitié. »

Il avait raison ; les officiers le connaissaient, l'appréciaient, l'estimaient comme un bon soldat, toujours exact à l'exercice, intelligent, chef de file irréprochable, d'une tenue correcte, doué de ces qualités naturelles qui distinguent un militaire entre tous ses camarades, remarquable enfin par sa bonne mine.

Il avait une belle santé, un corps robuste et bien découplé, comme la plupart de ses compatriotes. Il était de taille moyenne ; mais il y avait dans tout son extérieur une harmonie de proportions qui marque à la fois la force et la souplesse. Il se tenait droit sans roideur, marchait d'un pas léger et ferme. On devinait à ses mouvements l'élasticité de ses membres. Ses joues, peu colorées, avaient cet agréable teint qui distingue les Flamands de vieille trempe. On peut juger encore de sa physionomie par les traits qui animent son buste. C'est une figure qui commande la sympathie ; elle rayonne de franchise, de bonté, d'esprit. Les yeux, pleins d'énergie, ont néanmoins de la douceur ; le regard n'annonce rien de dur, comme on le voit souvent chez des hommes qui ont été éblouis du feu des batailles, mais il exprime la vertu militaire par un air de sévérité que semble accentuer une balafre à la joue. Ce qui adoucit particulièrement ce visage, c'est la régularité et la finesse de ses traits. On dirait même que les lèvres ont par habitude ce petit mouvement furtif qui précède ou suit un bon mot ; il semble qu'un léger sourire erre encore sous les épaisses moustaches. Le portrait de bronze nous rappelle bien Clemmer, cet homme d'un tempérament vigoureux, qui n'a pas à redouter le poids de l'obésité. Aussi, dans ses lettres, pour donner un parfait témoignage de sa bonne santé, se contente-t-il de dire ces simples mots, qui sont d'un usage courant dans son pays : « Toujours maigre et pâle, mais bien portant. »

L'uniforme allait à merveille à ce corps bien constitué, svelte, à cette taille bien prise ; et Clemmer répondait bien à l'idéal du beau militaire, au type si connu, si populaire et partout si fêté. Cette mâle beauté n'est pas à dédaigner : quand elle est jointe à la beauté de l'âme, qui a son rayon dans la vertu, elle est le propre de l'homme accompli. Pour le soldat elle a plus de valeur que pour tout autre homme parce qu'elle contribue au charme particulier que lui donnent la correction de la tenue, la noblesse du maintien, l'élégance de la démarche, la fière expression du visage et le prestige de l'uniforme complété par les armes.

Peut-être Clemmer s'est-il rendu compte de ses qualités physiques. Il se connaissait trop bien pour les ignorer ; il avait aussi trop de bon sens pour en tirer vanité. A vrai dire, il s'est bien gardé de laisser deviner ce qu'il en pensait. Il faisait grand cas de la santé, cette richesse du pauvre, qui est surtout le trésor du soldat. Parmi les lettres que nous avons de lui, aucune ne donne droit de croire qu'il ait jamais été malade. Cependant il ne ménageait pas ses forces, même quand il était une fois sorti des rangs. Il n'eut à souffir ni des fatigues, ni des voyages, ni des épidémies. Aux moments critiques il ne se contenta pas de donner des ordres, il donna surtout des exemples, de beaux et héroïques exemples. Parlant un jour de ses troupiers algériens à son ami P. de Coninck, il dit : « Ces gaillards-là aiment assez voir un chef mettre la main à la pâte pour leur montrer comment il faut faire ; sinon, ils exécutent mal la besogne. Ainsi, dans un incendie, au lieu de dire : Faites ceci, faites cela, j'empoignais des brassées d'effets et je leur apprenais, en agissant moi-même sous leurs yeux, comment on opère un sauvetage. Alors rien ne les arrête. C'est comme à l'hôpital, où nous avons vu le choléra. Eh bien, je déjeunais à côté des malades et je les frottais à tire-larigot. Les troupiers, voyant que je n'avais pas peur, en faisaient autant. En vérité, je n'ai pas souffert des épidémies. »

Il y avait en lui tant d'assurance et une si parfaite tranquillité en présence des maladies les plus affreuses, qu'il se sentait libre de toute inquiétude au milieu des cholériques et des autres pestiférés comme s'il eut été dans sa tente.

« Je ne crois pas à la contagion, » disait-il.
Ces mots, si naturels et si admirables dans sa
bouche, sonnent moins bien sur les lèvres de
certains savants, qui par amour du paradoxe,
par coquetterie ou par une sorte de scepticisme
assez ordinaire aux nouveaux savants, sup-
priment la liste des maladies contagieuses. Il
est vrai que le sang-froid fortifie contre lés
atteintes du mal et semble, en géneral, être la
meilleure garantie de préservation. La santé,
comme beaucoup d'autres biens précieux, est
souvent la récompense de l'énergie. Toutefois,
il faut que la constitution physique soit assez
forte pour ne pas trahir cet énergique effort
de la nature morale. Sans cet appoint capital
on ne pourrait pas affronter, comme Clemmer,
l'inclémence des climats étrangers. Lui, dans
le cours de ses voyages, et durant les séjours
divers en Afrique, en Cochinchine, en Crimée,
en Italie et au Mexique, il n'a jamais senti ni
sa vigueur décroître, ni sa gaieté s'assombrir.
Son ami Camerlynck le vit partir pour la Cochinchine en octobre 1861, et le lendemain il
écrivait ces lignes : « Il s'est embarqué hier à
bord du *Canada* pour se rendre à Alexandrie
et de là, en Cochinchine. Il est toujours en
bonne santé et en bonne humeur, ce qui n'est
pas peu de chose pour un voyage à long terme.
Car les maladies sont plus à craindre que les
balles pour lui, à partir d'à présent. Mais,
heureusement, il est un peu cosmopolite et il sait
s'acclimater partout. »

Avec cette complexion heureuse, Clemmer pouvait marcher hardiment dans la carrière, et, les circonstances y aidant, sortir des rangs où se rencontrent mêlés et confondus l'incapacité et le mérite, les âmes vulgaires et les héros.

Une première distinction vint flatter son amour-propre. Le 6 janvier 1845, il fut nommé caporal. Il faut avoir suivi la voie étroite et roide par où l'humble enfant du peuple s'efforce de s'élever, pour comprendre la joie profonde que ce grade, le premier, le plus modeste, obtenu après sept mois de service, répandit dans l'âme du jeune soldat. Il sentait qu'il avait franchi le premier degré, qu'il portait déjà une marque de supériorité qui le séparait de ceux qui, dans l'armée, sont le grand nombre. Il se voyait au-dessus du niveau commun des soldats, il entrait dans la hiérarchie de ceux qui commandent. Par une logique assez ordinaire à l'esprit humain, qui regarde toujours en avant, il considéra la dignité acquise comme le gage de la dignité plus haute et plus enviable qu'il espérait acquérir. Ainsi le jeune caporal mesurait, dans la riante perspective de l'avenir, l'espace qui le séparait du grade de sergent. Peut-être voyait-il même au delà et pensait-il, dans un moment de complaisante fiction, qu'un jour les galons d'or remplaceraient les galons de laine. Certainement sa première élévation l'avait mis en goût, pour ainsi dire, et ses aspirations étaient en harmonie avec le sens même de son nom qui signifie « grimpeur. »

Dès maintenant Clemmer ne perdra plus de vue la série des grades à conquérir. Il lui faudra de l'avancement coûte que coûte. Sa résolution est prise ; sa volonté est inflexible, rien ne pourra l'affaiblir, la détourner du projet arrêté : elle dominera toute sa conduite et sera un exemple curieux de l'opiniâtreté qui, chez certains Flamands, rend l'âme forte contre tout et malgré tout, inébranlable, incapable de céder ou de fléchir. « Je me suis proposé un but, écrit Clemmer, et ce but, je l'atteindrai tôt ou tard, dussè-je y travailler encore dix ans ou plus... On vient à bout de tout. »

Il ne suffit pas d'avoir une volonté ferme, de raffermir à chaque instant tous les ressorts de son énergie morale, il faut aussi, pour monter en grade, mettre en œuvre toutes les ressources de son intelligence, être fin, clair-voyant, montrer de la prudence et de l'aplomb, savoir se faire valoir par son mérite, attirer sur soi l'attention des chefs. C'est le premier moyen d'avancer. On a beau posséder des qua-lités supérieures, quand on manque du grand art de plaire à ceux qui sont les maîtres de votre avenir, ils ne s'intéressent pas à vous, ne vous accordent pas ce qu'on appelle les bonnes notes et ne cherchent qu'à vous arrêter, à briser même votre carrière par une systé-matique indifférence ou une sournoise hostilité. Clemmer réussit auprès de ses chefs ; ce qui prouve qu'il avait de la souplesse de caractère en même temps que de la fermeté, deux qualités qui se rencontrent rarement ensemble chez les hommes d'esprit ou de talent.

Pour le jeune caporal, l'estime des officiers était déjà une première garantie de succès, la plus efficace, la seule peut-être dont puisse profiter un petit sous-officier. Car l'accès des hautes protections dans le monde politique lui était fermé. Ajoutons qu'il n'y songeait pas, qu'il était décidé à compter sur lui-même, qu'il avait déjà, à cette date, la belle fierté qui lui permit de dire plus tard : « Il est difficile de faire son chemin, et tous n'ont pas autant de chance que j'en ai eu : officier après sept ans et demi de service, seul et sans protection ; car je n'ai absolument que mes bras, et je ne dois mon épaulette à personne. »

Sévère et dur pour lui-même au début de la carrière, il le sera moins pour les autres, et volontiers, une fois qu'il aura conquis de beaux grades, il tâchera de faire profiter les jeunes gens des avantages dont il n'a pas eu l'occasion de profiter comme eux. Dans ses lettres, ce ne sont partout que des témoignages d'intérêt, des marques d'affection pour ses neveux et ses frères : il ne demande qu'à les protéger, à les aider, à les faire avancer, à la condition qu'ils s'en montreront dignes par leur bonne conduite. On peut en juger par ces lignes : « Mon frère m'a écrit, le 23 novembre dernier, qu'il est décidé à s'engager. Veuillez me dire, je vous prie, si vous ne pourriez pas faire quelque chose pour lui le jour où il prendrait son engagement pour le 26e; car, lorsqu'il sera caporal, il est probable que je serai sous-lieutenant, et alors je le ferai venir avec moi.

« Mon frère n'est pas plus bête qu'un autre : il a une écriture passable, et il s'exprime bien en français. Il est grand et fort garçon, et je suis sûr d'avance qu'il a le caractère bien fait. Je crois qu avec ces avantages on peut bien être caporal au bout de six ou neuf mois de service.

« J'écris par ce courrier à mon frère qu'il ne prenne pas de service avant d'avoir reçu votre réponse. Ainsi, mon cher Henri (Camerlynck), je vous prie de me répondre le plus tôt possible ; c'est pour mon frère que je vous le demande. »

Il n'y a rien de généreux comme des cœurs qui ont passé par toutes les épreuves ; ils sont toujours prêts à y soustraire les autres, du moment qu'ils leur trouvent des qualités qui justifient la faveur et la protection. Toutefois cette bonté d'âme de Clemmer est poussée trop loin par moments ; elle va jusqu'à la sollicitude, jusqu'à la tendresse même, comme on le voit dans une lettre écrite de San-Luis Potosi, à la date du 1er septembre 1866 :

« Pierre se porte fort bien à Constantine ; il fréquente l'école et fait des progrès... Mon camarade M. Alliou m'apprend que Pierre est un bon garçon et qu'il fait tous les efforts possibles pour apprendre. Je crois, Fidéline, que j'ai eu raison de laisser Pierre avec les turcos à Constantine où j'ai de bons camarades.

Je suis heureux de ne l'avoir pas emmené avec moi au Mexique; car c'est un mauvais pays, où foisonnent les maladies et les balles. Pour moi cela n'est rien; j'en ai l'habitude et je suis toujours persuadé que je ne peux pas être malade. Quant aux balles, j'ai la conviction que je n'ai pas lieu de les craindre. »

Clemmer montrait le même dévouement pour les compatriotes, pour les amis de sa famille. Il était toujours prêt à faire valoir son influence en leur faveur et à les appeler auprès de lui; mais il ne réussissait pas toujours à faire accepter ses bienfaits; et ceux qui les avaient sollicités lui tournaient quelquefois le dos au moment même où les démarches avaient produit le résultat patiemment attendu. « Vous devez vous rappeler, écrit-il à ses parents, que j'avais promis au neveu de M. le curé de X... de le faire admettre dans mon régiment. Au mois de décembre dernier, j'ai reçu une nouvelle demande de ce jeune homme qui désire venir aux tirailleurs. J'ai demandé à mon colonel de vouloir bien y consentir; et il m'a accordé son consentement avec plaisir. J'en ai immédiatement écrit au jeune R..., à Lille. Depuis ce moment je n'ai plus entendu parler de lui. Demandez, je vous prie, à M. le curé, pourquoi son neveu, malgré l'autorisation que je lui ai envoyée et le désir très vif qu'il m'avait témoigné, n'est pas venu au régiment. »

Non seulement Clemmer se plaît à obliger lui-même ceux qui méritent son estime; il veut encore que les bonnes actions des hommes ne restent pas sans récompense. « Je suis heureux, écrit-il l'année même de sa mort, parce que, la semaine dernière, étant de garde au palais des Tuileries, j'ai eu occasion de raconter à Sa Majesté l'impératrice tout le bien, tous les actes de charité dont mes turcos se sont montrés capables cet hiver par amour pour les pauvres du quartier, et de lui dire que j'avais particulièrement remarqué, un jour de fête arabe, la belle conduite d'un sergent indigène. Voulant faire participer les pauvres à la fête du jour, il avait, de son argent et de son propre mouvement, acheté pour cinq francs de pain blanc et l'avait distribué à chacun des pauvres qui se trouvaient là, demandant l'aumône devant la caserne.

« Cette bonne action a vivement impressionné l'impératrice qui, séance tenante, et n'obéissant qu'à son excellent cœur, m'a remis une belle montre en or marquée à son chiffre, en me disant que, ne pouvant récompenser tous mes hommes individuellement pour leurs actes de bienfaisance, elle me chargeait de donner cette montre au sergent, comme un souvenir d'elle et un témoignage de satisfaction qu'elle devait à tous les hommes de mon bataillon. »

C'est ainsi que Clemmer savait exposer au grand jour ce qui pouvait servir d'exemple aux hommes ; et l'intérêt qu'il portait aux enfants du désert, à ses chers soldats d'Afrique, leur donnait du relief, les élevait en dignité à leurs propres yeux et préparait peu à peu cette popularité qui contribua plus tard au prestige du turco.

Clemmer est le modèle de l'officier : son bataillon est la grande famille dont il est le père et le protecteur ; chacun de ses soldats, chacun des chefs qui lui sont soumis trouvent dans le commandant un ami dévoué. Pour tous il veut des récompenses, des distinctions, de l'avancement. Il est l'homme actif qui n'oublie pas ses subordonnés, qui ne les paye pas de promesses banales, qui prouve par des actes qu'on peut compter sur lui. Partant de Paris, il nous apprend qu'il en a gardé un bon souvenir, « parce que, dit-il, j'y ai été tranquille et heureux, que j'ai obtenu cinq croix de chevalier de la Légion d'honneur pour des officiers et dix-sept médailles militaires pour des sous-officiers ou soldats de mon bataillon. »

Ces paroles sont d'un père, d'un héros au doux sourire, qui ne songe à lui que quand il a songé aux autres et ne semble heureux que du bien qu'il fait. Mais s'il est prompt à récompenser les braves, s'il est attentif à écarter le danger des têtes qui lui sont chères, il n'hésite pas à s'y exposer lui-même. Il a bien le droit dire qu'« il y est habitué. » En effet, c'est à travers mille dangers qu'il s'est frayé un chemin. Loin d'éviter le péril, il l'a cherché, il l'a affronté, il l'a désiré, il l'a aimé comme son meilleur protecteur : il a fait du péril le compagnon de sa destinée, puisqu'il n'aurait pu sans lui obtenir le grade qu'il rêvait.

Jeune caporal, il comprenait que la vie monotone de la caserne ne pouvait aboutir à rien. Sa vigueur même ne pouvait que décroître dans un milieu paisible, loin de l'ennemi et des champs de bataille. L'inaction lui paraissait intolérable. A Paris, il éprouvait le même sentiment qui lui fera dire plus tard, pendant l'expédition du Mexique : « Il ne faut pas croire que je m'amuse à San-Luis, où l'on est perdu dans la foule. J'aimerais bien mieux être dans quelque petit trou, où j'aurais au moins quelque chose à faire et à penser ; tandis qu'ici je n'ai qu'à boire et à manger, à dormir, aller aux parades et appels, visiter les salles de police et prisons, ce qui m'amuse fort médiocrement, je vous prie de le croire.»

Clemmer ne demandait qu'à s'éloigner de Paris ; il aspirait à l'occasion de combattre, pour se distinguer à force de courage, pour se jeter dans le tourbillon de la mêlée, pour faire connaissance avec le danger, ce redoutable inconnu qui met l'homme en face de lui-même et, d'une manière soudaine, lui apprend ce qu'il vaut. Quiconque ne connaît pas le danger, ne se connaît pas lui-même. Nous avons beau nous croire courageux ; tant que notre courage n'a pas été mis à l'épreuve, nous ne pouvons l'apprécier que par conjecture ; et celui qui passe sa vie loin du péril ne se connaitra qu'à l'heure de la mort, si toutefois il a le temps de se reconnaitre à cette heure suprême qui est l'heure aussi de la suprême révélation. Car ce n'est pas sans raison que La Rochefoucauld a dit : « Ni le soleil ni la mort ne se peuvent regarder fixement. »

La mort du héros est belle, et sa conduite, au milieu de la lutte, est sublime. Clemmer était passionné pour cette lutte : il trouvait je ne sais quelle séduction dans le danger. Il devinait qu'il saurait s'y comporter avec sang-froid et intrépidité. La mort frappe au hasard dans les batailles ; mais la fortune sourit au brave. Le brave est fait pour le combat : pour lui la sécurité dégénère en oisiveté fatigante ; il lui faut la sauvage harmonie qui s'élève du champ de bataille, dans la confusion des voix et le retentissement des armes. Là, il fait son terrible devoir ; il voit et il accomplit des prodiges, des actions surhumaines. Devant ses yeux brillent, dans un rayon de gloire, les images de la victoire et de la patrie. Qu'il tombe ou qu'il reste debout, peu lui importe ; il a sa place marquée parmi les braves que l'immortalité couronne.

Clemmer avait cette vision de l'honneur militaire, et il voulait prendre rang parmi ceux qui, à cette date, combattaient pour la France. Il résolut d'aller en Algérie, dans cette colonie jeune encore et qui était comme le rendez-vous des braves. Avant lui déjà, des soldats de Flandre s'y étaient signalés par leur noble conduite. Au début de la conquête, Sion, un Flamand de Dunkerque, quittant son vaisseau à la nage, avait le premier couru planter le drapeau français sur la côte africaine.

L'armée expéditionnaire, après avoir pris
Alger en 1830, réduisit une bonne partie du
pays, sans toutefois pouvoir soumettre les habitants comme il l'aurait fallu pour assurer à
la France la tranquille possession de la colonie.
Une période relativement calme suivit la bataille
d'Isly (14 août 1844). Cependant le général
Bugeaud eut tort de penser que cet éclatant
succès, ainsi que ceux de notre marine à Tanger
et à Mogador devaient être « la consécration définitive de notre conquête. » Les tribus les moins
soumises avaient, il est vrai, déposé les armes,
et tout semblait présager une paix durable.
Mais les négociations furent entravées par des
combinaisons diplomatiques, et le traité, signé
seulement le 18 mars 1845, ne le fut que grâce à
la fermeté de notre plénipotentiaire, le général
comte Delarue. Aussitôt les Arabes cessèrent de
se réunir en troupes hostiles et menaçantes ;
« nos marchands allaient sans escorte jusqu'à
quatre-vingts lieues dans l'intérieur et pouvaient
confier leurs personnes et leurs marchandises à
l'hospitalité des tribus du désert. »

Pour Clemmer ce n'était pas le moment de
partir ; l'occasion n'était pas assez belle ; mais
en 1846 les rebelles levèrent la tête, la guerre
se ralluma et les Français eurent de nouvelles
luttes à soutenir. Ce fut le 14 juin 1846 que
Clemmer alla se joindre à eux.

Après la victoire d'Isly, les Arabes n'avaient
accepté la paix que par nécessité, et les fauteurs
d'insurrection ne tardèrent pas à faire appel

au sentiment d'indépendance. Les *Ksours* ne demandaient qu'à suivre les vieilles affections qui les attachaient au Maroc ; les *Khouans* faisaient entendre sous la tente des paroles qui réveillaient le fanatisme. Enhardies par les promesses de ces prédicateurs du désert, et pleines du souvenir d'Abd-el-Kader, les tribus comptaient sur la divine intervention du « Moule-Saa » et se plaisaient à interpréter les prophéties de Sidi-el-Akridar. L'une d'elles annonçait en ces termes la défaite et l'expulsion des Français : « Il viendra un chérif de la race des Hassem ; il s'élèvera derrière le fleuve et tuera les Français avec les soldats du Dahra. »

C'est dans le Dahra que s'était fixé Bou-Maza, personnage très populaire qui voulait se faire passer pour le sauveur des Kabyles. Abd-el-Kader profita de l'effervescence des esprits pour soulever tout le pays ; il tenta même de rallier à son parti les tribus les mieux soumises aux français. Le général Bugeaud, les colonels Pélissier, Ladmirault et Saint-Arnaud eurent devant eux une multitude d'ennemis. Pélissier fut forcé de recourir à des moyens barbares pour se rendre maître des grottes d'Ouled-Rhia. Vaincus d'un côté, les rebelles reformaient leurs troupes sur un autre point : ainsi, l'insurrection éclata aux environs de Cherchell, puis chez les Flittas, tribu qui occupait, non loin de Mostaganem, un pays que d'étroits défilés et des montagnes rendaient presque inaccessible. Malgré l'énergie de Lamoricière,

le théâtre de la guerre s'était étendu du Dahra
à l'Ouarensenis, du Djebel Amour au Djurdjura. « Il est à craindre, disait alors le
général Bugeaud, que tout cela ne soit une
forte guerre à recommencer. »

Sans doute Abd-el-Kader fut vaincu; mais
en 1846 le sang français coula dans la *déira*
du farouche émir qui, n'ayant plus de quoi
nourrir ses prisonniers, les fit massacrer. Il
avait proposé au général Bugeaud de les
échanger contre des prisonniers Arabes ; mais
sa proposition paraissait suspecte et avait été
rejetée. Nos braves durent payer de leur sang
l'erreur et l'obstination de leur chef. Nous avons
intérêt à entendre le récit de ce massacre, si
nous voulons nous faire une idée des mœurs
africaines.

Le lieutenant d'Abd-el-Kader, Ben-Tomi,
« fit appeler auprès de lui les chefs prisonniers,
MM. Courby de Cognord, Larrazeh et quelques
autres. Le reste, divisé en plusieurs groupes
de six à huit hommes, fut réparti dans les
gourbis qu'occupaient les fantassins réguliers.
Dans l'un de ces gourbis se trouvait Guillaume
Roland. C'était un homme de résolution ; il
avait vu tous ces préparatifs et les avait compris, mais sans s'en effrayer. Il y aura quelque chose cette nuit, dit-il à ses camarades ;
ne dormez pas et tenez-vous prêts à vous
défendre si l'on veut vous tuer. — Nous défendre ! et avec quoi ? demandaient les camarades.
— Faites-vous une arme de tout ! leur répon-

dit l'héroïque clairon. Roland possédait un couteau français qu'il avait trouvé trois jours auparavant et qu'il tenait caché. Au moindre bruit, dit-il, je sortirai, et avec cette lame je tuerai le premier Arabe qui se trouvera sur mes pas; suivez-moi! Il était huit heures du soir à peu près, quand les malheureux, en se serrant mutuellement la main, faisaient à voix basse ce plan de défense désespérée. Pas un ne ferma l'œil. Vers minuit, les soldats d'Abd-el-Kader poussèrent un cri. C'était le signal du massacre. Roland devine que l'heure est venue : il s'élance du gourbi, rencontre un Arabe, lui plonge son couteau dans la poitrine, saute par-dessus son corps, franchit la haie qui enveloppe le camp, se cramponne à une branche d'arbre et roule de l'autre côté. En ce moment deux réguliers le saisissent par la ceinture de son pantalon ; le pantalon en lambeaux leur reste entre les mains, et Roland se sauva presque sans vêtement. A cent mètres du camp une embuscade tire sur lui et l'atteint à la jambe droite, mais légèrement : il continue à fuir, gagne une colline située à un demi-quart de lieue du camp, et là il s'arrête pour voir si quelque camarade ne viendra pas le rejoindre. Attente aussi inutile que cruelle pour lui ; car à deux portées de fusil, sous ses yeux, le massacre s'achevait ! Il entendit les cris des victimes, les hurlements des assassins, et, à la lueur de la fusillade et de quelques gourbis incendiés, il pouvait voir tous les détails de cet horrible carnage. La lutte dura plus d'une demi-heure ; car, quoique nus, exténués de faim et désarmés, deux cent quatre-vingts Français ne se laissent pas égorger sans se défendre. Enfin, la fusillade cesse, les cris s'éteignent ; tout était fini. »

Pour venger de tels crimes, pour prévenir de tels malheurs, soldats et officiers redoublaient d'activité, de prévoyance et de prudence. Ils savaient que l'ennemi était partout, derrière les rochers, dans les plantations, dans les gorges profondes, qu'il s'appliquait à tromper leur vigilance, qu'il se dissimulait au sein même des tribus soumises, qu'il était caché dans l'enceinte des forteresses et surtout qu'il s'abritait derrière sa mauvaise foi. Un effectif considérable était réparti sur l'étendue de la colonie : l'artillerie, l'infanterie, les tirailleurs indigènes, les bataillons d'infanterie légère, les turcos, les chasseurs d'Orléans étaient autant de forces qui imposaient aux Arabes. On peut nommer aussi les compagnies de discipline, corps admirablement exercé, comparable à l'infanterie légère « qu'il surpassait même au point de vue de la moralité. »

Le caporal Clemmer entra dans ces compagnies. Non seulement il voulut appartenir à l'armée d'Afrique, il y choisit encore le poste le plus dur et le plus périlleux ; il n'hésita pas à se faire incorporer dans la phalange la moins épargnée, celle qui était de toutes les expéditions, sur laquelle enfin la discipline faisait peser un joug d'acier. En sa qualité de sous-officier, il ne pouvait nulle part se trouver en meilleure compagnie que dans les compagnies de discipline. Aucun corps, excepté celui de l'infanterie légère, n'avait comme celui-ci des cadres d'élite. Tout ce que l'on connaissait de plus brave, de plus hardi, de plus entreprenant, de plus ferme parmi les officiers et les sous-officiers ne cherchait qu'à se placer à la tête de ces soldats, plus décidés, mais plus intraitables aussi que les autres. C'était le poste d'honneur, celui qui attirait l'attention particulière des généraux, celui qui n'avait que deux issues, l'avancement ou la mort. Cela suffit pour fixer le choix de Clemmer.

Là, il trouva occasion de montrer qu'il avait de la « poigne », de l'autorité, de l'énergie. Il avait affaire à de redoutables subordonnés, qui étaient soumis à un régime sévère pour avoir donné des preuves de leur perversité naturelle et de leur indocilité. On les appelait « Camisards. » C'étaient des soldats recrutés parmi les hommes réfractaires au règlement et condamnés par les « conseils de discipline. » Sans doute ils étaient d'une moralité supérieure à celle des « Zéphyrs » qui composaient les bataillons d'infanterie légère, puisqu'ils n'avaient pas été, comme eux, condamnés par des conseils de guerre soit à la prison, soit aux travaux publics ; mais ils n'en étaient pas moins à la hauteur de tous les vilains rôles, capables de jouer des tours à leurs chefs, habitués à tous les trucs d'audace et d'astuce, passionnés pour la farce outrageuse et ne reculant pas même devant le vol.

Dans cette Algérie à demi conquise, la métropole envoyait tous ses mauvais sujets et se déchargeait ainsi de la tare qui l'incommodait. Pour se faire une idée de ce genre d'exportatation à la charge de la jeune colonie, il suffit de lire quelques lettres de Saint-Arnaud. « Ce matin, écrit-t-il, j'ai passé trois heures à la kasbah avec les énergumènes les plus forcenés, les fous les plus pitoyables que l'on puisse imaginer, amas hétérogène de tout ce que peuvent réunir les débris d'une révolution vaincue, mélange d'artisans et d'instruments de désordre : journalistes, poètes, maçons, instituteurs, peintres, puis des échappés de prison... tous socialistes, tous rouges, mais, par-dessus tout, tous fous enragés, posant pour un martyre que personne ne songe à leur infliger, hurlant, vociférant, demandant des juges, criant vive tout, excepté ce qui est honnête ; ennemis de la société, qu'ils ont voulu renverser et qui les repousse. Ce sont des gens dangereux, mais je ne les crains pas. J'ai voulu leur faire entendre raison ; ils m'ont répondu en demandant des juges. Je n'ai pas essayé de les calmer, je leur ai ordonné de rentrer dans leurs chambres où je les ai suivis. J'ai écouté toutes leurs réclamations, toutes leurs protestations creuses et solennelles ; j'ai la biographie de tous ces amants de la justice et du droit : c'est affreux. »

Sans doute, entre ces gens égarés par l'utopie ou les haines sociales et les mauvais farceurs que Clemmer connut dans les compagnies de discipline la différence est grande. De ceux qui peuplèrent le pénitencier de Tebessa on ne peut rapprocher sans de formelles réserves les soldats avec qui le jeune caporal fut journellement en rapports. Il eut néanmoins à se mettre en garde contre les tentatives hardies de ses hommes. On a quelque raison de penser qu'il rencontra, parmi ces soldats, des sacripants hors ligne et qu'il n'avait pas trop de sa main de fer et de la sévère consigne pour exercer sur eux la modeste part d'autorité que lui donnait son grade.

Sa garnison était à Dellys, ville agréable, au bord de la mer, presque à égale distance d'Alger et de Bougie, sur la route importante qui va à Bône en passant par Djidjelli et Philippeville. Dès son arrivée, il aima cette résidence, et il en conserva toujours un délicieux souvenir. Il y resta six ans ; toutefois il dut se tenir toujours prêt pour les expéditions que motivaient les soulèvements des Arabes et des Kabyles. Fréquemment il se mettait en route avec ses hommes : ils avaient des travaux à exécuter, des marches à faire. La colonne se formait, partait en exploration ; puis, les opérations militaires finies, Clemmer revenait avec plaisir à Dellys comme à un poste de repos, si l'on peut appeler ainsi une ville de garnison où l'on recommence chaque jour de fatigantes manœuvres avec des troupes soumises au régime le plus dur. Mais cette vie active ne

l'empêchait pas de voir souvent de bons camarades, de nouer d'agréables relations en ville,
de s'y faire connaître et aimer, de jouir enfin
des délices de ce séjour plein de charmes.

Ainsi, il commença son service colonial en
s'installant dans un des coins les plus pittoresques
de la côte africaine, en face de cette mer où le
soleil répand, aux différentes heures du jour,
mille reflets changeants, non loin des montagnes de la sauvage Kabylie, qui s'élèvent à
pic et découpent sur le ciel pur une ligne
irrégulière, çà et là vigoureusement échancrée.
Il était tout près de ce pays, rempli de merveilles
au temps de l'occupation romaine, attestant encore le génie de l'antiquité par d'imposantes
ruines et par les débris d'une foule d'œuvres d'art,
splendide, même après le passage des barbares
et malgré le vandalisme si longtemps exercé par
les tribus arabes. Si Clemmer avait eu la culture
d'un poète, d'un savant, d'un artiste, il aurait
été touché des souvenirs que rappelle à l'esprit
ce littoral où fleurissaient, aux premiers siècles
du christianisme, les arts et les lettres, la science
et la sainteté. C'est là que, depuis de nombreuses
années, les esprits d'élite vont chercher de douces
et fécondes inspirations. Le peintre Fromentin
a décrit les sites délicieux de l'Afrique, les roches
que le soleil, à son lever et à son coucher, couvre
de teintes ravissantes. Horace Vernet a étudié
ce même paysage africain ; c'est à cette région
de la lumière et de la chaleur qu'il a emprunté
la couleur qui rend si vigoureuse de vérité et

de relief sa *Prise de la Smalah*. Et, plus
près de nous, Alphonse Daudet a peint sur le
vif cette nature qui parle à l'âme et l'appelle
à une contemplation voluptueuse comme l'atteste cette page extraite de ses œuvres : « J'étais
loin, bien loin de Paris, en pleine joie, en
pleine lumière, dans la vallée du Chéliff, un
beau jour de février 1862. Une plaine de
trente lieues que borde à droite et à gauche
une double ligne de montagnes, transparentes
dans le brouillard d'or et violettes comme l'amé-
thyste. Des lentisques, des palmiers nains, des
torrents à sec dont le lit caillouteux est encombré
de lauriers roses ; de loin en loin un caravan-
sérail, un village arabe ; sur la hauteur quelque
marabout, peint à la chaux, éblouissant, pareil
à un gros dé coiffé d'une moitié d'orange ; et ça
et là, dans l'étendue blanche de soleil, de mou-
vantes taches sombres qui sont des troupeaux, et
que l'on prendrait, n'était le bleu profond et im-
maculé du ciel, pour les ombres portées de grands
nuages en marche. Mon ami le bachaga Boualem
avait fait dresser la tente. Un des pans relevés
portait sur des piquets et formait marquise ;
tout l'horizon entrait par là. Devant, les chevaux
entravés baissaient la tête, immobiles ; les grands
lévriers dormaient couchés en rond, à plat ventre
dans le sable ; au milieu de ses petits pots, notre
cafetier préparait le moka sur un maigre feu
de ramilles sèches dont la fumée mince montait
droit, et nous roulions de grosses cigarettes sans
rien nous dire, Boualem-Ben-Cherifa, ses amis

Si-Sliman, Sid' Omar, l'aga des Ataf et moi, étendus sur des divans, dans l'ombre de la tente blanche que le soleil extérieur faisait blonde, découpant en transparence sur la toile le croissant symbolique et l'empreinte de la main sanglante, ornements obligés de toutes les demeures arabes. »

Clemmer était loin de cette poésie, heureusement; il aimait cependant l'Afrique avec une âme que les préoccupations de la vie militaire laissaient libre, capable de. voir et d'observer, parmi les beautés de la nature, celles qui satisfont d'ordinaire un homme de bon goût. Il admirait Dellys, la ville africaine, blanche, plantée de minarets, avec ses jardins d'où débordait par-dessus les murs l'ombre des palmiers; il s'arrêtait volontiers devant les terrasses élevées où se mêlaient la vigne et le citronnier. Parlant plus tard de Dellys, qu'il appelle « un endroit charmant », il revient complaisamment à l'objet de ses souvenirs : « Là, j'avais des arbres et des jardins, des champs bien cultivés, des montagnes boisées où je pouvais me promener en pensant à mes parents, à vous, à mon pays et enfin à moi-même. »

A cette époque, il s'est contenté, ce semble, de penser à ses parents sans leur écrire souvent. Il ne recevait encore qu'une maigre paye et évitait les frais de correspondance. L'éloignement l'isole davantage; maintenant il ne peut profiter comme à Paris, de la bonne volonté de ses camarades de Flandre, qui transmettaient ses nouvelles avec les leurs ou même les apportaient avec eux quand ils venaient au pays. Il ne peut plus dire comme en 1845 : « Je profite du voyage de Faes qui retourne à la maison, pour m'informer de votre santé. » Du reste il ne se sent pas fort encouragé à écrire, les personnes de sa famille ne lui répondent guère. Au village, chacun ne sait pas tenir une plume, et le soin d'écrire est de ceux qu'on diffère volontiers.

Peut-être Clemmer lui-même manque-t-il de loisirs à Dellys ; du moins, il ne doit pas trouver beaucoup de temps à donner au plaisir de la correspondance si, comme il le dit, il aime à faire des promenades dans les montagnes. Le voisinage des Kabyles, tribu belliqueuse et non soumise encore, exposait la garnison de Dellys à de fréquentes alertes. Le général Bugeaud voulait que l'armée fût sans cesse sur le qui-vive et il donnait lui-même l'exemple du courage et du travail. Il inaugura un nouveau système de guerre. « A l'envahissement du territoire par zones et au refoulement des Arabes succéda la concentration de nos forces dans la province d'Alger et, de point en point, le rayonnement graduel avec la plus vigoureuse offensive. » Les soldats, parlant du système de Bugeaud, disaient : « Il nous faut, avec ce général, des jarrets de cerf, des ventres de fourmi et des cœurs de lion. »

Il n'avait qu'une pensée, la conquête de la Kabylie. Selon lui, la possession définitive et absolue de l'Algérie dépendait de l'occupation du Djurdjura. « Tant que ce pays restera indépendant, il y aura là, disait-il, un foyer permanent d'insurrection et de prédications fanatiques.»

Entre Alger et Constantine, comme on l'a
remarqué avec raison, s'étend une grande enclave formée par divers massifs de montagnes,
dont le Djurdjura, les Aurès, le Djebel-Amour,
l'Ouarensenis et le Dahra sont les plus importants. La chaine du Djurdjura s'étend sur une
ligne parallèle au littoral entre Bougie et Dellys,
ses crêtes rocheuses s'élèvent à plus de deux mille
mètres au-dessus du niveau de la mer. La
région qui est défendue par ces escarpements
ne manque pas de richesses, et elle renferme
soixante mille hommes armés, qui, en cas de
guerre, rendent les défilés infranchissables.

En 1847 « nous possédions le revers ouest et
sud du Djurdjura et la vallée de Sébaou, depuis
Dellys jusqu'au poste d'Aumale au sud, c'est-
à-dire la moitié de la grande Kabylie. Nous
n'arrivions encore ainsi qu'à vingt lieues de
Bougie. Il fallait conquérir la route de Bougie
à Alger et celle de Bougie à Sétif. » L'expédition commença le 6 mai ; le 24 juin on avait
obtenu la soumission de soixante chefs. Pour
assurer la conquête, il aurait fallu disposer d'un
corps d'occupation ; malheureusement, la Chambre ne consentit pas à voter un nouvel effectif
de troupes, et ainsi les résultats acquis par le
corps expéditionnaire furent en partie compromis.

L'armée faisait ses préparatifs d'expédition, lorsque Clemmer fut nommé sergent-fourrier (17 avril 1847). Son nouveau grade, obtenu moins d'un an après son arrivée en Afrique, lui démontra qu'il était « bien lancé », et que son avancement, dans ce pays où l'on se battait fréquemment, où l'on pouvait se distinguer par des actions d'éclat, serait rapide et sûr. Les batailles ne faisaient pas seulement des brèches aux rangs des soldats ; elles décimaient aussi les officiers et les sous-officiers. A ce moment l'armée d'Afrique comptait quatre-vingt-sept mille sept cents hommes. De ce nombre quatre mille quatre cent trente périrent en 1847. A mesure que les chefs tombaient, d'autres prenaient leur place et ainsi les humbles s'élevaient.

Clemmer n'a pas relaté dans ses lettres la première campagne de la Grande Kabylie ; plus tard, quand il sera officier, il écrira volontiers les souvenirs emportés du champ de bataille. Maintenant il se doit encore tout entier à la vie active, et les moments qu'il dérobe au travail ne sont qu'une faible part de son temps. Elle est à peine suffisante pour le repos qui lui est nécessaire et pour la réflexion qui rafraîchit et fortifie son âme au milieu de tant de luttes ardentes.

La pensée était pour lui un plaisir et une garantie de sagesse. C'est ainsi qu'il conserva un esprit calme et droit, pendant qu'un grand nombre d'autres, moins raisonnables, cédaient trop souvent soit aux entraînements du mauvais exemple, soit à l'excitation d'un instinct pervers, sanguinaire même. Il entretenait avec ceux qui l'entouraient des relations paisibles, douces, amicales, et se gardait bien de se mêler aux réunions bruyantes, source de querelles qui dégénèrent en provocations homicides. Il avait le courage patriotique dont on se sert en face de l'ennemi, il n'avait pas ce triste courage qu'allume le sentiment du faux point d'honneur chez des soldats plus farouches que braves, toujours prêts à se battre en duel.

En 1830 avait commencé en Algérie la rage du duel. « On se battait, dit le capitaine Blanc, pour le plaisir de se battre. On allait de propos délibéré, sans rime ni raison, chercher querelle à des gens qu'on ne connaissait même pas, qu'on n'avait jamais vus. Tout servait de prétexte, dans les cantines, dans les cabarets : une chanson entamée à une table pendant qu'une autre table chantait, un verre de vin versé « en quarte », c'est-à-dire la main renversée à droite, un geste, un regard étaient interprétés pour les besoins du duel. J'en fis personnellement la fâcheuse expérience. Simple chasseur et très inoffensif certes, j'étais allé à la cantine, ayant manqué à la soupe du soir. Il y avait beaucoup de monde, et, assis à un bout de la table, je m'étais fait servir une « portion » et une demi-bouteille, lorsque, d'une table vis-à-vis de la mienne un soldat se leva, vint à moi, prit mon verre et le but. Je demeurai quelques instants tout interloqué ; je dis tranquillement

à ce convive d'un nouveau genre qu'il avait
tort et que, s'il m'avait demandé un verre de
vin, je me serais fait un plaisir de le lui offrir.
Ce propos bénin et ma figure imberbe firent
éclater de rire les camarades du provocateur,
qui me répondit par des insultes accompagnées
du geste d'un soufflet. C'en était trop ; je saisis
la bouteille et je cassai à la fois tête et bouteille.

« Quatre jours après, nous nous alignions
dans les fossés, derrière la caserne Saint-Jacques.
J'avais affaire à une sorte de prévôt de contre-
pointe et j'eus plus à me féliciter de mes
études en cette science que de celles du grec
et du latin. »

Avec cet exemple on pourrait en citer mille
autres qui prouveraient, avec autant d'autorité,
qu'il y avait pour les honnêtes militaires de
l'armée d'Afrique des dangers imprévus, redoutables comme les pièges des ennemis, et dont
on ne sort qu'avec le déshonneur, si toutefois
on en sort. Clemmer, qui était admirable dans
les combats et même dans les luttes à outrance,
face à face avec l'ennemi, n'a jamais recherché
cette réputation de grand bretteur. Au contraire, il
était prudent, il se tenait sur ses gardes. Il était
partisan de la sévère discipline, et ce n'est pas
lui qui, par quelque concession, aurait contribué
à en détendre le nerf. Le régime vigoureux
auquel l'armée était soumise, lui semblait une
sauvegarde pour tous autant qu'un sûr garant de
la défaite des ennemis.

Ce qui le mettait, jusqu'à un certain point, hors d'atteinte vis-à-vis des camarades perfides, c'est qu'il avait un grade ; et le grade, à cette époque surtout, n'était pas une distinction vaine. Un officier, qui a vécu longtemps en Afrique, l'a bien démontré : « Ce n'est pas dans ces temps-là qu'on eût vu, comme de nos jours, écrit-il, des sous-officiers et même des soldats assis dans les mêmes salles de café ou de restaurant que les officiers, ou bien, au théâtre, dans des fauteuils d'orchestre voisins de ceux de leur commandant ou de leur colonel. Les soldats ne seraient même pas entrés dans des cafés fréquentés par des sous-officiers. Les gradés paraissaient de haut à ceux qui ne l'étaient pas, et ceux-ci savaient tout ce qu'il fallait de bonne conduite, de persévérance, de services réguliers, pour arriver à l'épaulette et même au simple galon d'argent. Des jeunes gens instruits, braves, irréprochables, ne trouvaient pas étrange de ne pas être officiers au bout de huit ans de présence au corps. Le grade était un honneur, l'uniforme un porte respect. Mais, dans ce temps-là, la France était la première puissance militaire du monde. »

Clemmer était loin encore de pouvoir aspirer au grade d'officier, toutefois il pensait déjà à sa future épaulette. Assurément, ce n'était plus un rêve chimérique, une fiction agréable et complaisante ; c'était une de ces réalités qu'on peut espérer de l'avenir, quand on avance rapidement dans la carrière, comme il le fit à partir de 1848.

Le 10 février 1848, il est nommé sergent; le 10 juin de la même année, il reprend son grade de sergent-fourrier, condition indispensable pour une élévation nouvelle. Le 1er juillet, il est sergent-major. A le voir ainsi franchir les degrés de la hiérarchie, on devine ce qu'il a dû faire pour se signaler à l'attention bienveillante de ses chefs. Il est ravi de son succès, il se figure même qu'il a plus de bonheur que de mérite, et il commence à croire à la chance, cette bonne fée qu'il aime et dont il se croit aimé, ce doux et bon génie qui favorise les meilleurs ici-bas, que l'imagination idéalise, élève, illumine de toutes les clartés de la bonne étoile.

Clemmer a déjà mis une longue distance entre lui et le rang d'où il est sorti; il se sent plus en vue, mieux en état de se faire valoir, plus capable de hâter la réalisation de son rêve, plus près de cette issue que franchit, un beau jour de bataille, l'officier de fortune. Le zèle l'enflamme, l'espérance redouble ses forces et son courage; il a déjà compris la justesse de cette pensée pour laquelle il saura trouver plus tard la forme délicate et sentencieuse d'une maxime qui sera la sienne : « vivre d'espérance, avoir foi dans l'avenir, c'est la moitié du succès.»

Cependant l'année 1848 ne fut pas brillante pour les armes françaises en Algérie. Le gouvernement avait retiré tout argent au génie, cause de misère pour le pays. L'effectif des troupes fut réduit à soixante-dix mille sept cents hommes, et l'on enregistra neuf mille sept cent quarante-cinq décès. De tristes évènements étaient à prévoir, et Saint-Arnaud avait raison de dire : « Il faut se préparer et se pétrir un cœur d'airain ; c'est ce que je fais. » Quelques mois plus tard, déplorant le désordre qui menace de ruiner la colonie, il écrit : « Tout y sent le provisoire ; la métropole nous oublie, nous délaisse ; on nous ôte des courriers, et nous en sommes prévenus par les journaux. Les Arabes se remuent ; ils attendent un chef et il en naîtra un. Depuis nos évènements politiques, qu'ils comprennent mal, les Arabes nous méprisent ; ils disent que nous n'avons ni roi ni raison. »

Si précaire était alors notre domination en Afrique ! Les ministres contrariaient les plans des généraux ; il était permis de croire que la France voulait abandonner l'Algérie. Notre gouverneur avait reçu la défense d'entreprendre aucune expédition, et cependant celle de Kabylie était indispensable. Clemmer se voyait bien placé pour apprécier les tentatives des tribus du Djurdjura, Dellys étant le poste le plus proche de la Kabylie. Il pouvait comprendre, comme Saint-Arnaud, que les Arabes ne se contenteraient pas d'exciter mutuellement leur patriotisme dans une agitation stérile, mais qu'ils attaqueraient nos compagnies, si les Français ne se hâtaient pas d'aller les attaquer chez eux. L'expédition fut enfin décidée. Les Kabyles qui disposaient de cinq à six mille combattants furent vaincus. Pendant dix jours ce furent des patrouilles à travers les montagnes, dans un pays qui est comme une forteresse élevée par la nature et que « quinze hommes défendraient contre une armée. » C'est le plus horrible pays du monde.

« Figurez-vous, dit Saint-Arnaud, des pains de sucre mis les uns à côté des autres. Malgré ces difficultés, j'ai eu trois belles et sérieuses affaires où j'ai fort maltraité les Beni-Seliman et leurs alliés. J'ai eu quatre officiers tués, quatre blessés légèrement, douze hommes tués. J'ai envoyé une cinquantaine de blessés à Bougie. Si le gouvernement veut me donner cinq mille hommes au printemps prochain, je lui soumets tout entre Bougie et Djidjelli. »

Là, Clemmer fut à bonne école; il y fit l'apprentissage de cette tactique vigoureuse, prudente, bien concertée dont il aura à se servir lui-même lorsque, plus tard, il exercera un commandement important au Mexique. Pendant les marches périlleuses dans les montagnes, les rapports entre officiers de tout grade étaient constamment affectueux. « La subordination toujours sévère était rendue naturelle par un contact continuel et une communauté absolue de fatigues, de dangers et de privations... On se voit à l'œuvre, on a constamment besoin les uns des autres, et la morgue tombe devant la nécessité de s'entr'aider. La familiarité était grande sans que l'autorité en fût amoindrie. »

En 1851, à la suite d'une insurrection des Kabyles, le général Leroy de Saint-Arnaud partit pour la fameuse expédition à laquelle Clemmer eut à prendre part. Les Français, dans leur marche rapide, foudroyèrent les rebelles.

Les deux généraux Bosquet et Luzy prennent position aux Bibans avec une colonne de douze bataillons. Le 8 avril, ils sont à Milah ; le 10 mai, les troupes pénètrent dans les montagnes. Elles combattent le 11, le 12, le 13, le 14 et le 15 mai, du matin au soir. Les Kabyles ont perdu trois cents hommes. Parmi les Français, il y a quatre-vingt-sept tués et cent soixante-dix blessés. On arrive à Djidjelli ; mais il faut encore ouvrir le chemin de Bougie. Le 20 mai, les Kabyles sont enfoncés à la baïonnette ; on leur brûle deux cents villages ; en un seul jour ils perdent quatre cent trente soldats. Toutes les tribus au sud de Djidjelli se soumettent, et les communications sont ouvertes entre Djidjelli et Constantine par le Ferdjouah. Enfin le 20 juin, on livre un nouveau combat aux Kabyles. Saint-Arnaud pouvait dire alors : « Il y a dans la colonne la confiance et l'élan avec lesquels on fait de grandes choses.» En quatre-vingts jours les troupes françaises avaient combattu vingt-six fois.

On comprend que Clemmer n'ait pas trouvé, pendant cette campagne, le loisir de répondre à la lettre de son ami Camerlynck. Les deux jeunes gens ne s'étaient plus revus depuis leur séparation à Lille, en 1844. Ils n'avaient même plus eu de rapports ensemble ; aucune lettre n'était arrivée de l'un à l'autre. Leur amitié n'était pas perdue ; mais elle était devenue stérile, ne portant plus ces doux fruits qui s'échangent entre les âmes et que l'éloignement rend plus délicieux encore. Clemmer adresse de tendres reproches à son ami qu'il appelle l'enfant prodigue, puis continue sur ce ton de douce familiarité ; « Pourquoi êtes-vous parti de Lille sans me laisser votre adresse, sans me voir, sans m'envoyer un mot ? Ingrat ! vous, mon seul camarade en ce temps-là ! Je vous assure, mon cher, que j'ai été vivement contrarié de cette brusque séparation. Enfin, nous voilà retrouvés et, j'espère, tous les deux dans une meilleure position; Dieu aidant, nous serons dans quelque temps tout à fait à la hauteur de nos affaires. Position sociale : du pain sur la planche. »

Comment Camerlynck a-t-il retrouvé les traces de Clemmer ? Il nous l'apprend lui-même dans une lettre de date plus récente : « La jeunesse et l'inexpérience m'avaient été préjudiciables dans le commerce et je pris du service dans l'armée. Par hasard, je fus incorporé au 26e de ligne sans savoir ce qu'était devenu mon ami. Au bout de quinze mois je fus nommé sergent, premier secrétaire du trésorier ; et quel ne fut pas mon étonnement, lorsque, parcourant les matricules du corps, je remarquai que Charles avait passé par le même régiment et qu'il avait demandé, étant sans doute caporal, à être envoyé aux bataillons d'infanterie légère d'Afrique ! Je lui écrivis immédiatement et nous renouâmes nos relations interrompues. »

C'est cette lettre que Clemmer reçut pendant la campagne de Kabylie et à laquelle il s'empressa de répondre, sitôt rentré à Dellys. Après avoir déclaré qu'il l'a reçue avec le même plaisir qu'il aurait éprouvé en obtenant l'épaulette, il ajoute : « Enfin, aujourd'hui que nous sommes rentrés de l'expédition de l'Est et un peu mieux logés qu'il y a un mois, je dis : J'ai, à mon grand plaisir, fait partie de la colonne du général Cuny, qui a opéré chez les Flissas, les Maatka et autres tribus à vingt lieues de Dellys. Elles s'étaient soulevées à l'instigation du faux chériff Bou-Baghla. Nous sommes restés deux mois dehors par un temps épouvantable. Continuellement de la pluie ou de la neige ; de la boue jusqu'aux genoux. Enfin, nous sommes demeurés jusqu'à deux jours de suite sans pouvoir faire la soupe. A la fin, le gouverneur Pélissier est arrivé avec une colonne de dix bataillons et en quinze jours l'expédition a été finie. Vous comprenez bien que nous nous sommes retirés avec les honneurs de la guerre. Maintenant j'ai repris ma petite garnison de Dellys, où je vous assure que je ne suis pas mal. »

CHAPITRE III

Clemmer est nommé sous-lieutenant. — Campagne de Crimée. — Nouveaux grades. — Campagne d'Italie. — Clemmer en Cochinchine.

Clemmer était heureux de reprendre son service ordinaire dans son ancienne garnison. Mais il croyait bien qu'il n'y resterait plus longtemps : il y était arrivé, la première fois, en juin 1846 et il avait le droit de s'étonner qu'on ne l'eût pas encore envoyé à un autre endroit de l'Algérie. Il commençait même à le souhaiter, malgré les affectueuses relations qui l'attachaient aux nombreux camarades dont il était entouré à Dellys. Il n'ignorait pas que son départ pour une autre ville serait la première conséquence de son élévation au rang d'officier, et la pensée, ou plutôt l'amour de l'épaulette était alors l'enchantement de sa vie.

En attendant, il profitait de son agréable séjour pour se remettre des grandes fatigues de la dernière expédition. Il revoyait ceux dont il avait été séparé pendant plusieurs mois ; il donnait de plus en plus à la correspondance

le temps dont il pouvait disposer ; son esprit
mûrissait, son style même gagnait en facilité,
en correction, en délicatesse. Il acquérait, avec
le jugement solide, les qualités dont il avait
hâte de briller, en prévision du rang plus élevé
qui allait lui échoir. L'homme s'achevait en lui
et complétait de jour en jour le type du parfait soldat. Clemmer semblait prendre davantage
possession de lui-même. Il avait beaucoup vu,
beaucoup entendu. Il s'était aguerri au milieu
des dangers : en somme, il ne pouvait plus
rencontrer rien de nouveau ou d'imprévu dans
cette rude vie de soldat de l'armée d'Afrique.
Ainsi, habitué à tout, il était sans effort à la
hauteur de toutes les difficultés, de toutes les
surprises du métier, et son âme, grâce à cette
tranquillité, se prenait à l'amour du passé autant qu'à l'espérance de l'avenir. Les vieux
sonvenirs s'étaient réveillés avec l'amitié de
Camerlynck ; dans ses lettres il parlait des anciens
camarades du 26ᵉ de ligne et, par un sentiment
tout naturel, il s'offrait, autant qu'il le pouvait,
à leur être utile, comme l'atteste cette fin de
lettre : « Veuillez, je vous prie, dire bien des
choses de ma part au collègue Braham. Je connais beaucoup son frère Adolphe. Nous avons
été à Dellys près de dix-huit mois ensemble.
Dites-lui que son frère a reçu sa dernière lettre,
qu'il est parti pour Alger et de là, probablement,
pour Aumale, où il restera au moins six mois.
En tout cas, Adolphe lui écrira aussitôt qu'il
saura la destination qui doit lui être assignée. »

Telle était sa complaisante bonté. On reconnaît bien en lui l'homme délicat et aimable que Camerlynck a défini en quelques mots : « Mon ami était ce qu'en termes un peu vulgaires, mais fidèles, on appelle un brave cœur, franc et dévoué à tous. » Il méritait de devenir officier ; il n'y avait pas à craindre que le sentiment de l'autorité dût affaiblir en lui la générosité ou que le caprice tyrannique prévalût jamais contre l'esprit de sacrifice et d'équité.

Son mérite le désignait pour un nouvel avancement, et la mort, qui faisait tant de vides dans la vaillante armée, aidait à la réalisation de ses vœux. Qui dira le nombre des victimes de la mort parmi les compagnons de Clemmer ? Combien de ces jeunes vies, pleines d'espérances, et brusquement arrêtées ! La mort prenait souvent aux yeux des soldats et des chefs la forme de la gloire : douce et séduisante image qu'ils poursuivaient avec amour, courant à leur perte sans même s'en douter, recevant le coup fatal au moment où ils croyaient saisir le brillant laurier. « Aujourd'hui, je veux prendre un drapeau, disait un jeune sous-officier. En effet, l'occasion sembla s'offrir à souhait. Il s'élança, rapide comme le vent, comme les ailes de la foudre ; il allait atteindre l'arabe, rapporter le drapeau à la tente du quartier-général. Son ennemi se retourne brusquement, tire au hasard ; le jeune héros est atteint et roule de son cheval. » Ainsi finit souvent la vie de ceux qui passent par les batailles. Elle est comme une superbe broderie, pleine de ces couleurs qui donnent un merveilleux relief à tous les détails du tableau. La tapisserie est inachevée, brusquement arrêtée à l'endroit où retombe le fil de soie brisé. Plus loin, sur la large toile, apparaissent des lignes marquant les contours d'un dessin éminemment pur et admirablement conçu, tracé ravissant où l'on devine les proportions et l'effet de cette œuvre d'art, si elle avait pu être continuée. C'est la Mort qui a brisé le fil, et les lignes du dessin se continuant sur le canevas, sont les projets d'avenir formés par l'Espérance.

Dans notre histoire de Clemmer nous en sommes encore aux belles couleurs de la tapisserie. Ne regardons pas au delà !... Associons-nous à la joie du jeune sergent. Mais ce n'est plus le titre de sergent que nous devons lui donner. Il vient d'être nommé sous-lieutenant au bataillon de tirailleurs indigènes d'Oran. Le 5 mars 1852 est la date de sa promotion. Enfin il l'a obtenue, cette épaulette qu'il désirait, qu'il rêvait depuis tant d'années. Il l'a obtenue et, comme il le sait, il l'a obtenue sans se faire valoir par d'autres qualités que celles de bon soldat. Il est au régiment depuis sept ans et demi, il a commencé par le rang le plus humble, et le voilà officier. Comme il annonce avec bonheur cette nouvelle à sa famille ! Il croit de plus en plus à sa bonne étoile et, dans une lettre à son ami Camerlynck, il lui « souhaite autant de chance » qu'il en a eu lui-même. Cette joyeuse lettre nous intéresse extrêmement ; elle montre Clemmer avec toute la simplicité de son caractère, dans un moment d'abandon familier qui donne libre cours aux sentiments. Elle nous apprend combien cet homme, à l'heure même où il pouvait se montrer fier de son titre, est loin de sentir en lui le moindre chatouillement de vanité : « Je suis heureux de pouvoir enfin vous annoncer ma nomination de sous-lieutenant au bataillon de tirailleurs indigènes d'Oran. Je quitte Dellys demain 4 avril pour me rendre à mon nouveau poste, à Mostaganem.

« Je désire, mon cher camarade, qu'il vous arrive une pareille tuile sur la tête ou que vous obteniez enfin l'emploi de commis à l'intendance. Pour moi, j'en ai assez des paperasses et de la comptabilité, bien que dans ce moment même je sois encore chargé de rendre mes comptes à mon successeur. Mais ceci une fois fait, sera fin qui me rattrapera à griffonner.

« Quant à ce que je vous ai demandé dans le temps pour mon frère, je vous prie de ne plus y penser. Je viens de lui défendre par ce courrier de contracter l'engagement qu'il voulait prendre. Ecrivez-moi, je vous prie, deux mots et donnez-moi des nouvelles du 26e et de tous les camarades que j'y ai connus.

« Excusez ce griffonnage ; car je suis bien pressé et aussi bien content. Vous devez savoir que quand on est ému on tremble. »

Heureusement que Clemmer a eu de ces moments de grande joie : nous avons ainsi l'occasion de le voir trembler. Il ne nous dit pas s'il a jamais tremblé de froid : mais nous savons qu'il n'a jamais tremblé de peur.

Deux mois après sa promotion, il est encore transporté de joie et animé d'une douce fierté comme au premier jour. « Vous savez sans doute, écrit-il à sa sœur, que j'ai enfin eu le bonheur d'être nommé officier dans le bataillon de tirailleurs indigènes d'Oran, ce qui, sans accident grave, m'assure du pain pour la vie et une petite position dans le monde : car un officier, c'est quelque chose.

« J'ai envoyé par ce courrier cinquante francs à nos parents. Je pense bien, Fidéline, que vous leur donnez aussi quelque chose de temps en temps. »

Toute la physionomie de Clemmer se révèle dans ces lignes : l'idéal du soldat fier de son titre, de son rang, de sa mission ; l'idéal de l'honnête homme distribuant tout ce qu'il a d'argent à ceux qu'il doit aimer ici-bas par-dessus tout, montrant à la foi l'exemple de la charité et du respect filial, et complétant sa bonne action par une bonne parole.

Le sous-lieutenant Clemmer est maintenant à Mostaganem, toujours dans la colonie française, mais moins près, toutefois, des Français. Les hommes qu'il commande ont été recrutés parmi les tribus africaines. Il a déjà pour ainsi dire sous la main cet élément étranger, cette race farouche, plus encore que méchante, qu'il connaîtra plus à fond dans la suite. Dès à présent il se familiarise avec elle et se prépare à devenir l'officier des tirailleurs algériens, de ces turcos qu'il aimera toute sa vie et qui lui seront fidèlement attachés jusqu'à sa mort.

Il n'a peut-être pas encore aujourd'hui cette profonde sympathie pour « les enfants du désert. » Assurément, si elle existe chez lui, elle ne suffit pas à enchanter à ses yeux le séjour de Mostaganem et à lui faire oublier Dellys, cette ville qu'il aime entre toutes, dans la colonie africaine, parce qu'elle lui a paru belle et qu'il y a trouvé tout à souhait pour le plaisir des yeux et celui du cœur. « Mostaganem, dit-il, est situé sur un grand plateau aride, près de de la Méditerranée, à une vingtaine de lieues d'Oran, à dix lieues de Mascara, à cent vingt lieues d'Alger et à cent cinquante de mon ancienne garnison, qui était Dellys.

« Représentez-vous, ma chère sœur, les environs de Mostaganem : pas un arbre, pas un jardin, pas une haie, rien que des pierres et quelque peu de verdure çà et là, et vous aurez une idée de cette ville et de ses environs. Heureusement que j'espère ne pas y rester longtemps ; car, je crois que je tomberais malade, moi qui suis resté six ans dans un endroit charmant, à Dellys. »

Cette peinture de Mostaganem et ces complaisants retours du souvenir aux délices de Dellys montrent bien que Clemmer avait une exquise sensibilité, qu'il avait encore dans les yeux la vision de la campagne flamande et qu'il aimait à en retrouver l'image dans la verdure même des endroits riants de l'Algérie. Il ne se contente pas de revoir Dellys par la pensée; il veut y retourner. Le 7 mai de la même année il annonce à son ami Camerlynck qu'il a demandé à être envoyé par permutation à la garnison préférée. Il attend le bon résultat de sa démarche et espère l'obtenir avant la fin de juin. Mais, cette fois, il n'a pas de chance; il est forcé de rester dans sa nouvelle garnison, au milieu « d'un pays, sans bois, sans rivières. »

Le dégoût du pays rend plus fort et plus constant le goût qu'il a pour les choses de l'esprit et du cœur. Il étudie avec plus de plaisir encore que par le passé, la nature n'ayant pas en ces tristes lieux la beauté qui enchante les promenades. Il lit, il s'instruit, il écrit des lettres et envoie fréquemment de ses nouvelles à sa famille. Ainsi il ne cesse pas d'être occupé, sachant joindre le travail facultatif au travail obligatoire. Du reste, les sous-lieutenants ne manquent pas de besogne; et lui, après avoir fait son service, il ne trouvait guère le temps de s'attrister à la vue de l'aride plaine de Mostaganem. Il eut même là une vie moins sédentaire qu'à Dellys. Le voisinage de Mascara, où Abd-el-Kader avait été tout puissant, et l'hostilité du Maroc étaient une double cause de danger, forçant nos troupes à se tenir sur la défensive et à partir souvent en expédition. Pendant les mois de novembre et de décembre 1852, Clemmer n'habitait pas à Mostaganem; il avait été envoyé en détachement au Chéliff et ne devait rentrer en ville que le 29 décembre.

Il ne tarda pas à voir arriver auprès de lui son frère qu'il avait d'abord encouragé à prendre un engagement au 26° de ligne et qu'il avait ensuite détourné de ce projet. Le jeune homme n'avait pas tenu compte de ce dernier conseil ; il était devenu soldat et n'avait qu'un désir, aller rejoindre son frère en Algérie. Le 19 décembre 1852, il annonce à ses parents que ses vœux vont se réaliser. « Je m'empresse de vous informer de mon départ d'Antibes que nous avons quitté le 18, pour aller rejoindre le régiment qui est à Mostaganem. Ce voyage me sourit fort ; car je souhaite de trouver mon frère ; il y a longtemps que je désire le voir.

« J'espère, mes chers parents, que ce départ sera pour moi une garantie de bonheur ; je ne demande qu'à faire quelques campagnes en Afrique et à voir mon frère. »

Ainsi, le jeune Auguste Clemmer, après avoir obtenu « avec beaucoup de peine » la permission d'aller en Algérie, saluait le moment heureux qu'il attendait depuis son départ de Méteren. Le 27 décembre il débarquait à Mers-el-Kébir ; le même jour il se rendait à Oran, le 29 il partait pour Saint-Cloud et, après avoir passé par La Stidia et Mazagran, il arrivait à Mostaganem le 2 janvier 1853. C'étaient de longues et rudes étapes, mais, au bout du pénible chemin, le bonheur attendait le jeune soldat. « Je suis extrêmement content d'avoir supporté tout cela, écrit-il à sa sœur, car j'ai eu la joie de trouver notre frère Charles et de l'embrasser le lendemain de mon arrivée à Mostaganem.

« C'est la Providence qui est venue à mon aide et qui m'a permis de rencontrer ainsi celui que depuis longtemps je désirais embrasser. Car il n'était rentré à Mostaganem que depuis le 29 décembre, après un séjour de deux mois au Chéliff.

« Je vous dirai maintenant comment je l'ai découvert. Mon camarade et moi nous nous promenions sur la grande-place, lorsque Charles passa devant nous. Je ne le reconnus pas, mais je me doutais que ce pouvait être mon frère. Aussitôt je dis à mon camarade : « Je pense que cet officier est mon frère. » Nous nous mîmes à le suivre, et quand nous fûmes à vingt-cinq pas de lui, je demandai à mon camarade de m'adresser la parole en prononçant à haute voix mon nom. Voyant qu'à ce nom de « Clemmer » l'officier se retournait, je me dirigeai vers lui et je me trouvai réellement en présence de celui qui depuis si longtemps je souhaitais de voir et d'embrasser. Il m'est impossible de vous dire comme il m'a paru changé. »

Sa physionomie avait dû changer en effet durant ces années de fatigues et de combats. Quand on veut faire son chemin « coûte que coûte, » on ne ménage ni ses forces ni sa santé. Ainsi l'homme vieillit vite.

Les deux frères restèrent quelques mois ensemble. Charles fit des démarches en faveur d'Auguste qui désirait entrer au bataillon de tirailleurs indigènes ; mais le commandant ne put satisfaire alors le désir de son subordonné; toutefois, il lui promit de garder pour le jeune soldat la première place libre.

Vers le milieu du mois de mars, Auguste partit avec ses camarades du 68e pour Guelma. Il s'embarqua à Arzeu, débarqua à Bône et de là se rendit, « par des chemins couverts de neige et de boue », à sa nouvelle garnison. Comme il regrettait d'être ainsi séparé de Charles ! « Il m'a été dur de quitter mon frère ; car j'étais bien auprès de lui, et je vous assure qu'il m'aimait autant que je pouvais l'aimer. »

Cependant les troupes de la garnison de Mostaganem tenaient les tribus en respect et continuaient deçà et delà marches et excursions. Peu de temps après, l'ennemi faisant une nouvelle tentative d'insurrection du côté de la Kabylie, elles eurent à déployer tout leur courage dans une expédition lointaine qui leur demanda quarante-cinq jours de campagne. Clemmer en donne un intéressant récit. (11 juin 1853).

« Depuis deux mois, écrit-il, je suis en expédition, à la colonne de M. le général de Luzy; elle est composée de toutes les troupes de Mostaganem et de la cavalerie d'Orléansville. Depuis notre départ de Mostaganem, voyageant tantôt à droite, tantôt à gauche, nous avons fait plus de deux cent cinquante lieues. Voyez plutôt d'après l'itinéraire que nous avons suivi.

Voici les principaux points : Mostaganem, Zamora, Tiaret, Teniet-el-Haad, Taza, Boghar, Bouzada, Biskra, Umsila, et enfin Bordj-bou-Areridj, dans la plaine de la Medjana, à dix-huit lieues de Sétif et à cent soixante-dix lieues de Mostaganem.

« Nous avons fait quarante-cinq jours de marche, dont vingt dans le désert ; et je vous assure que ce n'est pas amusant. Il faut transporter l'eau et le bois à dos de chameau ; et, marchant dans le sable, on s'enfonce à chaque pas jusqu'à la cheville. Avec cela, un gredin de soleil qui vous tape sur la boule. Enfin, c'est fini ; mais au prix de quelles fatigues ! Et dire que nous n'avons eu presque rien à faire !

« Nous sommes, comme je viens de vous le dire, campés dans la plaine de la Medjana, en attendant les ordres de M. le gouverneur-général qui est en Kabylie, entre Bougie et Djidjelli. Il pourrait bien nous envoyer l'ordre de rentrer à Mostaganem, les opérations étant presque terminées. Malheureusement pour nous, notre colonne n'a pas été appelée à faire grand' chose. Nous avons toujours été d'observation ou dans le sud ou dans les premières montagnes de la Kabylie, afin d'empêcher les Arabes de porter secours à ceux des montagnes où le gouverneur-général opérait avec les colonnes de MM. les généraux Bosquet et de Mac-Mahon. »

Clemmer ne demande qu'à voir finir cette expédition ; il est content de penser qu'il va rentrer à Mostaganem, dans la ville qui était

jadis pour lui un séjour désagréable et qu'il
semble aimer davantage aujourd'hui. Peut-être
ne la trouve-t-il pas encore bien douce à
habiter ; il la préfère cependant au campement de Bordj-bou-Areridj. Il n'admet pas
qu'on perde son temps à demeurer dans l'ex-
pectative, avec l'espérance toujours trompée
d'une bataille qui ne s'offre pas, l'œil au guet du
côté de l'ennemi qui ne vient pas, qui ne viendra pas, qu'on ne peut relancer dans sa retraite
comme on voudrait, enfin toujours loin des burnous blancs, sur lesquels on s'est tant de fois
exercé à tirer. C'est une déception : rien d'intéressant dans cette immobilité du camp, dans
cette expédition qui tourne à l'excursion fatigante, monotone et fastidieuse.

Clemmer aime la chasse au Kabyle. C'est
un exercice extrêmement attrayant : le danger
et l'imprévu s'offrent à chaque pas. C'est le
plaisir d'un vrai soldat d'Afrique. La chasse au
menu gibier des champs est une distraction
essentiellement bourgeoise : pas le moindre
danger, si ce n'est la maladresse des chasseurs,
danger ridicule ou comique. La chasse à l'ours
paraît beaucoup plus attachante et plus belle,
la proportion de danger y étant déjà considérable. La chasse au Kabyle, c'est, pour un
homme comme Clemmer, l'attraction par excellence. Ici, la balle qui siffle inopinément à
vos oreilles vous donne en passant un léger
frisson qui a son charme. Cette chasse est,
à chaque instant, diversifiée par les surprises

de la lutte, comme le jour où Clemmer sentit
l'atteinte d'un yatagan et ne sauva sa vie qu'en
tuant son adversaire. C'est la lutte qui attire
Clemmer ; c'est cette espérance du danger qui
l'intéresse et le met en bonne humeur au
début d'une campagne. La bataille est, à ses
yeux, l'idéal du mouvement, de l'exercice militaire, du plaisir noble. De plus en plus il se sent
de la répugnance pour la vie unie, uniforme et plate de la garnison. « Je ne vous
comprends pas, écrit-il à sa sœur, quand vous
osez me dire que j'ai bien de la chance de
ne pas devoir aller à la guerre. Croyez-vous
que le soldat soit fait pour rester dans les
villes ? Non, pas de cela ; j'ai bon espoir qu'un
jour je partirai. »

Même pour un soldat d'Afrique, l'occasion
de combattre est relativement rare, et quand
il part en expédition, il ne peut pas toujours
compter sur le plaisir de la bataille. Quelquefois
il revient fatigué plutôt que triomphant, après
de longues marches stériles, comme on l'a vu
dans la dernière lettre de Clemmer. Mais lui,
au retour de ces laborieux voyages à pied,
dans les déserts, dans les montagnes, il rapporte
toujours quelque chose qui le console de n'avoir
pas abattu un des beaux cavaliers à burnous
blanc. Il a vu des régions nouvelles, il a noté
ses impressions, il garde le fruit de ses pensées,
de son observation, comme Pline, le sage et
patient observateur, revenait de la chasse ou
de la pêche, les mains vides, mais plus riche

de toutes les réflexions qu'il avait jetées sur ses tablettes.

Depuis qu'il est officier, et par cela même plus indépendant, plus dégagé du poids des occupations matérielles qui sentent la routine de la caserne, Clemmer nous apparaît avec des qualités plus élevées. Nous lui reconnaissons un esprit plus large, plus pénétrant, un jugement plus libre, une vigueur de conception plus développée. Il a l'œil ouvert sur les hommes et les choses et sait se placer à un angle d'observation plus large et plus lumineux. Ses lettres offrent des traits ravissants de peinture morale, des détails topographiques, des aperçus surprenants de vérité et de couleur. Les pensées abondent; elles sont d'ordinaire justes, neuves, piquantes, relevées d'une nuance de sentiment qui les rend à la fois délicates et spirituelles. Nous suivons volontiers notre héros dans la description qu'il donne des pays parcourus, comme nous nous laissons conduire par Xénophon sur le chemin des Grecs dans la *Retraite des Dix-Mille*.

« Entre Bouçada, Umsila et Biskra qui sont de très belles oasis, écrit Clemmer, nous avons vu force troupeaux de gazelles, d'autruches et d'outardes. Nous avons souvent mangé de la gazelle ; c'est une bonne viande, surtout quand on la fait mariner plusieurs jours. Nous avons aussi mangé des œufs d'autruche et d'outarde. Vraiment, je regrette que nous soyons si éloignés l'un de l'autre ; car je pourrais vous faire cadeau d'une petite gazelle ou d'une aile d'autruche, dont les plumes sont si recherchées. Indiquez-moi un moyen de rapprocher les distances, et je serai votre débiteur. »

'Ce sous-lieutenant savait trouver dans ses lettres ce ton de familiarité exquise. Une autre fois, il fera la peinture humoristique du type turc, quand il dira : « Constantinople est une grande et belle ville, mais les hommes n'y sont pas policés et les femmes, dans la rue, portent sur le visage un voile blanc qui nous empêche de les voir. Il y en a de forts jolies, et quand nous passons à côté d'elles, nous les entendons qui disent : « Francis boono, » ce qui signifie : Bons Français. Mais, quand nous voulons les approcher, bien vite elles se retirent dans leurs maisons et nous ferment la porte au nez. Vous voyez que, malgré les gens qui nous entourent, nous vivons ici comme dans les bois ; car les hommes ne veulent pas nous parler, et ils battent leurs femmes si elles nous regardent passer dans la rue. »

Il est intéressant d'observer chez lui le développement simultané de l'esprit, de la sensibilité, et du goût pour la vie active. Il supporte moins que jamais les exigences de la vie sédentaire; mais il cherche avant tout à s'élever. Cette légitime ambition veut qu'il ait de la force de caractère, qu'il fasse un sérieux appel à son énergie pour sacrifier les tendances de sa nature aux nécessités de l'avancement. Comment expliquer autrement cette complaisance à se charger des

fonctions de trésorier et à remettre le nez dans
« les paperasses » auxquelles il a dit, ce semble,
un adieu définitif. « Mon commandant m'a
proposé, à l'inspection dernière, pour l'emploi
de trésorier dans un bataillon formant corps.
Je ne sais si je réussirai, mais à la grâce de
Dieu ! »

Quand on a de la volonté, comme Clemmer,
on accepte tout ce qui peut être utile à soi-même
ou aux autres. M. Henri C... n'eut qu'à se louer
d'avoir un ami aussi prompt à rendre service, le
jour où il voulut retrouver la piste d'un débiteur parti pour l'Afrique. Ce n'est pas sans peine
qu'on se fait rendre l'argent prêté, surtout lorsqu'on
à affaire à des hommes de mauvaise foi : ils se
gardent bien d'écouter leur conscience et se trouvent dispensés d'écouter leur créancier, du jour
où ils ont eu soin de s'éloigner. « J'ai votre lettre
sous les yeux, dit Clemmer à son ami, et je
puis vous répondre. Le nommé G... m'est entièrement inconnu ; mais si, dans une circonstance
que je ne puis prévoir, je me trouve à même
de vous rendre le service que vous me demandez, croyez, mon cher Henri, que je m'occupe-
rai activement de vos quatre cents francs. »

Il fait naître ingénieusement mille occasions
de se rendre utile à sa famille. Ce ne sont pas
seulement les secours d'argent qu'il est sans
cesse prêt à donner, ce sont encore les bons
conseils, les exhortations, les témoignages tou-
chants d'affection. Quand on lui soumet une
difficulté, il n'a point de peine à la résoudre ;

il pose des principes de conduite, il montre
comment il entend la justice, cette justice qui
abat sévèrement toutes les préférences de cœur.
Clemmer est également bon, indulgent pour tous,
il est le protecteur de chacun de ses neveux,
de chacune de ses nièces. Y a-t-il eu quelque
faute, il la pardonne et ajoute à ce facile pardon
quelque sage avis. Il a même des remèdes pour
les chagrins, pour les vices. Il sait comment on
traîte l'ivrogne et par quels procédés on combat
l'ivrognerie. Tout cela est d'un homme sérieux,
positif, expérimenté, d'un esprit qui a vu, observé,
rapproché les données de l'observation, tout cela
est d'un sage qui a beaucoup appris sur le
chemin de la vie.

Toutefois il a les minuties en horreur ; les
détails puérils ne lui inspirent que dégoût, son
esprit marche toujours droit à la conclusion, et
quand son parti est pris, il ne revient plus sur
sa décision. Comme officier, il s'attache à ce qui
est essentiel dans le service ; sa raison lui
commande d'être large sans faiblesse ; son caractère l'élève au-dessus des procédés mesquins
et des vues étroites. Il respecte trop le soldat
pour mettre sa patience à l'épreuve par des
exigences capricieuses et frivoles. Écoutons ses
conseils à un officier d'administration : « Je
pense que vous êtes toujours gai et bien portant
et que vous n'oubliez pas de faire des feuilles
de rectification ; mais je vous conseille de prendre
d'autres sujets que des pots de chambre cassés
ou des clystères manqués. C'est très-bien, me

direz-vous, il faut que le service se fasse. Certainement ; mais aussi faut-il être raisonnable avec ses administrés. »

Il était sévère mais juste à l'égard de ses subordonnés. Il avait affaire à des Arabes, il les traitait en Arabes. Ils sont voleurs, menteurs, entêtés : quand leurs défauts naturels prenaient le dessus, il en réprimait l'excès avec la dernière rigueur. Nous ne l'ignorons pas. Il occupait un appartement commun avec un autre officier. Souvent les deux amis constataient la disparition de l'argent qu'ils n'avaient pas enfermé. Leurs soupçons se portaient sur l'ordonnance, jeune soldat arabe. Un jour leur opinion fut justifiée : l'homme était pris en flagrant délit de vol. Clemmer et son ami terrassèrent le chenapan et le battirent à tour de rôle jusqu'à ce qu'ils eussent acquis la certitude qu'il ne recommencerait plus. La correction fut bonne et conforme à ce principe de Saint-Arnaud : « Je connais les Arabes : il faut frapper d'abord, on s'explique ensuite. » La répression méthodique et banale ne donnerait aucun résultat chez des gens de cette sorte. Kabyles et Arabes ont la tête dure : « Cassez la tête à un Kabyle, dit un proverbe du pays, vous y trouverez une pierre. »

Clemmer était ferme avec ses hommes et prudent avec ses ennemis. Il avait passé par les grands dangers, et, comme le dit Saint-Arnaud, « en vue de tels évènements il faut se préparer et se pétrir un cœur d'airain... C'est un grand art de tuer sans se faire

tuer, et, dans ce siècle, il faut le connaître
et en user. »

Peut-être Clemmer se figurait-il que son
frère Auguste ne parviendrait jamais à la pratique de cet art utile ; car, nous le savons déjà,
il lui avait défendu de prendre son engagement.
Heureusement, cet ordre formel n'avait pas été
suivi et le projet n'était pas tombé à l'eau, comme
l'avait cru l'officier, puisque le jeune Auguste
entrait dans l'armée au mois d'août de la même
année (1852). « Mon frère est engagé au 68e,
écrivait alors Clemmer ; il a déjà passé au bataillon. Je pense que, dans le courant de janvier
prochain, il viendra me rejoindre à Mostaganem,
où sont les bataillons de guerre du 68e. » Il y
vint en effet, mais pour trop peu de temps.

Charles Clemmer est toujours à Mostaganem.
Il ne compte même plus retourner à Dellys. Du
reste, il n'aura qu'à se féliciter d'avoir été maintenu malgré lui dans sa nouvelle garnison. C'est
là qu'il s'est préparé à devenir le brillant officier
de tirailleurs algériens, le chef par excellence
d'un bataillon invincible.

Les tirailleurs indigènes d'Oran lui ont fait
connaître peu à peu le caractère des Arabes, leurs
qualités solides, leurs ressources pour le combat.
Il a bientôt apprécié cette race d'une incomparable vigueur, ces soldats dévoués jusqu'à la
mort, qui, voyant l'intrépidité de leur chef, ne
raisonnent pas devant le péril, et se feront
massacrer plutôt que de reculer. Ils refuseraient
de reconnaître la supériorité d'un officier qui

hésiterait à affronter le danger et ne s'élancerait pas avec eux au poste le plus périlleux. Ils ont appris à nos soldats d'Afrique à exiger de leurs chefs une grande bravoure. Ainsi, le capitaine Blanc a pu dire avec vérité : « Nos soldats étaient tellement habitués à la bravoure chevaleresque de leurs chefs, qu'ils ne les comprenaient qu'à leur tête. Tout officier qui ne se tenait pas constamment en avant de la troupe perdait immédiatement de son prestige et de son influence. »

Clemmer marchait ainsi à la tête de ses hommes, et ses hommes l'aimaient et le respectaient. Dès lors il ne songea plus qu'à rester en Afrique ; il était décidé à y faire sa carrière d'officier.

Toute son admiration était pour le type africain, pour l'enfant du désert qu'il avait pris en affection. Il était ravi de voir l'indomptable Arabe sous l'uniforme français, le fier nomade assoupli par une discipline qui décuplait ses forces et décelait sa beauté. Le vif attachement de l'officier pour les indigènes l'avait rapproché d'eux et avait fait passer en lui quelque chose de leur propre nature. Entre les soldats et le chef s'était établie insensiblement une harmonie de goûts, de sentiments, de tendances. Le Flamand avec son amour de l'indépendance et le fier Arabe avec son admiration pour le désert immense et libre étaient faits pour s'estimer, se comprendre, supporter les mêmes travaux, affronter des périls communs, marcher ensemble à la bataille et à la mort.

Ainsi un trait nouveau s'ajoute à la physionomie de Clemmer et y apporte une nuance d'expression qui la complète définitivement. Qu'on se rappelle cette physionomie au début de la carrière. Comme elle a changé depuis cette époque ! A Lille, Clemmer ne voyait dans la vie que ce qu'il faut pour vivre. L'idéal était encore terre à terre. A Paris, dans la caserne où nous l'avons suivi, les goûts changent, les aspirations sont plus élevées. A Dellys, un rayon d'enthousiasme illumine cette figure : le héros se dessine. A Mostaganem, au contact des Arabes, l'homme et le héros sont complètement formés. Clemmer nous semble tel maintenant, qu'il ne pourrait plus se séparer de ses chers Africains sans perdre aussitôt quelque chose de précieux, sans porter atteinte à son bonheur, à sa mâle beauté, à son prestige militaire ; heureusement, il appartiendra désormais mieux que jamais à l'Afrique.

Le 9 mars 1854, il passe au régiment des tirailleurs algériens. Le voilà avec ceux qu'il aimera entre tous et qu'il appellera ses « chers turcos. » La destinée de Clemmer sera si étroitement liée à celle de ses soldats, que nous devons rappeler ici l'origine du régiment qu'ils composent.

« Le commandant Thomas, officier d'un véritable mérite, mort pendant la campagne contre les Beni-Snassen (1859), avait été chargé d'organiser un bataillon d'indigènes sur le modèle de celui créé en 1838 par le commandant Molière

à Constantine. Ces bataillons, souche de nos excellents régiments de tirailleurs (vulgo turcos),
étaient, à leur origine, assez mal composés. Ils
n'acquirent de la solidité que sous le commandement de Wimpfem et de Bourbaki, alors que
chaque province en possédait un. Nous avons
vu le premier de ces bataillons à Sétif, où son
commandant l'avait présenté au duc d'Orléans,
lors de l'expédition des Zibans. Son uniforme
était celui des réguliers d'Abd-el-Kader ; large
veste à capuchon en gros drap marron, culotte
arabe en étoffe bleu foncé et souliers indigènes
découverts, jambes nues. Il y avait loin de ce
sombre habillement à l'élégant uniforme d'aujourd'hui, et aux couleurs voyantes, jaune et
bleu de ciel, adopté depuis lors par des chefs
intelligents et connaissant le goût des Arabes
pour tout ce qui brille et tire l'œil.

« Le commandant Thomas avait admis
nombre de déserteurs des réguliers d'Abd-el-
Kader dans son bataillon et avait été laissé par
le duc d'Aumale à Biskara, pour garder cette
ville en complétant l'organisation de sa troupe. »
Mais les recrues qui provenaient de l'armée
d'Abd-el-Kader s'avisèrent un jour de faire cause
commune avec les Arabes du dehors, et, le
complot n'ayant pas transpiré, plusieurs Français furent, pendant la nuit, massacrés par les
faux compagnons d'armes.

On devine aisément ce qu'il fallut de persévérants efforts et de mesures sévères pour dominer, pour plier à la discipline militaire ces hommes de sang africain. Ils ne purent être apprivoisés que lentement, et encore ne songea-t-on pas à faire d'eux des Français, mais seulement des soldats. Le naturel des Arabes ne se supprime pas ; toutefois on le comprime à force de rigueur, on le domine, on transforme en éléments utiles, en forces bienfaisantes leurs intincts sauvages. Ainsi, dans la mêlée on les a vus se jeter sur les ennemis, les mordre avec une férocité de chacal, les étrangler dans la lutte corps à corps. Clemmer les vit souvent à l'œuvre.

Les tirailleurs algériens ont toujours été la grande curiosité de notre armée d'Afrique : on les sait capables de tout. Pendant une campagne(1859), un mulet tombe dans un ravin à une profondeur de deux cents mètres ; on y envoie des hommes pour recueillir du moins le chargement. En arrivant là, ils ne trouvent plus que le squelette du mulet. Les turcos, en passant, avaient dépecé la bête de somme, pour en manger eux-mêmes les morceaux à leur aise.

Le sous-lieutenant Clemmer ne tarda pas à trouver une belle occasion de combattre avec ses nouveaux soldats. La France et l'Angleterre, coalisés contre la Russie, envoyèrent en Crimée l'élite de leurs armées. Les tirailleurs algériens se distinguèrent par leur bravoure dès le 5 novembre, à la journée d'Inkermann. « Allez, mes zouaves irrésistibles ! Allez mes braves chasseurs ! » s'écrie le général Bosquet ; et, s'adressant aux tirailleurs algériens, il leur dit en arabe : « Montrez-vous enfants du feu ! »

« Un cri puissant lui répond, qui domine le bruit du combat. Tous se précipitent à l'envi, profitant des irrégularités du sol, tantôt s'abritant derrière les hautes broussailles, tantôt s'élançant subitement sur ce terrain onduleux et brisé. On dirait, à voir ces Africains, un troupeau de bêtes fauves déchaînées tout à coup. Les balles des Russes ne savent où les frapper. Ils disparaissent, apparaissent, se couchent ou se lèvent, mais combattent toujours.

« Ce sont des panthères qui bondissent dans les buissons, » s'écria le général Bosquet en les suivant d'un regard plein d'admiration.

« C'est une guerre étrange que celle-là, qui sent le sol de l'Afrique avec ses ténébreux mystères, ses surprises, ses embuscades ; tantôt ils sont un à un, séparés, dispersés ; tantôt par une étrange spontanéité de pensées, ils se retrouvent serrés les uns contre les autres et se précipitent sur les Russes stupéfaits. »

Clemmer parle de cette bataille dans une lettre du 5 janvier 1855 : « Vous avez entendu parler de la bataille d'Inkermann, où trente-deux mille Russes ont reçu une bonne leçon de cinq mille Français et de cinq mille Anglais. L'engagement a duré de six heures du matin à trois heures après-midi. Nos soldats ont bien fait leur devoir et même au-delà ; car ceux qui n'avaient plus de cartouches ont combattu à la baïonnette et à coups de pierres. Les Russes ont perdu de quinze à dix-huit mille hommes ; nous et les Anglais, trois mille sept cents. Le lendemain

de la bataille nous avons enterré six mille Russes
dans le champ où ils étaient tombés. »

Clemmer s'exprime comme s'il avait pris
part à la bataille. Il est toujours uni par la pensée
à ses compagnons d'armes et il souffre de son
séjour forcé à Constantinople. La ville a beau
être curieuse ; il ne s'y trouve pas heureux ; il y
sent la solitude « comme dans un bois. » Chargé
de l'habillement des troupes, il se contente de
recueillir les nouvelles qui arrivent de Crimée.
Mais ce n'est pas ce qu'il lui faut ; sa vie semble
interrompue ; il se figure qu'il n'utilise pas son
temps comme il le pourrait au champ de bataille.
Cependant s'il est lui-même privé du plaisir de
combattre, il s'en console en pensant que son
frère Auguste ira combattre à sa place. Il veut
l'envoyer sur le théâtre de la guerre, et il a pris
de bons moyens pour y réussir. « Mon colonel
m'a promis d'accepter Auguste dans son régiment. J'en ai écrit au colonel du 68ᵉ et je pense
qu'Auguste viendra me rejoindre à Constantinople. Mais il ne faut pas croire qu'il restera
ici. Non, non ; au bout de dix ou quinze jours,
je l'enverrai à Sébastopol faire la connaissance
des Russes. » Par bonheur, il arrivera lui-même à
Sébastopol avant son frère et il pourra, plus tôt
qu'il ne l'espère maintenant, prendre part aux
opérations militaires, descendre dans les merveilleuses tranchées et voir de près la ville ennemie
dont il cherche à se figurer les « constructions
en grosses pierres et les trois mille canons ac-
croupis sur les remparts. »

9

Cependant Auguste est à Lambèse. Il pense à son frère Charles, comme son frère Charles pense à son frère Auguste, et il ne demande qu'à aller le rejoindre, « ne fut-ce que pour voir le pays ; car l'Afrique n'a rien de beau. C'est un vrai pays de sauvages, » un séjour désolé qu'il voudrait quitter au plus vite pour traverser à son tour l'Archipel semé d'îles et de poétiques souvenirs : « Dans la traversée, écrit-il, mon frère a vu Tunis, Malte, Cythère, Milo, Andros, Métélin, Ténédos, les tombeaux d'Achille et de Patrocle, l'emplacement de l'ancienne ville de Troie, dont *l'histoire raconte les guerres et les sièges.* Charles a vu Constantinople, il a passé le Bosphore. Il me dit que les bords de ce canal semblent plutôt enchantés que réels : on n'y voit que châteaux, maisons de plaisance, jardins, forêts, le tout si bien arrangé, que l'on se refuse à croire à tant de beauté. »

Auguste recueille avec amour tous les détails de ce voyage. Sa pensée ne quitte pas le frère bien-aimé ; elle le suit à Constantinople, de là à Varna et enfin en Crimée.

Tout le bonheur est pour Charles ; il reçoit une nouvelle inattendue qui le comble de joie et l'anime d'un nouveau courage. Il est nommé lieutenant (24 mars 1855).

Sa bonne étoile brille toujours ; elle appelle sur le chemin du jeune officier la « chance », la puissante fée qui force le succès. Maintenant il ne dit plus, comme naguère : « Sébastopol n'est pas encore pris, je ne sais si nous le prendrons. »

Il est sûr du triomphe de l'armée, comme il est
sûr de son propre succès et de son courage. Il part
de Constantinople le 2 avril ; il arrive au camp
français, au milieu de ses tirailleurs que les fatigues, le froid et les privations n'ont pas abattus ;
et désormais, dans chacune de ses lettres, sonne-
ront comme un refrain, comme un air de marche
militaire, ces mots joyeux et entraînants : « Sébastopol n'est pas encore pris ; nous prendrons
Sébastopol. »

Tant qu'il était loin de ses compagnons
d'armes, il s'intéressait à eux avec un sentiment
de compassion pour les maux qu'ils devaient
endurer. Il s'apitoyait sur leur sort, se faisait
même une idée exagérée de leurs souffrances,
comme on le voit d'ordinaire chez les âmes
nobles et sensibles qui payent en pitié pour les
autres la part de peines que la Providence leur
épargne. « Je ne sais, écrivait-il au mois de
janvier, si l'hiver est aussi rigoureux à Roubaix qu'à Constantinople et à Sébastopol. Ici nous
ayons deux pieds de neige, et chaque nuit il
gèle. Les soldats qui sont maintenant à Sébastopol sont fort malheureux. Par cette froide
saison ils n'ont pas de maison pour y coucher ;
ils n'ont d'autre abri que leur petite tente de
toile. Vous pouvez penser que des demeures de
cette espèce ne sont pas chaudes. Ils n'ont pas
le droit de faire du feu et ils couchent à terre,
enveloppés d'une couverture de laine. »

Sitôt arrivé devant Sébastopol, il prend un
tout autre ton. Il ne voit plus que la tranchée

à défendre, la ville à bombarder. Les Russes ont été battus à Eupatoria par Omer Pacha. C'est très bien ; mais il faut qu'il voie lui-même ces Russes de près. A son tour maintenant.

En effet son tour est arrivé. Écoutez ces lignes datées du 24 mai : « Dans la nuit du 9 au 10 mai, j'ai fait connaissance avec un éclat d'obus en gardant la tranchée. Ce fer était si dur qu'il m'a causé une indigestion et m'a condamné à rester couché jusqu'à hier.

« N'allez pas croire que je sois à demi mort. Pas du tout ; j'ai une blessure à la cuisse gauche, mais le projectile n'a traversé que la chair. La plaie est longue de six doigts et large de deux ; elle a une profondeur d'un demi doigt. Je vais fort bien ; je commence à marcher un peu avec un bâton, mais je boite encore passablement. J'espère être guéri dans une vingtaine de jours. Il n'est pas nécessaire de dire à mes parents que j'ai été blessé. Ils croiraient le mal plus grave que je ne le dis et seraient inquiets. Quand je serai guéri, je le leur apprendrai moi-même. »

Le soldat français s'habitue à tout, même aux souffrances, et il en rit ; Clemmer est le type du soldat français, intrépide et gai. Il a dû connaître et chanter aussi cette chanson composée au bivouac :

« Le Français qu'au feu l'on admire
Est vraiment gai dans le malheur :
Eclats de bombe, éclats de rire
Ont pour lui la même valeur.

Sous la tente est notre demeure,
Sébastopol est à deux pas,
Le canon tonne, le vent pleure,
Et pourquoi n'en ririons-nous pas ?

« Le troupier, qui rit de sa mise,
Pourvu que son fusil soit bon,
Avec un pan de sa chemise
Raccommode son pantalon.
On peut, malgré tout son génie,
Manquer de souliers ici-bas ;
Nous chaussons la botte ennemie :
Et pourquoi n'en ririons-nous pas ?

« Sous sa moustache de filasse
Le Russe rit aussi... mais bas.
Et son rire est une grimace
Qui sent le knout à quinze pas.
L'autocrate est un prince inique,
Maître absolu dans ses États.
Son sceptre est une énorme trique !
Et pourquoi n'en ririons-nous pas ? »

La Mort riait au milieu de tous ces bons rieurs : elle accomplissait sa facile besogne parmi les boulets et les obus. Mais la vue de ce monstre n'effrayait personne ; on s'en moquait comme des Russes. La Mort n'est comprise que de ceux qui la voient seuls ou à distance. Quand on la rencontre à chaque pas, on la méprise, on en fait une chose banale, on la prend pour un détail dans la vie de combats. Clemmer ne songeait pas à la mort ; il trouvait partout autour de lui, dans les dangers du jour et de la nuit, l'intérêt de la nouveauté.

Ces spectacles ont le même charme pour lui que le tremblement de terre dont il fut émerveillé avant son départ de Constantinople. Il le raconte ainsi : « Hier vers trois heures après-midi, nous avons senti ici un violent tremblement de terre qui a duré trois ou quatre minutes. Beaucoup de gens avaient peur : des maisons entières s'écroulaient. C'est fort amusant, un tremblement de terre. Le sol faisait entendre un bruit semblable à celui d'un train et de sa locomotive qu'on entend de loin. L'eau dansait dans les étangs comme si du fond on l'avait soulevée. »

Pendant que Clemmer faisait gaîment son devoir et passait son temps avec ses tirailleurs au milieu de tant d'héroïques distractions, sa bonne étoile avait brusquement reparu et brillait dans le ciel de Crimée comme l'œil doux et souriant de la Providence. Le 29 juin, il est promu au grade de capitaine. Déjà ! En trois mois il a obtenu deux grades. Quel succès ! Quel bonheur ! Il est ravi, comme on peut le penser, d'une si bonne nouvelle. On sent l'exaltation de sa joie dans ces lignes écrites le 2 juillet à Fidéline : « Je viens à l'instant de recevoir mon brevet de capitaine. Que cette bonne nouvelle vous suffise pour le moment ; car je me sens incapable de vous en dire davantage. J'ai été nommé au choix sur cinq de mes camarades, sans protection ni intrigue ; ce qui veut dire que je ne dois mon nouveau grade qu'à moi-même et à l'estime de mes chefs. »

Clemmer a raison d'être content et fier, il a
même raison de se louer un peu, de montrer que
son mérite entre pour une bonne part dans l'or fin
de ses épaulettes. Pour les gens du monde, les
raffinés, il pourrait y avoir là matière à critique ;
mais ceux qui connaissent le cœur humain ne
trouvent dans cette naïve glorification du « moi »,
dans cet hommage rendu à l'homme par lui-
même qu'une marque de franchise, de tout point
conforme à la bienséance.

Du reste Clemmer aime mieux se louer lui-
même que laisser aux autres le soin de le faire.
Il est sûr de ne dire de lui que la vérité, et il
n'aura pas à rougir des exagérations flatteuses.
Il n'en est pas ainsi quand il apprend que
l'on a fait son éloge publiquement, à son insu.
Il se sent gêné, mécontent même, comme il
convient à un homme vraiment modeste, le jour
où on lui dit que les journaux ont parlé de lui :
« J'ai été bien étonné, écrit-il à sa sœur, de l'ar-
ticle que vous m'avez envoyé et qui a paru dans
un journal de Lille. Il ne faut pas croire que
cela m'ait fait plaisir. » Il disait vrai ; un éloge
peut rendre ridicule l'homme même qui le mérite.

Le capitaine Clemmer ne tarda pas à faire
valoir ses épaulettes en leur donnant le baptême
du feu dans la bataille de la Tchernaïa, dont le
souvenir est une des gloires de l'armée d'Orient.
Il put lire avec un légitime orgueil l'ordre du
jour qui célébrait cette victoire :

« Soldats ! Dans la journée du 16 août
vous avez vaillamment combattu et vous avez

puni l'armée russe de son aventureuse tentative contre nos positions de la Tchernaïa.

« Pour avoir été remportée le lendemain de la Saint-Napoléon, votre victoire n'en célèbre pas moins dignement la fête de votre empereur. Rien ne pouvait être plus agréable à son grand cœur que le laurier dont vous avez de nouveau décoré vos aigles.

« Cinq divisions d'infanterie russe, soutenues par une artillerie nombreuse et des masses considérables de cavalerie, et présentant un effectif de soixante mille hommes, ont fait un effort contre vos lignes. L'ennemi comptait vous en chasser et vous refouler sur le plateau de la Chersonèse. Vous avez confondu ses présomptueuses espérances ; il a échoué sur tout son front d'attaque, et les Sardes, à votre droite, se sont montrés vos dignes émules. Le pont de Traktir a été le théâtre d'une lutte héroïque, qui couvre de gloire les braves régiments qui l'ont soutenue. »

Les tirailleurs algériens étaient du nombre de ces régiments, et Clemmer a pu cette fois marcher et combattre avec eux. Il a pu jouir du beau spectacle de la bataille et s'enivrer des délices d'un jour de victoire. Il en était heureux, et on sent qu'il l'est encore au moment où il envoie cette bonne nouvelle à sa famille en donnant une explication sommaire des opérations de l'armée. « Le 16 août, dit-il, les Russes, au nombre de soixante mille, ont fondu sur notre camp de la Tchernaïa. Ils ont perdu dix mille hommes. Nous leur avons fait douze cents prisonniers. Nous n'avons perdu que quinze cents hommes. Les pertes des Piémontais, qui ont combattu à notre droite, s'élèvent au chiffre de cinq cents morts. »

Il regrette vivement que son frère Auguste soit toujours privé de ces belles occasions d'agir en brave. Toutefois il a quelque espoir pour lui, le bruit s'étant répandu que le 68e régiment doit arriver d'Afrique. Il souhaite que cette nouvelle se confirme, et ses vœux se réalisent.

Enfin, les deux frères sont réunis devant Sébastopol : ils se rencontrent à Kamiesch; malheureusement, la campagne va finir; les Russes sont vaincus, Sébastopol et la tour de Malakoff sont au pouvoir des Français. Les deux enfants de Méteren ne se voient que deux jours. C'est trop peu; mais ils sont contents tout de même, et l'on comprend ce mot du capitaine : « Comme il nous a été agréable de nous trouver ensemble ! »

Cependant le bruit de la canonnade a cessé. Officiers et soldats peuvent apprécier maintenant la grandeur des travaux accomplis et se faire une juste idee des obstacles vaincus au prix de tant d'efforts et après tant de combats. Les forces ennemies étaient plus redoutables qu'on ne l'avait cru au début de la campagne. « Il n'y a pas, dans l'histoire des Etats modernes, d'exemple d'une entreprise plus difficile, plus glorieuse et qui, par la grandeur même des obstacles qu'elle présente, soit plus en rapport avec l'importance de son but et celle des États qui s'y trouvent

engagés Le siège de Sébastopol n'a guère d'analogie avec aucun autre dans nos fastes militaires. » Les survivants de cette meurtrière
expédition songent à regagner la patrie, avec
l'espoir de prendre un repos bien mérité dans
leur famille. C'est le désir de Clemmer; mais,
avant d'obtenir ce congé qui lui permettra de
revoir le pays natal, il aura encore à faire un
long séjour en Afrique.

Son frère Auguste, venu en Crimée avec
un détachement du 48e régiment, qu'il était
chargé de joindre au 46e, reprend le chemin de
l'Algérie dans la première quinzaine d'octobre.
Le capitaine s'est déjà embarqué sur l'*Hercule*,
le grand voilier qui doit le ramener avec ses
compagnons d'armes à Alger. Mais avant de
sortir de la mer Noire, ils s'arrêtent à Kinbourn,
fort occupé par les ennemis. Ils débarquent,
investissent la place le 15 octobre et, le 17,
tous les canons de la marine la bombardent.
En trois heures le siège est fini. Les Français
prennent cent soixante-dix canons, deux mille
cinq cents obus, boulets ou bombes, de grandes
provisions de poudre, de lard, de blé et de
farine et treize cents prisonniers. « Mais ce
qu'il y a de plus admirable, raconte Clemmer,
ce sont nos batteries flottantes. Les Russes n'en
avaient pas la moindre idée : ils prenaient ces
petits navires pour des pontons, et y envoyaient
leur mitraille. Jugez si cette mitraille pouvait
produire quelque effet : nos batteries flottantes
sont des contructions en fer, portant chacune

douze canons. Aussitôt que les Russes se sont aperçus que ces petits navires étaient armés de canons, ils y ont envoyé des boulets. Mais les boulets même n'ont pas été plus nuisibles que la mitraille. Une de nos batteries, *la Dévastation*, a reçu soixante-dix-neuf boulets dans le flanc, et qui plus est, cinq ou six boulets l'ont frappée à la même place, sans qu'aucun d'eux ait pu pénétrer dans le navire.

« Ni mon régiment, ni les soldats d'infanterie n'ont brûlé une seule cartouche. Nous n'avons débarqué que pour nous emparer de la garnison et empêcher la fuite de l'ennemi. Aussi tous ceux de la place ont-ils été faits prisonniers.

« Nous sommes ensuite partis en excursion à l'intérieur du pays, sur une distance de six lieues au delà du fort, et nous n'avons trouvé personne. Nous avons fait main basse sur une quantité de vaches, porcs, poules et oies. Vous pouvez deviner comme nous avons bien mangé et bien bu à la santé des Russes ! »

C'est après cette belle et fructueuse chasse que Clemmer s'embarque de nouveau, le 26 octobre. Le voilà en route pour Alger ; mais le vaisseau ne file pas beaucoup de nœuds à l'heure. La distance est longue pour le voilier et désagréable pour le soldat qui, après la vie active des mois précédents, se sent fort gêné dans ses mouvements sur le pont d'un bateau. Le 6 novembre, on arrive à Constantinople, le 11 à Gallipoli. On commence à croire qu'il faudra patienter jusqu'au 5 décembre avant de revoir Alger. Mais, contrairement à ce qui arrive d'ordinaire, la traversée dure moins longtemps qu'on ne l'avait craint. Le 28 novembre l'*Hercule* arrive à Alger.

Toute la population se porte au devant des troupes et leur fait un accueil enthousiaste. Le débarquement a lieu au milieu de tout un splendide appareil de fête. « Nous avons été bien reçus, écrit Clemmer, on nous a acclamés à notre arrivée, et nos soldats ont passé trois jours à fêter leur triomphe. »

C'est à ce moment, à l'heure du retour dans la riante Afrique, devant la blanche kasbah d'Alger, dans cette grande ville, la reine du littoral africain, parmi les camarades d'Algérie et de Crimée, que Clemmer dut se sentir heureux et fier. Depuis un an et quelques mois il n'avait pas revu cette côte ; il y revient avec ses deux épaulettes. Dans la période de gloire, il a gagné deux grades. Il était parti sous-lieutenant, maintenant il a, comme capitaine, le commandement d'une compagnie. Toutefois ce n'est pas à Alger que son régiment tiendra garnison.

Après la campagne de Crimée l'ancien régiment de tirailleurs algériens fut décomposé et on en forma trois. Il y en eut un dans chacune des trois provinces de la colonie. Clemmer fut incorporé au 3e régiment, auquel on assigna pour garnison Constantine, comme le prouve ce passage d'une lettre datée du 14 décembre : « Maintenant je compte aller à Constantine avec le 3e régiment de tirailleurs algériens ; mais je ne pourrai y arriver que dans un mois, lorsque j'aurai rendu les comptes du bataillon de guerre au commandant de ce dépôt......, car j'étais capitaine-major en Crimée, et chargé de toutes les écritures du régiment en campagne. »

Vainement il sollicita un congé avant de rejoindre son corps. Le gouverneur-général ne tint compte d'aucune de ces demandes, voulant que tous les officiers prissent leur place dans chacun des nouveaux régiments pour en assurer immédiatement la parfaite organisation.

Il semble que Clemmer n'ait pas pris goût alors au séjour de Constantine. Vers la fin de février 1856, nous le retrouvons à Blidah, dans les bureaux de la division, où il vient solliciter le droit d'entrer par permutation au 1er régiment. Cette démarche ne réussit pas mieux qu'une autre démarche analogue qu'il avait faite peu après son arrivée à Mostaganem. En effet, il était en garnison à Sétif dès le 22 mars ; il appartenait toujours au 3e régiment.

A cette époque il écrit moins souvent à sa famille. La période des dangers est passée et il ne juge plus à propos de multiplier ses lettres, n'ayant personne à rassurer sur son sort. Sa correspondance, en Crimée, avait été fort active ; aujourd'hui il oublie volontiers le courrier. Toutefois il n'oublie pas les siens, et ils ont tort, eux, de s'alarmer de ce silence que tout, en ce moment, explique et justifie. Ils se laissent aller à l'inquiétude ; ils font mille hypothèses absurdes, mais effrayantes. Ils vont jusqu'à croire que le capitaine est mort ou du moins qu'il est malade. Pour en finir avec cette incertitude, ils s'adressent à une maison d'Alger, ils écrivent au colonel du régiment, même au ministre de la guerre. Des réponses absolument rassurantes arrivent d'Alger (5 mars) et du ministère (22 mars). Mais, comme on le devine, Clemmer n'est pas satisfait : il n'aime pas qu'on fasse ainsi du bruit autour de son nom et de sa personne : « J'ai reçu toutes vos lettres, écrit-il à sa sœur, ainsi que les deux lettres de M. H... Je ne sais pourquoi vous avez été si inquiets. Je n'ai pas cessé de correspondre avec la maison. La seule lettre qui se soit égarée est celle qui a été écrite en février. Vous pensiez donc que j'étais mort ? Vous avez écrit à mon colonel pour avoir de mes nouvelles. Le colonel me demande pourquoi je n'écrivais pas à mes parents. Vous pouvez comprendre, ma chère sœur, que vous ne m'avez pas fait grand plaisir.

« Je suis resté quelque temps sans vous écrire, parce que je n'étais satisfait ni de toutes les lettres de mon père ni des vôtres. Je veux dire les deux ou trois lettres de mon père et un égal nombre des vôtres. On n'en ferait pas autant pour un grand homme ! Enfin, je ne veux pas garder rancune, et je vous écris aujourd'hui. »

Il est certain que Clemmer donnait, par moments, beaucoup de temps à la correspondance. Il écrivait alors surtout à ses parents, à sa sœur Fidéline qu'il aimait beaucoup et qui le lui rendait bien.

Elle vit encore et parle souvent, avec un souvenir attendri, de son frère. Ses autres frères et sœurs recevaient aussi des lettres de lui. Hors du cercle de la famille, il était en rapports suivis avec son ami Camerlynck, officier d'un grand mérite, qui fit sa carrière dans l'administration et fut classé, pour la retraite, au rang de lieutenant-colonel. Clemmer écrivait également à M. Leurs, maire de Méteren, homme distingué et populaire, joignant une rare délicatesse de sentiments à ses qualités d'artiste et de savant. Sa maison était connue des pauvres, qui ne frappaient jamais inutilement à sa porte. Tous l'entouraient, comme il le méritait, des témoignages les plus sincères d'amour et de vénération. Il mettait au service des gens du pays les ressources de sa fortune et de son esprit. Aux uns il donnait discrètement l'aumône, aux autres le bon conseil, à tous il accordait sa franche et solide amitié. Il pouvait même, grâce à son crédit auprès des grands, faire le bien dans une mesure peu commune. Aussi ne refusait-il ni son appui ni son argent à ceux qu'il avait distingués dans la foule, reconnaissant en eux ces qualités d'esprit et de cœur qui mettent les jeunes gens hors pair et semblent une garantie d'avenir. Dans sa maison, d'où la mort l'a depuis longtemps enlevé, tout est plein de son souvenir. Les personnes qui y sont restées après lui, ont conservé avec un religieux respect les objets d'art réunis là autrefois par leur oncle, le digne vieillard dont elles rappellent elles-mêmes l'image, par la distinction naturelle de leur caractère et par leur sagesse. Dans cette vaste et ancienne demeure, on retrouve des tableaux de M. De Coninck, jeune artiste alors, mais plein de talent déjà et cher à M. Leurs, le Mécène des brillants sujets qui ont fait honneur au pays. Il n'est rien, dans cette maison, qui n'évoque le souvenir de l'homme bienfaisant ; mais ce souvenir est vivant surtout dans le cœur de ceux qui l'ont apprécié et qui sont encore là pour en parler. Que dis-je ? il est vivant aussi dans les lettres de Clemmer qui le vénérait comme sa Providence. « J'ai reçu une lettre de M. Leurs, écrit-il ; il m'apprend qu'il doit faire une démarche en ma faveur et solliciter pour moi un congé. »

A ce témoignage on pourrait en ajouter cent autres qui prouvent tous, au même degré, le bienveillant intérêt que le maire de Méteren portait au jeune officier. Souvent et volontiers Clemmer écrivait à M. Leurs. C'étaient des lettres pleines de respect et de simplicité ; on y sent à la fois l'amitié et la reconnaissance, deux sentiments difficiles à exprimer, à réunir surtout avec une parfaite mesure. Pour y réussir, il faut avoir autant d'esprit que de cœur et savoir trouver ces justes limites qui séparent la franchise de la familiarité indiscrète. Clemmer connaissait cet art d'écrire et observait naturellement les règles délicates de la bienséance, soit qu'il eût à demander conseil, soit qu'il eût à remercier. Dans ses lettres à d'autres correspondants, le ton change. Rien n'égale la douce familiarité, l'abandon spirituel et charmant, l'agréable abondance et la franche gaieté des pages qu'il écrit pour son ami Camerlynck. Par moments, il va au-delà de l'amitié ; certaines lignes respirent la touchante affection, la tendresse fraternelle.

Cette tendresse ne manque jamais aux lettres qu'il écrit à Fidéline. Il y met toute son âme, toute cette douce chaleur de sentiment qui se répand dans chaque phrase, dans chaque expression, comme un suc vivifiant, et leur donne je ne sais quoi de frais, de délicieux pour le cœur. Dans ses brusques saillies mêmes, et lorsqu'il a un reproche à faire, on reconnaît au tour de la pensée et à la couleur de la lettre une marque de bonté qui laisse entrevoir l'immuable affection.

Ses lettres à ses parents sont de parfaits modèles de respect et d'amour filial. Elles témoignent, comme toute sa conduite, du grand désir qu'il a de leur faire plaisir. Il ne faut y chercher ni les effets de surprise, ni aucun autre artifice épistolaire, mais bien la libre et simple allure d'un cœur droit qui ne parle que pour être compris et qui ne saurait être compris sans être en même temps estimé et admiré.

Clemmer n'écrit pas pour le plaisir d'écrire ou de raconter, et s'il raconte quelquefois avec complaisance les faits qui intéressent son amour-propre, ce n'est que pour se rendre agréable à ceux qui l'aiment. Ses lettres sont généralement courtes ; car il n'insiste pas sur les sujets futiles, qui ne seraient guère dignes d'occuper sa pensée et sa plume. Quand ses lettres sont longues, c'est qu'elles renferment le compte-rendu de quelque expédition. Ce sont alors des pièces importantes, destinées à faire le tour de tout un cercle d'amis et de parents : « J'ai écrit une longue lettre à mon père, dit-il, et je l'ai prié de vous la communiquer, de façon à vous mettre au courant de toutes les nou-velles. » Et encore, dans une autre circons-tance : « J'ecris à mon père, et je lui envoie par ce courrier un extrait du rapport adressé au général (Douay); demandez-lui de vous envoyer toutes ces pièces, afin que vous puissiez en prendre connaissance. »

Ce qui explique parfois la longueur de ses lettres, c'est la complaisance avec laquelle il répond à une foule de questions que suscite la curiosité de sa famille. Il se laisse ainsi mettre à la torture sans se plaindre, et, avec la patience d'un vieux maître d'école, il se résigne à exposer un à un les détails qu'il juge nécessaires. On comprend qu'il ait, à cer-tains moments, répondu en manière de plai-santerie à une de ces questions puériles.

« Vous me demandez pourquoi les Turcs ne veulent pas nous parler. C'est parce que 1º ils ne savent pas le français ; 2º ils sont d'un naturel farouche ; 3º ils pensent que nous voulons nous emparer de leur pays ; 4º ils se croient supérieurs aux Français ; 5º nous sommes chrétiens et ils sont maho-métans. Ils nous appellent « giaours » c'est-à-dire chrétiens, infidèles. Dans ce pays, c'est la plus grande injure qu'on puisse dire à un homme. Etes-vous satisfaite de cette explication ? » Cette phrase finale est, ce semble, une leçon sous forme de raillerie.

Clemmer a donc écrit beaucoup de lettres, et la plupart très intéressantes. En effet, celles qui restent et que nous avons entre les mains ne sont qu'un débris de sa correspondance, et cependant elles suffisent à nous édifier sur le caractère et la vie du héros. Nous avons à regretter qu'un grand nombre de ces pages soient perdues, que certaines lettres, les plus curieuses peut-être, aient entraîné avec elles dans l'oubli beaucoup de belles pensées et le souvenir même de plusieurs belles actions de Clemmer. Parmi ces documents écrits de sa main, il s'en trouve qui ont tellement souffert de l'injure du temps, que le fil conducteur dont nous avons besoin pour suivre la trace de l'ancien soldat d'Afrique, cesse de nous guider par moments et nous arrête brusquement. Alors, pour ne pas aller à l'aventure, nous consultons les lettres de son frère Auguste qui eut avec lui des rapports suivis : et ainsi nous trouvons un nouvel appoint d'informations.

Les lettres des deux frères sont très instructives, parce qu'elles sont également vraies. Il y a toutefois entre elles une sensible différence. Celles de Charles Clemmer sont d'une originalité plus piquante ; elles satisfont à la fois l'homme d'esprit et le curieux. Si elles avaient été toutes conservées, elles pourraient être réunies en un recueil et formeraient un ensemble harmonieux et varié. Celles qui restent encore sont le portrait de leur auteur. L'homme y a laissé sa physionomie, le reflet de son âme. Celles d'Auguste sont plus étendues et moins naturelles de forme et de ton. On y remarque davantage cette bouffissure du style, contraire à l'art et si ordinaire chez ceux qui sont restés étrangers à l'antiquité grecque ou latine. Charles aurait pu faire son chemin dans la carrière des lettres comme dans l'armée ; il eût pu devenir un écrivain de talent. Son frère aussi, avec de l'étude aurait fait son chemin de ce côté-là, et plus facilement peut-être, mais à la condition de vouloir s'élever moins haut. Restant plutôt creux et lourd, affectionnant un éclat de surface, s'assimilant à la longue les matériaux d'une vaste érudition, il eut réalisé en lui l'idéal du professeur qui compte par ses ongles les suffixes et les dérivés, comme un maître accompli.

Mais ceci n'est qu'une conjecture, conjecture assez fondée, certes, et admissible autant que peut l'être une donnée non positive. Quoi qu'il en soit, dans nos recherches sur Clemmer, nous nous faisons guider par Auguste, son frère ; ainsi nous sommes à coup sûr en bonne compagnie. Nous savons qu'ils ont toujours cherché à se rapprocher et à vivre côte à côte dans les mêmes villes de garnison. C'est pour être auprès de son frère, qu'Auguste a voulu appartenir à l'armée d'Afrique, et c'est pour ne plus être séparé de lui, qu'il demande aujourd'hui à entrer au 3ᵉ régiment de tirailleurs algériens.

Le 27 décembre 1855 il reçoit de Charles une lettre importante : elle lui apprend que dans un mois, ce vœu, commun aux deux frères, se réalisera. Elle lui explique même comment le général Messiat, qui commande la division de Constantine a dressé les états « de services » de plusieurs caporaux destinés à passer au 3ᵉ régiment de tirailleurs ; et Auguste est de ce nombre. Son espérance n'est pas trompée ; en effet, le 23 janvier 1856, la bonne nouvelle arrive, celle qu'il attendait. Toutefois il n'a pas encore ce qu'il souhaite. Il ne trouve pas son frère au 1ᵉʳ bataillon du 3ᵉ régiment auquel il est incorporé. En arrivant à Constantine il apprend que le capitaine est encore à Alger et qu'il ne viendra pas rejoindre son corps « avant d'avoir été faire un tour au pays natal. » Cette permission, comme on le sait, doit lui être refusée. Du reste, il ne désire pas entreprendre ce voyage maintenant. Malgré son grand amour filial, malgré le souvenir attendri de ses parents, dont il est éloigné depuis environ douze ans, il ne veut pas renouveler sa demande, de crainte d'importuner ses chefs. Il tâchera même plus tard de rendre inutile une démarche tentée par M. Leurs pour lui faciliter le retour. La raison en est bien facile à comprendre. Après avoir eu à supporter tant de frais, il a réservé juste ce qu'il lui faut d'argent pour se rendre à sa nouvelle garnison. Nous voyons que Clemmer n'est pas riche et qu'il continue à vivre avec sagesse pour ne devoir ni recourir à l'emprunt ni suspendre l'envoi de la somme qu'il donne régulièrement à ses parents.

Dès le 1er mai nous trouvons le capitaine à Bousâada, à l'entrée du Sahara. Arrivé dans cette ville lointaine, il se hâte de prendre intérêt à l'avancement de son frère et il écrit: « Auguste est à Constantine ; son colonel m'a promis de le nommer sergent et de me l'envoyer ici. Cette promesse du colonel resta sans résultat comme le prouvent le ton et les termes d'une lettre où le jeune caporal montre plus de tristesse encore que de résignation : « J'aurais bien voulu, dit Auguste, être placé dans sa compagnie ; mais puisqu'il en est autrement, je prendrai patience et je demanderai à mon frère qu'il me fasse venir plus tard auprès de lui. »

Dans sa garnison de Bousâada, Charles commande la 6e compagnie du 2e bataillon. Là, des occupations sérieuses ne tardent pas à remplir ses journées. Le poste où il a été placé est voisin du désert et, non loin de là s'agitent encore des tribus insoumises et difficiles à dompter. Les tirailleurs algériens en garnison à Bousâada s'attendent à de continuelles alertes. Ils sont toujours prêts à partir en expédition. Nous ne pouvons nous arrêter au détail de ces diverses opérations militaires ; contentons-nous de rappeler les mouvements du bataillon de Bousâada pendant l'hiver 1856-1857. Auguste en entendit parler à Constantine même, comme il le dit dans une lettre datée du 11 février : « J'ai appris dernièrement par un officier de mon régiment que Charles avait été en colonne dans le sud. »

Cette même année ce fut au tour d'Auguste à partir en expédition. On ne l'avait pas encore envoyé à Bousâada. Il avait bien quitté Constantine, mais pour prendre garnison à Sétif. Nous voyons qu'il était toujours loin de la compagnie de son frère. Il n'eut même pas l'espoir de le rencontrer pendant la campagne qui se préparait contre les Kabyles. Charles lui avait écrit qu'il ne comptait point prendre part à la prochaine expédition. C'était un vrai chagrin pour les deux frères. On sent toute l'amertume de leur déception dans ces lignes d'Auguste: « Charles regrette de n'avoir pu prendre part à notre sortie. Ce n'est cependant pas la faute de notre colonel ; je sais positivement que cet officier supérieur est aussi fâché que le capitaine de ne pouvoir emmener cette compagnie en expédition. C'est donc le colonel commandant supérieur du cercle de Bousâada qui n'a pas voulu lâcher la compagnie que Charles commande. Vous ne doutez pas du désir que j'avais de faire la colonne avec lui. »

Clemmer fut ainsi forcé de s'intéresser de loin aux opérations de l'armée en campagne ; elle marchait sous les ordres de Mac-Mahon et Renault. Auguste, qui appartenait à la petite division du général Messiat, eut le bonheur de se distinguer au fameux col de Chelatta (27 juin). Il fut blessé et envoyé aussitôt à l'hôpital de Bougie, où il resta trente et un jours. Son bras droit traversé par une balle kabyle était guéri quand il écrivit à ses parents : « Je suis prêt à aller recevoir une nouvelle blessure, car, dans la glorieuse carrière des armes, qui est la nôtre, une blessure fait plus de bien que de mal. » Et Charles était bien de son avis, quand il lui adressait une lettre affectueuse pour le féliciter de cette « heureuse blessure » et lui dire « qu'il avait appris cette nouvelle avec plaisir. »

Pendant que le capitaine multipliait ses démarches pour obtenir l'envoi de son frère à Bousâada, dans sa compagnie, les vœux de l'un et de l'autre se réalisèrent brusquement, mais par un concours de circonstances qui montre bien que le hasard se joue volontiers des plus actives combinaisons de l'homme. Ce ne fut pas Auguste qui reçut l'ordre d'aller de Sétif à Bousâada, mais Charles qui fut envoyé de Bousâada à Sétif. C'était une bonne nouvelle à apprendre aux vieux parents. Auguste s'en chargea : « Charles vient d'être mis à la tête de ma compagnie. J'espère qu'il arrivera à Sétif sous peu... Nous aurons le bonheur de nous trouver ensemble. Cette nouvelle nomination est un avancement pour lui. Il n'y a que trois compagnies de carabiniers dans notre régiment de tirailleurs, et ce sont toujours les officiers d'élite qui sont appelés à les commander.

« Quel bonheur ! nous pourrons nous embrasser, nous voir chaque jour et parler le flamand ensemble. »

Clemmer arrive à Sétif, dans « un vilain pays », qu'il connaît déjà pour l'avoir parcouru

en 1853, quand il y était en expédition avec
ses tirailleurs indigènes d'Oran. Mais il se sent
vite habitué à cette nouvelle résidence, charmé
qu'il est des marques d'affection et de « respect »
de son frère. A peine a-t-il le temps de s'installer dans cette ville arabe, que sa compagnie est
appelée à une autre garnison. Dès le mois de
novembre nous trouvons les deux frères à
Bougie. Après tant de voyages et d'expéditions
dans le désert, ils sont heureux de se trouver
ramenés sur la côte riante de la Méditerranée.
Clemmer n'est pas loin de Dellys, le séjour de
prédilection où il a conquis son grade de sous-
lieutenant. Mais il est bien changé depuis cette
époque ! Les fatigues des cinq dernières années ont
creusé ses traits, et pour éviter aux vieux parents
toute surprise pénible, le jour où ils reverraient
l'officier dont ils sont fiers, Auguste leur dit :
« Vous le trouverez probablement bien changé,
car il a vieilli plus vite que les années, sans
cependant être usé. »

Auguste vient d'être nommé sergent : il prend
ainsi rang parmi les sous-officiers, et c'est une
grande joie pour les deux frères, qui, malgré
cette promotion, restent encore ensemble. Le
jeune sergent ne fait que changer de compagnie :
il appartient toujours au même bataillon.

Cependant les vieux parents sont impatients
de recevoir le capitaine. De son côté, il souhaite
de les revoir, de les serrer dans ses bras, après
une si longue absence. Mais l'obstacle mentionné
plus haut subsiste encore : il faudrait quatre ou

cinq cents francs pour faire le voyage ; et, après tant de déplacements, l'officier n'a pas cette somme. Il compte aller à Méteren l'an prochain.

Si doux que soit pour les deux frères le plaisir d'être ensemble, ils sont loin cependant de vouloir y sacrifier l'intérêt de l'avancement. Le présent les touche, mais ils voient avant tout les avantages de l'avenir. Le capitaine usa de toute son influence pour faire entrer Auguste dans la 5e compagnie de discipline. Il y avait obtenu lui-même ses premiers grades, et il espérait y voir également réussir le nouveau sergent. Mais les démarches n'eurent pas le résultat attendu, et il fallut y renoncer.

Auguste resta donc à Bougie, et il ne s'éleva pas facilement dans la hiérarchie, malgré la constante protection de Charles. Au mois de mars 1858, il était seulement sergent-fourrier. Le capitaine ne se contentait pas de s'occuper de son frère ; il s'occupait aussi de lui-même, et, durant cette période de tranquillité, dans la délicieuse ville de Bougie, il songeait à « une jeune, jolie et vertueuse demoiselle de la localité. » La rencontre de cette jeune fille l'avait-elle fait penser au mariage, ou bien la pensée du mariage lui avait-elle fait rencontrer la jeune fille ? Ni le capitaine ni son frère ne nous l'apprennent. Mais, une chose dont nous ne pouvons douter, c'est que le mariage n'est encore annoncé qu'aux intimes amis. Si Auguste se hasarde à faire parvenir la nouvelle à ses parents, ce n'est qu'avec mille précautions, comme le commande le grand « res-

pect » qu'il a pour son frère. « Charles a projeté
de se marier. Je désire qu'il soit aussi heureux
dans le mariage que dans le célibat.

« J'ai parlé d'une union qui doit bientôt
s'accomplir. Ils n'en sont cependant pas encore
là. Ils viennent seulement de signer le projet
de contrat qui doit être joint au dossier pour
obtenir du ministre l'autorisation. Ainsi ce beau
jour ne pourra arriver pour eux que dans quelques
mois. Pour mieux supporter ce retard, ils ont
l'avantage de se voir une grande partie de la
journée.

Si toutefois l'un ou l'autre venait à changer
d'intention...... »

C'est ce qui arriva. Il ne fut plus, dans la
suite, question de ce mariage. Nous ne savons
quel est celui des deux « qui changea d'intention. »
Mais si, comme nous n'avons pas lieu de le
penser, ce fut le capitaine qui essuya le refus,
il trouva bientôt de quoi se consoler à la maison
paternelle.

Enfin, ce retour tant de fois demandé, si im-
patiemment attendu par les vieux parents, fut
le grand évènement de cet été (1858). Clemmer
s'embarqua à Bougie et arriva, après un long
voyage, au pays natal. Grande joie pour son père
et sa mère, grande joie pour toute sa famille,
grande joie aussi pour tout le village et pour lui-
même. Nous ne pouvons nous fatiguer à le
suivre chez ses amis qui le reçoivent avec admiration et attendrissement. Tous les cœurs volent
sur son passage. Toutes les mains serrent la

sienne. Chacun veut lui faire honneur. M. Leurs le prie d'accepter chez lui l'hospitalité d'un ami. Mais l'officier refuse, ayant trop d'affection et de respect pour ses parents: il ne veut pas leur faire le chagrin de loger sous un autre toit que le leur.

Pierre-Jean Clemmer n'habite plus la maison du coin. Depuis longtemps il a dit adieu à son chariot et à l'entreprise de transports. Il occupe une modeste maison sans étage, sur la route impériale, regardant au loin le Mont-des-Cats et située dans cette partie du village qui s'allonge du côté de Flêtre. Les épaulettes d'or brillent dans cet intérieur si simple, et les deux vieillards écoutent dans un ravissement d'amour et de fierté les intéressants récits de leur fils.

Partout on le presse de questions ; tous désirent l'approcher de plus près. La compagnie des sapeurs-pompiers du village veut être commandée par lui et marche sous ses ordres, prenant l'allure d'un bataillon invincible. Sa voix les électrise, et leurs robustes jarrets sont animés d'une force et d'une chaleur qu'ils n'ont jamais senties au feu. Et le capitaine trouve, à la tête de cette compagnie, nouvelle pour lui, une sorte de plaisir qu'il n'a jamais éprouvé à la tête de ses turcos. Oui, du plaisir ; il y en a pour tous. Le séjour de Clemmer au pays est plein d'enchantements.

Le 20 décembre il débarquait à Alger, et quelques jours plus tard, un steamer le conduisait au port de Bougie. « C'est là, dit son frère, que j'ai appris les détails de son heureux voyage à la maison paternelle. Tout a été on ne peut mieux pendant son retour. »

Les deux frères n'eurent pas le temps de s'entretenir, comme ils l'avaient souhaité, des charmants souvenirs rapportés du pays. Le capitaine ne resta à Bougie que trois jours. Il fut appelé à faire partie d'une expédition dans le sud. Le 27 décembre il partit pour Biskra, d'où il devait se rendre à Sétif et à Batna. Mais le mauvais temps l'empêcha de rejoindre la colonne expéditionnaire. Il dut s'arrêter six jours à Sétif, la neige supprimant toute communication au-delà, et il fut forcé de rabattre par Constantine. La neige était tombée en telle abondance que les maisons ne pouvaient plus en soutenir le poids et qu'il y avait des mesures à prendre pour dégager les toitures de cette masse qui menaçait de les faire céder.

Clemmer resta quelque temps à Constantine; il attendit, pour retourner à Bougie, que la colonne, partie dans le sud, eût fini ses opérations. On pouvait prévoir dès lors que la compagnie du capitaine arriverait à Bougie au commencement de mars. Mais lui, après tant de luttes stériles contre les Arabes, commençait à prendre en dégoût ce genre de guerre qui faisait reculer l'ennemi sans le soumettre. Les razzias et la chasse au Kabyle étaient devenues vieux jeu; et, à ce moment, il ne les aimait pas plus que « la chasse au lion et à la panthère. J'aimerais mieux, disait-il, la chasse aux Prussiens; ceux-ci n'ont pas les griffes aussi longues. »

L'idée d'une guerre avec la Prusse hantait déjà à cette époque l'esprit des combattants de cette armée d'Afrique. Ils étaient impatients de revoir un vrai champ de bataille, engraissé de plus de sang et plus riche en lauriers de gloire. C'est par là que passe la voie qui mène aux grades élevés. La même pensée a été exprimée un peu plus tôt par Saint-Arnaud, qui songeait aussi à une guerre avec la Prusse, comme au bon moyen pour parvenir au rang suprême de maréchal de France.

Au commencement de l'année 1859, on était moins loin qu'on ne pensait des préparatifs de la guerre. Ce n'est pas à la Prusse, il est vrai, qu'elle devait être déclarée, mais à l'Autriche. Après s'être faite l'alliée de l'Angleterre en Crimée, la France allait se faire l'alliée de l'Italie au-delà des Alpes. Déjà nos troupes pénétraient dans le Piémont. Toutefois « notre action militaire ne devait se manifester que le jour où l'Autriche aurait commencé les hostilités. Elle devait être assez prompte et assez énergique pour ne pas laisser à cette puissance le temps de porter un coup fatal au Piémont avant notre arrivée. »

A peine rentré à Bougie, Clemmer reçoit l'ordre de partir avec ses tirailleurs pour rejoindre l'armée des Alpes. Cette fois les deux frères sont persuadés qu'ils iront à la guerre ensemble et partageront les mêmes dangers. Ils s'embarquent avec les tirailleurs algériens à Philippeville le 23 avril, au soir, et se dirigent vers Toulon où ils arrivent le 25, dans l'après-midi. Ils sentent leur cœur battre de joie à la vue de la terre de France, mais l'espoir qu'ils ont de débarquer est cruellement déçu. Le vaisseau reste en rade : pendant une heure on attend les ordres de l'autorité supérieure. Puis, brusquement on vire de bord, cap sur Gènes, où le débarquement s'effectue le 26 avril, avant la nuit. Les troupes algériennes admirent la superbe ville qui domine la mer, puis se mettent en marche : pendant cinq jours elles s'avancent dans la direction de la Lombardie ; elles arrivent en face de l'armée autrichienne : les soldats sont animés d'un enthousiasme extraordinaire, « tous disposés à bien faire, écrit Auguste, c'est-à-dire à tuer chacun un bataillon autrichien. »

Mais une nouvelle déception attend les deux frères : l'espoir de combattre côte à côte est encore une fois anéanti. Le 7 mai, Charles reçoit l'ordre de retourner à Alger pour y remplir ses fonctions de trésorier. Il s'en va tristement par le chemin qu'il suivait avec joie peu de jours plus tôt, quand il pensait aux prochaines batailles ; et Alger, pendant cette campagne, sera pour lui un morne séjour, comme le fut Constantinople pendant qu'il y attendait l'ordre de partir pour la Crimée.

Mais ce temps qu'il passera en Afrique ne sera pas perdu pour lui. La campagne d'Italie figurera, comme celle de Crimée, au tableau où sont inscrits les glorieux services de cet officier, puisqu'il appartient à l'armée d'Italie. S'il ne combattra point pendant les mois de l'été 1859, il n'en sera pas moins utile à la patrie et à l'armée ; car il sera chargé d'un travail compliqué ; il aplanira des difficultés d'administration et se distinguera à la fois par sa fermeté et sa clairvoyance. Clemmer acquiert chaque jour des qualités d'administrateur. Il est de plus en plus ingénieux et pratique. Les chiffres ne lui causent plus de dégoût, ils n'ont plus rien d'obscur pour son intelligence ; au contraire, ils exercent sur lui un attrait particulier et démontrent l'exactitude de ses combinaisons. En travaillant ainsi, il se prépare une nouvelle distinction : le 7 août il sera nommé chevalier de la Légion d'honneur.

Cependant Auguste se dispose à combattre, ayant soin, « avant qu'on n'ouvre le feu, de bien manger et de bien boire. » De loin son frère veille sur lui ; il entretient une correspondance active avec les officiers du régiment ; ils le renseignent ; ils ont promis de lui faire savoir, après chaque bataille, si le sergent Clemmer n'est du pas nombre des morts. Les vieux parents sont invités à ne pas céder aux tentations de l'inquiétude. Dès avant son départ, Auguste leur a prouvé qu'ils n'ont rien à craindre pour leurs deux fils : « Quand l'un ou l'autre de nous sera mort, celui qui lui survivra vous l'annoncera. J'espère n'avoir pas cette corvée à faire, et de mon côté, j'épargnerai autant que possible à mon frère cette peine. »

Si les bons vieillards de Méteren ne sont pas satisfaits de cet arrangement, c'est qu'ils sont difficiles à satisfaire. Telle est du moins la pensée d'Auguste.

Le capitaine s'intéressa aux moindres opérations de l'armée en campagne et lut avec émotion les lettres de son frère. Citons quelques passages :

Pizziale, 28 mai 1859. « Vous avez sans doute entendu parler de notre premier combat et de la prise de Montebello par la division Forey. Je regrette de ne pas en avoir fait partie... Cinq à six mille de nos soldats sont hors de combat... Je le répète, j'aurais voulu que notre division eût été choisie pour soutenir ce premier choc. Les Autrichiens n'auraient, à coup sûr, pas eu davantage à se louer de notre rencontre, car les turcos sont fort animés et il leur tarde de voir de plus près la couleur de la tunique autrichienne... Je suis invulnérable ; je ne crains pas plus les balles que la grêle du Nord. Il n'y a que la foi qui sauve ; et si ce proverbe est vrai, je n'aurai pas besoin de chirurgien. »

Brescia, 20 juin. « Je commence par vous annoncer les victoires remportées par l'armée française les 3, 4 et 8 juin, à Robechetto, Magenta et Melagnano... Le régiment de tirailleurs a, comme les autres du 2ᵉ corps d'armée, pris une bonne part aux affaires des 3 et 4 juin. Aussi, l'empereur nous a-t-il accordé comme récompense l'honneur d'entrer les premiers dans Milan où nous avons été accueillis par des vivats enthousiastes... Nous ne pouvons atteindre les fuyards... ; s'ils continuent ainsi, nous aurons le regret d'aller à Venise par Peschiera, Mantoue, Padoue, Vérone et autres villes fortes, sans trouver moyen de placer un projectile dans le flanc d'une colonne autrichienne. »

Au bivouac, devant Peschiera, 4 juillet. « Je vous ai déjà dit que je me croyais invulnérable. Maintenant j'en suis presque persuadé. Le 24 juin, après un combat des plus acharnés, qui a duré depuis trois heures du matin jusqu'à huit heures du soir, les ennemis se sont vus forcés de passer le Mincio, la baïonnette dans les reins...... Leurs pertes ont été nombreuses...... Les nôtres ont été fort sensibles surtout au régiment de tirailleurs qui a eu les positions les plus difficiles à enlever. Nous avons eu onze officiers tués au régiment, parmi lesquels se trouvent le colonel, le lieutenant-colonel et neuf officiers subalternes. »

Monte-Maggiore, 9 juillet. « Je vous annonce avec plaisir que je viens d'être nommé sergent-major. Ma conduite à Solférino n'a pas été perdue. Je ne regrette en ce moment qu'une chose, c'est que la guerre menace de finir, bien que tant de braves demandent à battre encore les Autrichiens...... Maintenant nous bayons aux corneilles, sans pouvoir trop les brusquer. »

Au bivouac, devant Brescia, 22 juillet. « J'ai entendu siffler les balles à mes oreilles, aucune ne m'a atteint. J'ai passé à côté d'une foule de morts et de blessés...... Souvent je me suis vu à huit ou dix pas des Autrichiens, toujours prêt à leur passer ma baïonnette à travers le corps, et ils n'ont jamais su me blesser...... A Solférino, sur cinq officiers de ma compagnie deux ont été tués et les trois autres blessés...... Le soir, quand j'ai réuni les survivants de ma compagnie, soixante-dix hommes manquaient à l'appel. Mais les Autrichiens ont éprouvé des pertes deux fois aussi importantes que les nôtres. »

Brescia, 23 juillet. « Je regrette que la guerre n'ait pas duré quelques mois de plus. Je crois que les sièges de Mantoue et Vérone auraient suffi pour me créer la position que j'aurai longtemps encore à attendre en temps de paix. Enfin je ne puis me plaindre ; j'ai gagné mes galons de sergent-major. »

Clemmer était heureux de la belle conduite de son frère, et fréquemment il lui envoyait ses félicitations et ses encouragements. Il attendait son retour à Alger, impatient de le combler des marques de sa vive affection. Ce moment ne tarda pas à venir. L'armée d'Italie arrivait à Paris le 12 août ; les tirailleurs algériens, en cantonnement au camp de Saint-Maur, près de Vincennes, partaient pour l'Afrique le 17. Le 23 ils débarquaient à Alger. Toute la population les attendait. Dans cette foule, Auguste Clemmer distingua bien vite son frère debout sur le quai, prêt à le serrer dans ses bras.

Les deux braves ne devaient plus se voir réunis dans la même garnison. Mais ils eurent le plaisir de rester ensemble un mois, à Alger. Auguste savait déjà qu'il aurait à se rendre à Mostaganem, où il appartiendrait à la 1re compagnie du 2e bataillon du régiment provisoire. Charles n'était pas encore fixé sur sa destination.

Il craignait seulement de devoir quitter les
tirailleurs. Il souhaitait que sa vie restât inti-
mement liée à la leur. C'étaient les soldats qu'il
aimait entre tous, qu'il admirait, dont il avait
étudié les goûts et les qualités. Il avait même
appris leur langue ; il parlait l'arabe et ses
turcos l'écoutaient avec respect, persuadés que
le capitaine voulait leur donner ainsi une preuve
de son attachement.

« Un jour j'étais avec lui, à Paris, raconte le
peintre De Coninck, et nous rencontrâmes un
groupe de ses soldats, quand il se mit à causer
avec eux avec beaucoup de facilité. Et les troupiers de rire en lui serrant la main avec enthousiasme. Je lui dis : Ils ont l'air d'être bien avec
leur commandant, vos troupiers algériens ! »

Oui, ils étaient bien avec Clemmer, et lui, il
était bien avec eux. Aussi avait-il raison de
craindre qu'il ne dut en être séparé. Cette crainte
dura jusqu'au 19 septembre. Relevé de ses fonctions de capitaine-trésorier, il fut maintenu au
3ᵉ régiment de tirailleurs. Il quitta Alger peu de
temps après le départ de son frère, qui fut appelé
à prendre part à la guerre contre le Maroc. Ainsi,
depuis plusieurs années, c'est le plus jeune des
deux qui est envoyé le plus souvent au champ
de bataille ; et c'est toujours avec un nouveau
plaisir qu'il y court et aussi avec une nouvelle espérance. « Cette fois, dit-il, c'est aux Marocains
que nous avons affaire et non aux Autrichiens.
Ils seront, je l'espère, plus faciles à brider et à
conduire à notre guise que les premiers. »

Il fait souvent d'excellentes rencontres, ce gai soldat d'Algérie. Tantôt il découvre par hasard des camarades du pays, tantôt il les cherche avec patience et se réjouit avec eux quand il les reconnaît. Charles s'intéresse moins aux compatriotes ; toutefois il sera heureux de trouver au Mexique M. Biebuyck, de Vieux-Berquin. A Batna il aura la surprise de rencontrer un Flamand de Cassel, devenu instituteur en Afrique, après avoir été instituteur-adjoint à Méteren. A Vincennes, parmi les dames qui regardaient avec curiosité les turcos, Auguste distingua deux Flamandes de Flêtre. Ce fut pour lui une bonne occasion de lier conversation avec elles et de « leur montrer que tous les turcos n'étaient pas des Africains. » Enfin, il eut le bonheur de voir une de ses sœurs avant de retourner en Algérie.

Le capitaine est maintenant à Blidah, dans une agréable ville entourée de beaux jardins, au centre d'un pays fertile et bien cultivé. Il ne se plaint plus de sa garnison.

Mais une cruelle épreuve lui est réservée. Auguste qu'il a vu partir avec tant d'entrain pour la guerre, qu'il a suivi par la pensée à Mers-el-Kébir, à Djemma-Ghazouat, pour qui il ne cesse de faire des vœux de tout son cœur, Auguste, ce frère qu'il aime tendrement et qu'il admire pour sa bravoure, a rencontré un ennemi plus redoutable que les Autrichiens et les Marocains. Le choléra ne le trouve pas « invulnérable. » La maladie terrible l'atteint après son départ de Tlemcem, au Maroc ; et là, loin de son frère, loin de son cher pays natal et de ses parents qui ne l'ont plus revu depuis son départ, il meurt sur un lit d'ambulance. Il était né le 31 mars 1833 ; il avait suivi sa vocation de soldat et affronté mille dangers, soutenu par son courage et l'amour du devoir. Le 25 octobre 1859 la mort frappait ce brave au milieu des rêves de l'espérance.

Le capitaine le pleura. Il s'était habitué à le sentir près de lui, à recevoir de ses nouvelles, à rire avec lui du danger et de l'ennemi. Son frère mort, il s'abandonne à une tristesse profonde. Le vide s'était fait à côté de lui. Toutefois il eût assez de force d'âme pour écrire à ses vieux parents une lettre consolante. Il prenait pour lui la douleur et semblait vouloir en refuser la moindre part aux autres.

Après ce grand malheur il trouva des consolations chez ceux qui l'entouraient. Il en trouva surtout en lui-même, et ne resta pas indifférent à ce qui pouvait guérir la plaie de son cœur.

Un jour, il reçoit une nouvelle qui le surprend vivement et lui apporte une vraie joie. Il apprend que son ami Camerlynck part pour l'Afrique et doit venir le rejoindre dans la même garnison. L'officier Camerlynck fut heureux aussi de cette providentielle coïncidence et il s'en est souvenu dans ces derniers temps, lorsqu'il a écrit : « Je fus désigné en 1860 pour l'Algérie, et là je retrouvai mon ami au 1er régiment de tirailleurs, à Blidah. »

L'arrivée de cet ami, qu'il n'avait pas revu depuis seize ans, fut pour Clemmer une nouvelle raison de croire au bonheur de vivre. Il se sentait de plus en plus maître de la douleur que lui laissait la mort de son frère ; il ne demandait qu'à reprendre goût au travail. Il changea de fonctions. Comme il avait désiré devenir capitaine d'habillement, il le fut par décision de l'autorité supérieure en date du 26 septembre 1860.

Clemmer voulait, en prévision du commandement supérieur auquel il aspirait, être à la hauteur de toutes les difficultés et faire voir à l'œuvre son esprit d'ordre et ses qualités d'organisateur. C'était pour lui l'apprentissage des combinaisons administratives, qui sont plus souvent qu'on ne croit la force d'un corps d'armée en campagne. Durant sa carrière il fut à diverses reprises officier d'habillement et capitaine trésorier ; par moments, il reprend le commandement d'une compagnie, puis rentre de nouveau dans les bureaux, comme nous le voyons aujourd'hui.

Il ne pouvait mieux employer son temps et ses heureuses aptitudes, dans les périodes de calme où la guerre n'était pas imminente. Ainsi, il était forcé de travailler toujours, de se rendre exactement compte, tantôt de la richesse matérielle du régiment, tantôt de sa richesse morale, de conserver, d'utiliser et d'accroître ce double trésor en faisant respecter partout l'esprit d'ordre et l'esprit de discipline. A ses yeux, le régiment était la grande, l'incomparable famille : si chaque soldat était l'enfant de la patrie qu'il devait aimer comme une mère et défendre au prix de sa vie avec toute la force de son courage et de ses armes, en retour, il avait le droit de compter sur la prévoyance ingénieuse de la douce et puissante patrie ; et pendant qu'il combattait sous les ordres des officiers qui le conduisaient au feu, il devait être l'objet de la sollicitude d'une autre catégorie de chefs, ayant pour mission de le pourvoir des ressources matérielles qui lui étaient nécessaires. Clemmer comprenait cette réciprocité de dévouement, d'amour et de sacrifice, ce double lien qui unit la patrie et l'armée, image auguste de la famille. Les fonctions qu'il avait prises en dégoût autrefois lui semblaient de plus en plus enviables et sacrées, et il était persuadé que l'officier d'habillement ne contribue pas moins au triomphe de l'armée et à la gloire de la patrie que l'officier placé à la tête des troupes le jour de la bataille.

Clemmer avait raison de sacrifier par moments le plaisir de commander sa compagnie, et d'accepter un rôle tout différent dans les bureaux, où tout prend un caractère administratif. Nous savons qu'il n'y fut jamais étranger ; cependant il se trouve mieux à sa place sur le champ de manœuvres, à cheval pendant les longues marches et les expéditions. Ici il n'a plus rien à apprendre, là son expérience peut s'accroître encore. Il n'en faut pas davantage pour motiver son choix : son dessein est d'élargir chaque jour les limites de ses connaissances, d'acquérir, par la pratique même des devoirs compliqués, une parfaite compétence sur toutes les branches de la science militaire, où l'esprit ne saurait s'élever par une étude purement théorique. L'art de commander, de concevoir, d'exécuter un plan d'attaque ou de défense, n'est qu'une partie du savoir-faire d'un chef consommé. La tactique et l'administration, le commandement et les combinaisons d'ordre matériel sont comme autant d'éléments distincts d'un mécanisme dont chaque officier doit connaître le fonctionnement. Qu'on n'aille pas croire qu'il soit dangereux de multiplier ainsi pour l'esprit les sujets d'étude et que le succès dépende d'une application exclusive à ce qu'on appelle « la spécialité ». Ce n'était pas l'avis de Clemmer : il était convaincu que le meilleur officier, le chef qui sait tirer le parti le plus avantageux de son habileté, est celui qui n'a rien négligé pour connaître à fond les ressources et les besoins d'une armée, qui s'est occupé, dans l'intérêt du soldat, de toutes les questions d'ordre matériel et d'ordre moral, celui qui n'a pas laissé tarir dans l'inaction la source féconde de son activité, qui n'a jamais, par amour pour sa spécialité, confondu l'art avec la routine. Clemmer était d'une nature essentiellement active : le travail, qui était pour lui un plaisir, devenait, il faut le reconnaître, une condition du succès. Dès lors un principe de conduite s'imposait avec une souveraine autorité ; c'était celui-ci : Le travail avant tout.

Clemmer avait adopté ce principe parce qu'il se sentait assez de force morale pour y être fidèle et qu'il comptait bien en retirer de précieux avantages. Le poste d'honneur pour l'officier d'Afrique n'était pas, à ce moment, dans la caserne ou dans la tente, mais dans les bureaux, où l'organisation, encore incomplète, laissait mille difficultés à résoudre. Là étaient l'âpre besogne, le rude devoir, la grave responsabilité. Là aussi l'officier triomphait à force de constance, de courage et d'opiniâtreté ; il attirait sur lui l'attention de ceux qui devaient le juger et le récompenser ; il pouvait se distinguer entre tous par sa clairvoyance, par l'opportunité et la vigueur de ses procédés, par mille preuves de talent qui font valoir au bon moment un sujet hors ligne. C'était en effet le bon moment : toutes les tribus arabes n'étaient pas soumises, mais leur audace avait été terrassée et les expéditions devenaient rares. Le succès de la conquête devait, à partir de cette époque, dépendre de la sagesse de l'administration plus que des exploits militaires ; et la garantie de l'avancement semblait être où Clemmer la cherchait.

L'intrigue et la faveur lui étaient inconnues ; ou s'il les connaissait, c'était pour les condamner et les mépriser. En Afrique, moins que partout ailleurs, le privilège injuste prenait la place du mérite. Parmi les soldats et les officiers, rien ne pouvait prévaloir contre l'esprit de discipline ; les beaux faits d'armes et les bons services mettaient chaque homme à son vrai rang et donnaient l'exacte mesure de sa valeur. Clemmer n'avait pas encore eu sous les yeux ces exemples de favoritisme qu'il verra plus tard au Mexique et qui lui feront dire avec indignation : « Nous venons de passer l'inspection du général Douay, et comme M. le maréchal m'a oublié le 15 août dans ses nominations d'officiers de la Légion d'honneur pour laquelle j'avais été proposé deux fois, M. le général Douay, pour réparer cette oubli, a bien voulu me reporter sur son travail d'inspection.

« Je dois vous dire aussi qu'un certain chef d'escadron de hussards, venu ici de France avec moi, plus jeune de grade, plus jeune de service, plus jeune comme chevalier, et n'ayant encore ni entendu siffler aucune balle mexicaine, ni vu de loin un chinacos, vient d'être nommé officier de la Légion d'honneur parce qu'il s'appelle M. de.....; voilà les heureux du jour. »

« Ne croyez pas, d'après cette boutade, que j'en veuille au maréchal...... Non ; mon tour viendra...... Du reste j'ai été trop heureux jusqu'à présent pour désespérer de l'avenir. »

Il n'en était pas de même en Afrique ; on y était connu, apprécié selon ses actes ; il y avait là, au milieu des incohérences d'une organisation incomplète, une rigoureuse subordination entre les hommes de tout grade, un ensemble de principes inflexibles comme l'âme des héros, un mode d'avancement méthodique, sûr, juste, soumis à la surveillance de tous ; beaucoup de discipline comme aussi beaucoup de liberté. Là, on était soldat avant tout, et plus brave que mondain. Ce n'est pas à l'entrée du désert, dans des postes comme Biskra ou Batna, qu'un jeune officier aurait pu, à cette époque du moins, se faire valoir par les grâces mondaines ou par d'autres artifices frivoles. On fréquentait davantage les champs de bataille que les salons et l'on ne songeait pas à assurer son succès dans la carrière en recherchant l'appui d'un protecteur dans le monde brillant.

Clemmer n'était pas homme du monde, si l'on entend par homme du monde celui qui s'est exercé à faire parade de qualités vraies ou fausses et à se mettre en évidence par des artifices de galanterie. Clemmer ne sait pas danser, et c'est dommage ; car il lui arrivera plus tard de faire mauvaise figure en société. Il sera bien embarrassé le jour où le général Douay lui commandera d'ouvrir le bal, à l'Hôtel de ville de Matehuala (Mexique). Lui, un modèle d'obéissance, il obéira à l'ordre du chef, mais cette fois le succès ne répondra pas à la bonne volonté. L'homme des batailles sera moins à son aise au salon que dans la tranchée ; il se sentira inférieur à son rôle, gêné, comme son compatriote Jean Bart le fut deux siècles auparavant, au château de Versailles.

« Il n'y avait qu'une chose qui me gênât parmi les plaisirs de la fête. Bien que je ne sache pas danser et que, pour cette raison, je ne danse jamais, j'ai dû ouvrir le bal, dans le quadrille d'honneur, avec le général qui, heureusement, est très fort sur la chorégraphie. Puisqu'on dit que noblesse oblige, j'ai été obligé, en ma qualité de commandant supérieur, de danser et de faire le désespoir d'une jeune fille qui n'osait pas rire de mes faux pas, intimidée quelle était par la présence du général ; mais depuis, elle a joliment pris sa revanche. »

Clemmer n'était pas stylé pour les fêtes mondaines ; mais ne croyons pas qu'il ait manqué de cette grâce que donnent les bonnes manières ou de la vraie politesse qui vient de l'âme et de la parfaite éducation. L'art de ceux qui dansent ne prouve qu'une chose, c'est qu'ils ont pris des leçons de danse ; et Clemmer n'a jamais songé à pratiquer cet art qui n'est d'ordinaire qu'un frivole amusement. Il serait ridicule de demander si Jean Bart savait danser ; les marins comme lui et les soldats comme Clemmer s'acquittent si bien de leur devoir au poste d'honneur où les a placés la Providence, que le moindre souci des succès mondains serait indigne d'eux, affaiblirait même à nos yeux les traits de leur énergique physionomie et ferait malheureusement contraste avec le type qu'ils représentent. L'officier, convenons-en, brille généralement dans les salons, mais il ne paraît avec tous ses avantages qu'aux endroits où il exerce le commandement. Ici, c'est l'homme qui ennoblit l'uniforme, là, c'est l'éclat de l'uniforme qui ajoute de la noblesse à l'homme. Dans les réunions mondaines, où la coquetterie prime naturellement la force, on aime bien ce qui tranche vigoureusement avec la délicatesse féminine du ton et des manières; on est même fort aise d'y trouver un élément contraire à celui qu'on est en droit d'y chercher. Ainsi, l'homme galonné et armé bénéficie du sentiment de curiosité et d'admiration qui attire l'esprit et le cœur du côté de ce qui est rare, extraordinaire. L'officier réussit d'autant plus sûrement dans les salons qu'il ne semble point fait pour y paraître.

Mais si flatteur que soit ce genre de succès, on ne saurait le poursuivre sans sacrifier une partie de son temps, et Clemmer avait pour principe de ne pas donner au plaisir ou au monde les heures toujours trop rapides qu'il devait à son devoir. Il n'apprit pas à danser ; il préféra meubler son esprit de connaissances autrement utiles que l'art de figurer dans un quadrille ou de conduire le cotillon. Dans les casernes, dans les bureaux où il avait travaillé comme capitaine trésorier ou comme capitaine d'habillement, il avait acquis un vaste savoir, il s'était avancé le plus possible dans le domaine de l'instruction professionnelle, il s'était familiarisé avec les difficultés ardues de son métier. Nous pouvons citer en sa faveur le témoignage du capitaine Bailleul qui, l'ayant connu et vu à l'œuvre, a dit de lui : « Il était très entendu en comptabilité et en administration, et souvent responsable de celles des corps par où il passait. »

On ne peut douter qu'un homme de cette valeur n'ait été très utile à l'armée d'Afrique. Les régiments y subissaient à cette époque de nombreuses transformations : ils étaient tantôt complétés par un nouvel effectif de troupes, tantôt décomposés en plusieurs régiments, dont les bataillons étaient répartis dans les garnisons des trois provinces. Là étaient des régiments provisoires, des régiments anciens, des régiments de création récente. Les expéditions y étaient plus fréquentes qu'ailleurs et motivaient un mouvement continuel des troupes : autant de causes d'obscurité dans les travaux de comptabilité. Il fallait souvent de longues semaines de labeur au capitaine trésorier et à l'officier d'habillement pour « faire jaillir un peu de lumière de ce labyrinthe de chiffres. »

Clemmer connaissait de longue date ce labeur : il avait été habitué à résoudre les grands problèmes, à « tirer des plans », et les chiffres, qu'il avait autrefois en horreur, venaient justifier ses combinaisons et attestaient la supériorité de son esprit pratique. Les généraux rendaient justice à son amour de l'ordre et à son activité ; ils se déchargeaient souvent sur lui du poids de leur responsabilité. Il avait à exécuter une tâche lourde et difficile ; son emploi devenait chaque jour plus important, et l'officier Camerlynck[1], qui était à même d'en juger, écrivait en 1861 : « Les fonctions multiples dont il est investi se sont accrues encore par l'organisation d'un corps nouveau. »

---

[1] Nous devons à M. H. Camerlynck, officier d'administration principal en retraite, une large part des documents que nous avons consultés pour écrire cette biographie.

On conçoit aisément que l'administration supérieure, après avoir utilisé longtemps en Afrique les merveilleuses aptitudes de Clemmer l'ait envoyé en Cochinchine, à l'époque où la guerre avec Tu-Duc, le souverain des Annamites, fit comprendre à la France la nécessité d'organiser à Saïgon notre armée d'occupation. Clemmer partit pour la Cochinchine en 1861, l'année même où Charner emporta les camps de Ki-Hoa. L'armée annamite avait été dispersée ; Rigault de Genouilly avait incendié des amas de riz ; les ennemis n'avaient pas désarmé et, retirés à Mytho, ils concentraient leurs forces sur le Cambodge.

Clemmer s'embarqua le 15 août à bord du *Canada*, pour se rendre à Alexandrie et de là en Cochinchine. Il a laissé une intéressante relation de ce voyage, où abondent les descriptions, les originales réflexions d'un esprit qui sait observer et juger. « Le corps auquel il appartenait était passé sous l'administration de la marine. »

Arrivé à Saïgon, il eut à travailler plus que jamais, et son expérience lui suffisait à peine au milieu des difficultés qui furent alors soumises à son étude. En avril 1662, Charner força les Annamites à Mytho, et nos troupes, sous le commandement de son successeur, le contre-amiral Bonnard, s'emparèrent de Ving-Long et prirent rapidement possession du cours de toutes les rivières ou canaux qu'il fallait remonter pour transporter le riz à Hué. Tu-Duc se vit forcé de faire la paix (5 juin 1662).

A cette époque Clemmer avait déjà repris le commandement d'une compagnie. Il avait cessé d'être capitaine d'habillement le 29 janvier 1862. Ainsi, il était de nouveau mêlé au opérations militaires, et il nous en expose les péripéties et les complications. On chercherait en vain une telle précision chez un historien qui n'aurait pas été témoin des événements.

« Une grande partie de la province de Saïgon, écrit-il, est coupée par des *Arroyos* (cours d'eau) qui sillonnent dans tous les sens ces terrains, déjà fort obstrués, et rendent les communications par terre, sinon impossibles, du moins fort difficiles. Les canonnières à vapeur, par leur construction légère, peuvent seules suivre ces cours d'eau. Ainsi ce sont elles qui surveillent les côtes, où la piraterie se pratique sur une assez grande échelle. Ce sont encore elles qui font le service de communication entre les différents postes occupés par nos troupes et qui transportaient ces troupes, lorsque, pendant la guerre, il était nécessaire de repousser les ennemis ou de brûler un village où s'étaient établis les soldats de Tu-Duc.

« Les expéditions ont toujours eu pour nous de bons résultats, quoique les ennemis fussent nombreux et solidement retranchés dans leurs forts défendus par des canons et par une double ou triple enceinte de bambous pointus qui se dressaient devant nous plus menaçants que les lances des défenseurs. La résistance de l'ennemi ne fut donc ni longue ni opiniâtre. Malgré leurs chefs et l'ordre précis qu'ils avaient reçu de nous exterminer, ils ont mis tant de bonne volonté et tant d'ardeur à opérer leur retraite, qu'il nous a été impossible de les suivre.

« Maintenant, la paix rétablie, il ne reste plus que quelques rebelles, refusant de se rallier à l'un ou à l'autre parti. Plusieurs compagnies ont mission de les traquer, de brûler les cases, d'enlever les barques et les jonques où les ennemis ont pour ainsi dire établi leur demeure. En revanche, les chefs qui ont été faits prisonniers sont pendus. Voilà comment finit toujours l'histoire d'un Cochinchinois rebelle. [1]. »

Les troupes françaises furent en grande partie concentrées à Saïgon. Il y eut plusieurs compagnies réparties sur divers points du territoire conquis; mais le succès de nos armes coûta cher à nos soldats. Non seulement ils étaient sans cesse exposés aux coups des Annamites; ils trouvaient encore un véritable ennemi dans le climat meurtrier de la Cochinchine. Demandons à Clemmer le récit des souffrances de l'armée.

« Si les balles ne nous ont pas fort maltraités, dit-il, nous avons eu à compter avec d'autres dangers qu'il est impossible d'éviter. Il est difficile de combattre l'effet des chaleurs; et, pendant les marches pénibles, on a vu des hommes tomber suffoqués. Puis, ce sont les maladies, le choléra, la dyssenterie, les fièvres pernicieuses, les

----

[1] Archives de M. Victor de Swarte, trésorier-général du Nord. Lettre du 10 juillet 1862.

coliques sèches, le vomito negro, etc... Journellement il y a des victimes. Le bataillon de tirailleurs, composé uniquement d'hommes rompus à la fatigue et habitués aux climats chauds, n'a eu à regretter jusqu'ici que la mort de deux officiers et d'une trentaine de soldats. C'est peu de chose en regard des pertes subies par les autres régiments, mais c'est énorme, comparativement à la mortalité éprouvée en Afrique.

« Pour compléter ce tableau, il y aurait à rappeler les petites souffrances avec lesquelles nous nous familiarisons un peu chaque jour. Les tigres, les buffles, les serpents, les perroquets, les singes, les rats, les souris, les lézards, les scorpions, les moustiques, les fourmis s'entendent tous pour nous faire une guerre acharnée. Pas de sommeil possible, avec les bêtes malfaisantes qui habitent aussi bien les maisons que les solitudes de la campagne. Pas de sommeil le jour : c'est à peine si le corps peut prendre une position tolérable, tant les chaleurs sont suffoquantes. Pas de sommeil la nuit : la moindre lumière attire les moustiques. Ils sont beaucoup plus gros que ceux de France et font des morsures en raison de leur taille. On ne sait comment échapper à ces ennemis, dont le bourdonnement suffit pour troubler le sommeil.

« Mais ce n'est là que le moindre de nos maux. A peine sommes-nous au lit, qu'une irruption générale de fourmis de toute espèce nous assaille et semble prendre plaisir à nous dévorer vivants. Fort heureux celui qui, se démenant sur sa pail-

lasse, ne se sent pas pincé par quelque scorpion,
animal dont les piqûres ont souvent des consé-
quences graves. Que ne fait-on pas pour échapper
à ce danger ? Nos lits ressemblent à des forts mis
en défense pour un siège. Les quatre pieds reposent sur quatre plats remplis d'eau pour empêcher
l'escalade des insectes. Le dessus est garni d'un
moustiquaire, qui doit en défendre l'approche aux
mouches malfaisantes; et, malgré tant de soins et
tant de peines, nous sommes dévorés. Puis ce
sont de sinistres cris de bêtes dans la toiture de
la pagode, pendant que les lézards s'introduisent,
à côté de nous, dans nos bottes [1]. »

Au mois de novembre eut lieu l'inspection
générale du bataillon auquel appartenait Clemmer.
Le général Chaumont, de l'infanterie de marine,
avant de clore son travail, fit appeler chez lui le
capitaine et lui témoigna sa vive satisfaction pour
la bonne direction qui avait été donnée aux différentes branches de l'administration et de la comptabilité, le bataillon étant un corps de formation
nouvelle. Puis il lui promit de le proposer pour le
grade de major : cette proposition d'avancement
faisait de Clemmer le concurrent d'un autre officier qui avait pour lui l'appui du chef de bataillon.
« Le lendemain, écrit le capitaine, je reçus l'ordre
de me rendre chez M. le commissaire aux revues
et chez le chef du service administratif, à l'effet de
subir mon examen pour être jugé apte au grade
de major. Mon camarade était prié de rester chez

[1] *Ibid.*, Lettre du 10 juillet 1862.

lui. L'examen s'est fort bien passé, et ces messieurs m'ont donné de bonnes notes. Celles de mon chef de bataillon sont aussi très favorables, bien que je ne sois pas son candidat. Quant à celles que M. le général Chaumont m'a données, je ne puis douter qu'elles ne soient bonnes, puisque c'est lui-même qui m'a proposé et m'a fait proposer d'office par mon chef de corps. »

Clemmer a lieu d'être content ; il a en vue un avancement prochain, un avancement qu'il mérite et qui, ce semble, ne peut lui être refusé. Mais à cette espérance se mêle l'incertitude. Rien ne prouve que les bonnes notes doivent être suffisantes pour assurer la nomination. A côté du mérite et même contre le mérite, il y a une influence qu'on devine. Ce qui est excellent à Saïgon peut être rejeté à Paris, et, après avoir obtenu les suffrages de plusieurs autorités en Cochinchine, le capitaine n'est pas à l'abri de toute déconvenue. Il doit craindre, puisqu'il a un concurrent. Aussi se garde-t-il de faire part de ses espérances à ses parents qui, trop prompts à croire aux réalités flatteuses, n'hésiteraient pas, dans les confidences entre amis, à élever d'emblée leur fils au rang de major.

Cette situation délicate de Clemmer lui suggère des pensées qu'il n'a jamais eues. Il comprend que s'il ne réussit pas, il devra se considérer comme victime d'une intrigue. Là est l'ennemi ; il faut qu'il se défende. Pour se défendre il doit s'armer, et contre la brigue il n'y a pas d'autres armes que la brigue. Dans cette joûte, le succès est plus habile, pour ne pas dire au moins honnête. Dès lors il faut penser que Clemmer sera vaincu. Et c'est ce qui arrivera. Lui, qui n'a jamais eu d'autre appui que l'admiration de ses chefs, il se sent forcé de se faire protéger.

Il écrivit à M. Leurs et lui envoya, avec sa lettre, une autre lettre destinée à M. Plichon, l'excellent député de Bailleul, toujours prêt à s'intéresser à ceux qui le méritaient, et qui estimait beaucoup « le courageux militaire ». Clemmer, doutant des qualités de son style, n'osa s'adresser directement au député. Il voulut que M. Leurs vît d'abord cette lettre et la fît parvenir au destinataire, s'il la trouvait bonne, ou la détruisît s'il la trouvait maladroite.

Voici donc Clemmer à une nouvelle école. Il commence à comprendre que le mérite n'est pas récompensé à coup sûr, et qu'il faut être habile homme pour faire son chemin. Peut-être même a-t-il deviné, comme il le pouvait à ce moment, que l'homme de valeur, plus que l'homme médiocre, est menacé dans sa carrière. Aussi se gardera-t-il désormais de compter sur lui-même, rien que sur lui-même. Il reste persuadé toutefois que son mérite ne peut pas lui nuire, et à cette garantie de succès il en ajoute une autre, l'aide des puissants.

Hâtons-nous de dire qu'il ne chercha guère son appui dans le monde de la politique. Un jour, nous le suivrons à Paris : nous le verrons frapper à la porte du général de Wimpfen, son ancien chef au régiment de tirailleurs indigènes.

La grande ressource de Clemmer contre le chagrin des déceptions est dans la fermeté de son caractère. Il y trouve sa force et sa consolation aux plus difficiles moments de sa vie. Ainsi, rien ne le découragera ; il continuera de s'acquitter gaîment et courageusement de ses devoirs d'officier en Cochinchine.

La période des combats semble passée et le capitaine commence à prendre en dégoût ce séjour incommode. Il n'en fait pas mystère dans cette lettre qu'il adresse à sa famille :

« Vous avez bien raison de croire que je m'ennuie ; cependant je suis obligé de rester ici, au moins quelque temps encore, pour attendre le résultat de l'inspection générale du mois de novembre dernier.

« Malgré toute l'envie que j'en ai, je vous avoue qu'il me serait impossible de rentrer, sans être malade, avant le bataillon [1]. »

En 1863 Clemmer trouva moyen d'utiliser ses loisirs. Pour satisfaire sa curiosité avec plaisir et profit, il étudia les mœurs de la société indigène, se rendit compte des goûts du peuple et des privilèges des mandarins. L'organisation politique du pays lui fournit d'abondants sujets de réflexion, il s'occupa même des merveilles archéologiques.

---

[1] *Ibid.*, Lettre du 1ᵉʳ février 1863.

« On parle beaucoup des ruines de Aug-Cor
sur le Haut-Fleuve, à côté d'un immense lac.
Elles ont été visitées par l'amiral de la Grandière et son état-major. Il paraît que c'est magnifique, grandiose. On n'a pas de données certaines
sur ces ruines. Il y a cependant beaucoup
d'inscriptions bien conservées, en caractères à
peu près semblables aux lettres chinoises. Mais
personne ne peut les déchiffrer. Français, Anglais, Annamites et Chinois y ont perdu leur
latin [1]. »

Clemmer s'intéresse plus que jamais à l'art
et aux artistes. Dans ce pays barbare, il songe
aux travaux du peintre, son ami d'enfance :
« Donnez-moi, dit-il, des nouvelles de Pierre De
Coninck et de son tableau : *Une baigneuse à Capri.* »
Il prend goût à toutes choses ; rien n'est maintenant indigne de son attention. Mais ce qui l'occupe avant tout, c'est son bataillon. Voilà son
grand ami, celui dont il observe minutieusement
les joies et les tristesses, attaché à lui dans le
triomphe et dans le deuil, comme le prouvent
ces mots, au bas d'une lettre : « Des huit cent
quatre-vingts hommes de notre bataillon, cinq
cent quinze sont encore ici capables de faire un
service actif. »

En 1863 nous n'avions pas trop de tous nos
soldats de Cochinchine pour défendre nos postes.
« Les Annamites deviennent de plus en plus entre-
prenants. Toutes nos provinces sont plus ou moins

---

[1] *Ibid.*, Lettre du 1er février 1863.

travaillées par les émissaires de la cour de Huë, et, malgré la paix, on se fait la guerre partout. A Mytho, à Bien-Hoa, à Biarrah, les garnisons sont fatiguées de faire des sorties et de rester sur le qui-vive. Biarrah est complètement bloqué.

« Un certain mandarin nommé Coing-Din a fortifié le village de Go-Kong, que nous avions abandonné, et en fait une vaste citadelle bien armée de pierriers et de gros canons qui tiennent parfaitement nos petits canonniers et nos soldats à distance.

« Pour reprendre ce misérable village qui, il y a six mois, n'était rien, et pour expulser les rebelles, il faudra le déploiement d'autant de forces qu'il en a fallu, l'an dernier, pour prendre Ving-Long et Mi-Koui. L'expédition est, dit-on, décidée pour la deuxième quinzaine de mars.

« Des bruits circulent depuis quelque temps sur un mouvement révolutionnaire qui aurait éclaté à Hué, où les ministres et les mandarins qui nous étaient favorables auraient eu le dessous. Enfin, on dit que l'empereur Tu-Duc a été forcé de laisser condamner à mort les ambassadeurs qui ont négocié le traité du 5 juin. Fou-Tan-Gian, qui en ce moment est à Paris, a été condamné a mort, à Hué. Un prince, mort du choléra à Hué pendant qu'on ratifiait le traité, a été exhumé, puis décapité, et son cercueil entouré de chaînes. Un autre ambassadeur, que nous appelons le *Petit général*, a été condamné à une mort lente, c'est-à-dire à de mortelles tortures. On lui a coupé, tantôt une main, tantôt un pied. On lui crevait un œil, puis on lui arrachait une oreille.

« Si tout ce qu'on dit est vrai, que doit-on espérer des négociations dont est chargé actuellement Fou-Tan-Gian auprès du gouvernement français ?

« Il circule d'autres bruits encore, et ceux-ci sont, malheureusement, plus fondés. On dit que dans les trois provinces occupées par nos troupes règne à ce moment une telle fermentation dans les esprits, qu'il faut craindre un soulèvement général. Mais nous sommes prêts à répondre.

« Coing-Din, l'ex-défenseur de Go-Kong, fait parler de lui depuis quelques jours. Il prépare une insurrection sur la frontière de Mytho. S'il se défend comme il s'est défendu à Go-Kong, il ne sera pas le plus à redouter.

« Pour le moment, ce qui nous fait le plus de mal dans l'esprit des populations de la frontière, c'est que certains chefs de partisans et même des mandarins pénètrent à l'improviste sur notre territoire, brûlent nos villages annamites, rançonnent les habitants, tuent les chefs nommés par nous, afin de montrer à ces peuples malheureux que nous ne sommes pas assez forts pour les défendre. Je commence à croire que, tant que nous n'aurons pas la capitale, nous n'aurons pas le pays. Voulez-vous savoir ce que nous avons, à peu près, de territoire maintenant ? Environ neuf cents lieues carrées, c'est-à-dire un carré de trente lieues de côté.

« On parle aussi des négociations ouvertes
par l'amiral Bonnard et poursuivies par M. de la
Grandière avec le roi du Cambodge, qui, dit-
on, veut se mettre sous notre protection pour
échapper au joug de Tu-Duc et du roi de Siam.
Il nous donnerait un terrain où nous aurions
un établissement pour protéger nos commerçants
qui voudront exploiter le Grand-Fleuve, à un
endroit désigné sous le nom de Quatre-Bras [1]. »

Après les combats et les négociations, après
plusieurs années d'épreuves dans un pays où les
troupes avaient tout à craindre de l'hostilité des
Annamites et de l'insalubrité du climat, le départ
du bataillon de tirailleurs fut décidé. Clemmer
et ses soldats quittèrent Saïgon le 12 juillet 1864.

[1] *Ibid.*, Lettre du 28 août 1863.

CHAPITRE IV

Retour à Méteren. — Clemmer est nommé chef de batail-
lon. — Campagne du Mexique. — Clemmer en Algérie.
— Son mariage. — Les tirailleurs algériens à Paris. —
Guerre franco-allemande. — Mort du commandant.

Après la campagne de Cochinchine, Clemmer avait annoncé son retour au pays natal.
Vers la fin de l'année 1864, il est en route pour
Méteren. Il arrive à Paris : ses amis l'arrêtent
au passage, impatients, heureux de le revoir,
d'entendre sa parole, d'écouter ses récits, de se
sentir tout près de l'homme qui a été lui-même
témoin des faits qu'il rapporte, acteur dans les
drames qu'il expose. L'histoire et l'épopée ont
un pouvoir de séduction extraordinaire pour
ceux qui ont ainsi sous la main l'épisode et le
héros.

Le capitaine ne manque pas cette bonne
occasion de voir son ami l'artiste : maintenant,
mieux que l'an dernier, il pourra se renseigner
sur les travaux du peintre et sur les progrès
de sa célébrité. « A Paris, écrit-il, je passe agréablement mon temps avec Pierre de Coninck.

Nous avons visité ensemble le château de Versailles et un grand nombre des merveilles de la capitale. » Clemmer ne songeait pas à Paris autrefois ; aujourd'hui il aime la grande ville. Son esprit ne trouve plus sa complète satisfaction en Algérie ; il a besoin de prendre contact avec la société d'élite. Paris est le centre qui attire les hommes de goût ; c'est le centre aussi où aboutissent toutes les ramifications administratives. Pendant le séjour qu'il y fait, Clemmer se rend au ministère de la guerre, et, dans l'intérêt de son avancement, il va frapper à la porte du général de Wimpfen, il s'informe des dispositions du général Trochu à son égard, il consulte des amis bien renseignés, capables de lui faire connaitre la liste des capitaines qui peuvent s'attendre à une promotion prochaine. Ces démarches sont nécessaires à l'officier comme à tout fonctionnaire. Les sages tels que Clemmer n'y seraient pas assujettis, si un grand nombre d'autres ne faisaient par instinct des bassesses pour s'élever.

Enfin Méteren voit arriver son capitaine : les vieux parents serrent dans leurs bras le noble fils toujours fidèle au respect filial comme à ses devoirs de soldat ; ses compatriotes de tout âge font cercle autour de lui, demandant à écouter l'homme dont ils ont tant de fois parlé entre eux pendant son absence. Il satisfait la curiosité de ce grand nombre d'amis, et sa parole a pour eux un charme captivant. Elle est du reste fort agréable, et Clemmer sait donner à la conversation l'intérêt, l'entrain, le mouvement qui exercent sur l'âme plus d'attrait même que la pittoresque variété de ses lettres.

Il trouve son village plus délicieux que jamais. Toutefois il se garde bien d'y laisser venir l'ennui. Ne voyant dans le repos qu'une forme nouvelle de l'activité, il ne cesse de visiter ses amis disséminés sur tous les points de la Flandre. Il a son plan bien tracé ; tous les jours sont employés ; et cet emploi du temps est conçu avec sagesse. C'est grâce aux dispositions méthodiques de son règlement qu'il pourra dire avec satisfaction : « Je ne me suis pas ennuyé ; et voici comment j'ai passé mon temps : un jour à Roubaix, un jour à Lille, un jour à Tourcoing, un jour en voyage, etc... »

Dans ce continuel mouvement, le capitaine répond à toutes les exigences de ses parents et de ses amis ; il songe à tout, même au mariage. Mais il ne se presse pas de prendre le solennel engagement. De ce côté-là il s'avance avec plus de précautions que naguère contre l'ennemi. Peut-être se croyait-il mieux en état de tenir tête à l'ennemi tout un jour que d'aimer une femme toute sa vie, prudent avant le sacrement pour être ensuite un mari modèle. Nous en jugerons plus tard.

Aujourd'hui il ramasse en route des recrues pour l'armée d'Afrique. Il enrôle Pierre Deberdt, son neveu, et l'accompagne à Bailleul, à Lille, dans les bureaux militaires, pour l'aider à remplir les formalités que demande l'entrée au régiment.

Vers la fin de janvier 1865, Clemmer s'éloigne
de son pays. Nous le voyons en compagnie de son
neveu Pierre muni de sa feuille de route. Le jeune
homme « est heureux d'aller rejoindre son corps »,
il se sent fier et fort de l'appui de son oncle
le capitaine. Le souvenir récent de la mort de
son oncle le sergent ne lui fait pas peur. Il
traverse la Méditerranée et peut se vanter de
n'avoir pas souffert du mal de mer. Arrivé à Philippeville, il prend place parmi ses compagnons
d'armes, et le capitaine, qui trouvera sa compagnie à Soukarar, dans une lointaine garnison,
continue son chemin jusqu'à Constantine. Il y
reste jusqu'au 16 février. De là il se rend à
Bône, où le mauvais temps le force à s'arrêter
quatre jours, et c'est seulement le 27 qu'il arrive
à son poste, « brisé de fatigue et mouillé jusqu'aux os. »

Clemmer n'est pas encore de ceux qui s'ha-
bituent promptement à une résidence nouvelle.
Le voici à Soukarar. Il ne voit rien d'agréable
dans ce séjour morne, solitaire, peu hospitalier. Il
ne s'est installé qu'avec l'espoir de partir au bout
de deux ou trois mois pour Constantine. A cet
espoir du départ prochain s'en ajoute un autre,
plus caressant pour l'âme de Clemmer, mais
qui doit être aussi plus lent à se réaliser. Nous le
trouvons exprimé dans cette ligne : « Peut-être,
l'an prochain, à pareille époque, serai-je à Paris
avec ma compagnie ! »

Le capitaine ne parle pas d'un autre espoir
qui occupe plus encore sa pensée. Mais nous

en connaissons l'objet ; nous savons que cet espoir grandit chaque jour, qu'il domine toutes les préoccupations et que le moment est proche où le bonheur attendu sera le bonheur assuré. C'est à Soukarar même que Clemmer trouvera la réalisation de son rêve. Sa bonne étoile l'a suivi dans ce pays barbare ; elle y opère un nouveau miracle, et son regard plein d'amour illumine, comme un rayon divin, la carrière où marche le héros.

On devine la vive émotion, toute la joie, qui ont inspiré ces lignes par lesquelles il annonce la grande nouvelle à Fidéline : « Je suis commandant ou chef de bataillon ; c'est la même chose. J'appartiens au 14ᵉ régiment d'infanterie, à Paris. »

La nomination était datée du 17 juin. Le nouveau chef de bataillon comptait se rendre à Paris pour le 15 ou 20 juillet. Tout arrivait à souhait, le grade et l'ordre de prendre garnison à Paris. Tant de vœux accomplis justifient le parfait contentement de Clemmer. « Votre frère est à moitié fou », dit-il à sa sœur. Il a raison de remercier la Providence ; mais il a droit aussi de penser qu'il a su profiter de la vie. Elle est très courte, il est vrai ; cependant elle n'est ni trop courte ni trop stérile pour ceux qui ont de l'intelligence et du courage.

Mais une orientation nouvelle met tout à coup le commandant Clemmer sur une autre voie. Il a promis d'être à Paris pour le 20 juillet et de se mettre à la tête de son bataillon au 14ᵉ de ligne. Il renonce à ce plan, et passe au régiment Étranger. C'est avec ce corps qu'il ira au Mexique et prendra part à une longue et laborieuse campagne jusqu'au 9 avril 1867.

En septembre 1865 il s'embarque à bord de *La France* qui le conduit, avec un grand nombre de passagers, à l'île Saint-Thomas. Temps splendide. « Le navire vole comme une hirondelle. » Le commandant est ravi du spectacle de la mer, il admire l'ordre qui règne sur le bâtiment. Dans une lettre, il parle complaisamment de la manœuvre, de la grande table où, matin et soir, cent personnes se trouvent réunies pour le repas ; il n'a pas assez d'éloges pour la cuisine : les mets sont excellents. Les dames chantent en s'accompagnant sur le piano ; il est entouré d'une agréable société qui lui offre les plaisirs de la conversation. C'est ainsi que Clemmer s'en va en guerre !

De Saint-Thomas on se dirige sur Cuba, merveilleusement riche alors. « La Havane, dit le commandant, est une grande ville de cent-cinquante mille habitants. Elle appartient à l'Espagne. Les nègres y sont esclaves. Grand commerce de sucre et de tabac. Mais tout coûte fort cher. Pour deux repas et un mauvais lit nous avons dû payer vingt-cinq francs, et le reste est à proportion. La ville paraît belle, quand on ne sort pas d'un ou deux quartiers ; le reste est laid, malpropre : petites maisons, rues infectes. J'ai visité trois églises et le théâtre. Les églises sont magnifiques et richement décorées. On n'y voit qu'or et argent ; mais les sculptures et les statues ne valent pas celles des églises de France. La salle de spectacle est également très belle. Elle peut contenir environ quatre mille personnes. Le prix des places est élevé: un fauteuil d'orchestre se paie quatre piastres, c'est-à-dire vingt francs. »

Il observe avec curiosité tout ce qu'il trouve à sa portée ; son récit est abondant, animé de réflexions originales, plein d'esprit et de gaieté. On y sent la bonne humeur du soldat qui part pour la guerre comme pour une fête.

Le 10 octobre, Clemmer débarque à La Vera Cruz, sur le même quai où Maximilien et Charlotte ont mis pied à terre vers la fin de mai 1864. Aussitôt il continue son chemin et arrive le 24 octobre à Mexico, en diligence, comme un bourgeois ou un touriste. Mais il n'a trouvé en route ni les aises qu'affectionne le bourgeois ni le plaisir que cherche le touriste. Le cheval qu'il montait au départ a fait un trajet de cent cinquante lieues par de mauvais chemins. A Rio Frio il a bu à une fontaine glacée et la nuit suivante il est mort. Le commandant regrette la perte de ce beau cheval qui lui a coûté sept cents francs. Il est forcé d'en acheter un autre, car il ne peut plus compter sur la diligence pour arriver au poste qui lui est assigné à cent vingt lieues de Mexico. Ce qui lui manque le plus, c'est l'argent.

Sa gaieté est brusquement tombée, et les soucis l'assiègent. Sa situation est d'autant plus embarrassante, que les ennemis sont loin et qu'il ne peut pas leur dérober un cheval à la faveur d'un hardi coup de main. La difficulté se complique d'une autre,qui le préoccupe également. Promu au grade de commandant le 17 juin, il a dû commander de nouveaux vêtements à Paris et il craint de ne pouvoir payer sa dette le 15 janvier, époque de l'échéance. Heureusement, il peut compter sur le dévouement d'une sœur. Il lui demande le subside nécessaire, qu'elle ne lui refusera pas à titre de prêt.

Une fois déchargée du poids de ces préoccupations, l'âme de Clemmer se relève ; son bon caractère lui rend sa gaieté ordinaire. Sa physionomie reprend son sourire, comme on le devine au tour spirituel de cette lettre : « J'ai fait mon entrée triomphale à Mexico, dans l'eau et la boue. Vous ne saviez pas sans doute que cette ville a failli être submergée par suite de la rupture d'une digue, qui soutient un des lacs voisins. Mexico est situé au milieu d'une grande vallée et entouré de cinq lacs dont le niveau s'élève au-dessus de la ville. Il suffit d'un accident à la digue pour occasionner de grands malheurs. Aujourd'hui l'écoulement des eaux est fini, et la ville est redevenue ce qu'elle était, gaie et agréable. Il y a deux cent mille habitants. Les seuls édifices un peu remarquables sont la cathédrale, bâtiment imposant par sa grandeur, et l'école des Mines dont l'organisation et l'enseignement sont modelés sur ceux de notre école Polytechnique. Le palais de l'empereur Maximilien n'a rien de remarquable; c'est un grand bâtiment long, à un étage, blanchi à la chaux.

« La ville renferme plusieurs promenades...... Le palais de M. le maréchal Bazaine est presque hors de la ville. Peu d'extérieur, mais du confortable ; un beau jardin. »

Clemmer ne peut donner de Mexico qu'une description sommaire. C'est à peine s'il eut le temps de visiter la ville. Le 30 octobre nous le voyons qui se remet en route pour Queretaro, où il arrive le 5 novembre. Ici, il trouve moins de curiosités. Beaucoup d'églises, un grand nombre de couvents. Après une halte de quelques jours, il poursuit son chemin ; mais cette fois, le trajet est plus agréable. Le commandant marche à la tête d'une « petite colonne » et arrive à San Luis de Potosi le 19. Le voici dans une grande et belle ville de trente-quatre mille habitants. De belles églises, un joli palais occupé par le général de division Douai. Contre son attente, il doit aller plus loin encore. Le 20, il se remet en route avec une colonne de trois cent soixante-dix hommes, deux pièces d'artillerie, neuf voitures de matériel pour l'administration et les hôpitaux escortées par cinquante chasseurs à cheval.

Il est heureux de commander sa petite troupe. « Si j'avais beaucoup d'ambition, dit-il, je me croirais quelque chose quand je marche à la tête de ma colonne. Toutefois, cela me fait plaisir, parce que c'est mon premier commandement. » Au Mexique nous pourrons apprécier chez Clemmer les qualités de l'homme de guerre. En Crimée, il s'est montré brave, comme dans les expéditions d'Algérie ; en Cochinchine, il s'est distingué par son coup d'œil d'organisateur rompu à toutes les difficultés de comptabilité et d'administration ; au Mexique, nous reconnaitrons l'habileté du tacticien, du chef qui comprend, qui sait exécuter les plans du général, et qui, faute d'instructions, parvient à tourner l'obstacle ou à le briser par sa promptitude et son audace. Il ne tiendra pas à lui que cette campagne, glorifiée trop tôt par Rouher comme « la grande pensée du siècle », ne tourne à la gloire de la France. Il fera des prodiges de courage ; il ne manquera ni de résolution ni de prudence.

Il part de San Luis le 21, toujours à la tête de son bataillon. « Avec cela, dit-il, je pourrai faire la guerre aux voleurs, même aux bandits qui infestent le pays. Il ne s'agira que de courir plus vite qu'eux pour les attraper, et je ferai pour cela tout ce que je pourrai. Je dois arriver le 29 à Matehuala, où je serai nommé commandant supérieur, avec des instructions assez larges pour pouvoir faire quelque bon coup de main, si l'occasion se présente. Priez bien que l'ennemi se montre et qu'il me laisse la victoire. »

Clemmer arrive à Matehuala sans coup férir ; il s'y trouve bien et espère y rester. Il ne connaît rien de plus délicieux que les matinées et les soirées dans ce pays, vrai paradis terrestre par la douceur de son climat. De plus, il est confortablement logé, et pour rien, « droit de l'allié, pour ne pas dire du vainqueur. J'ai une grande maison, j'ai mes domestiques......

Avec cela, j'ai des honneurs; je suis le premier dans la ville et dans le département. Rien ne se fait sans mon ordre ou mon autorisation. Ne me plaignez pas trop, je ne le mériterais pas. Car j'aurais choisi ma vie et mon installation au Mexique, que je n'aurais pas mieux réussi...... Mon adjudant-major est Comtois et mon médecin est Gascon; je suis servi par un Italien, valet de chambre ; j'ai pour secrétaire un Lillois ; mon cuisinier est Polonais, mon muletier, Belge; mon interprète, Espagnol. Dans cette étrange république tout marche bien. »

Tout ce qu'il voit est nouveau pour lui; et, nous le savons, c'est la nouveauté qui lui plaît. Il voudrait, comme il le dit lui-même, faire le tour du monde. Toutes ses lettres témoignent de son parfait contentement. Ce qui contribue surtout à son bonheur, c'est sa situation de commandant. « J'ai un travail intelligent à faire et un commandement d'une certaine importance à exercer. » Enfin, Clemmer trouve là son plaisir par excellence : il y a des combats à livrer, des ennemis à vaincre.

Il ne perd pas de temps. « Deux compagnies de mon bataillon, écrit-il, ont eu une petite affaire le 11 décembre, à Rio Blanco, village situé à une trentaine de lieues d'ici. J'étais informé par mes espions que les bandits de ce village devaient descendre vers Matehuala et venir piller l'hacienda [1] de Al Barcones. J'organise immé-

---

[1] *Hacienda*, grande ferme.

diatement une colonne mobile de cent quatre-vingts hommes.

« Au moment où ma colonne sortait de Matehuala, les bandes descendaient de leur montagne : elles arrivèrent forcément à l'hacienda avant nous, puisqu'elles n'avaient eu que dix lieues à faire, tandis qu'il nous en avait fallu faire vingt... A Al Barcones, elles se livrèrent à un horrible pillage... Enfin les ennemis s'étaient retirés à Rio Blanco, leur repaire habituel, et s'étaient barricadés dans le village. La colonne y arrive à huit heures du soir, après avoir fait plus de trente lieues en un jour et une nuit ; elle enlève le village de vive force et met en déroute plus de quatre cents guerilleros.

« Le lendemain nouveau combat et nouveau succès. Les bandits s'étaient retirés à une lieue du village, sur une montagne à pic et s'étaient couverts d'un mur en pierres sèches, tel qu'on en voit beaucoup en ce pays. Du haut du clocher du village, avec la lunette, on les distinguait parfaitement derrière leur muraille. Le capitaine Vigniaud[1] envoie une section de voltigeurs pour les tourner et, avec le reste de ses forces (sauf une section qui gardait le village), il les attaque de front et les disperse de nouveau, après leur avoir tué douze hommes et en avoir blessé vingt-cinq. Il leur avait pris un troupeau de

---

[1] Clemmer, retenu par ses fonctions à Matehuala, avait confié le commandement de la colonne au capitaine Vigniaud et lui avait donné les instructions à suivre dans sa marche contre les bandes.

deux cent dix-huit têtes ; enfin il avait brûlé dix maisons appartenant aux principaux chefs de cette bande. De notre côté, deux sergents et deux soldats ont été blessés. »

Quand le général Douai apprit ce hardi fait d'armes il en fut très satisfait et félicita le commandant de sa vigoureuse initiative. Ce premier essai de tactique avait réussi ; le succès avait affermi le courage et l'espérance de Clemmer et l'avait si bien mis en goût, qu'il ne demandait qu'une nouvelle occasion de se jeter sur les bandes mexicaines. Au fond, il n'était pas fâché de pouvoir dire : « Nos affaires ne vont pas trop bien. Les dissidents, soutenus par les Mexicains, se remuent, et nous leur tapons dessus tant que c'est plaisir. Pour se venger ils volent nos courriers et pillent nos diligences... Je ne sais si cette lettre vous parviendra ; les lettres sont volées par les dissidents.

« J'avais été informé qu'un nommé Miguel Reyna, lieutenant de Pedro Martinez, était à Valle de Purissima depuis trois ou quatre jours, avec deux cent cinquante hommes, et qu'il se disposait à l'occuper militairement. Je ne demandais pas mieux, trouvant ainsi l'occasion de sortir. En effet, le 10 janvier (1866), mes espions viennent me dire que Valle de Purissima est occupée militairement par l'ennemi... J'organise ma petite colonne mobile, composée de trente-cinq voltigeurs à cheval, quarante-cinq grenadiers montés sur des voitures, cinquante cavaliers mexicains. Nous partons à quatre heures du soir, le 12 janvier, et, le 13, à cinq heures et demie, après avoir fait seize lieues dans la nuit, nous tombons à l'improviste sur l'ennemi. La bataille fut vite gagnée. Deux cent cinquante hommes ont fui lâchement devant quatre-vingts Français et cinquante Mexicains. J'ai pu tuer seulement le poste avancé qui avait été pris comme dans une souricière. Nous avons poursuivi les bandes sur une distance de trois kilomètres, nos chevaux étant trop fatigués pour aller plus loin. Dans cette poursuite, je n'avais avec moi que mon adjudant-major et une quarantaine de cavaliers. Voyez la lâcheté de ces brigands : ils étaient deux cent cinquante et ils fuyaient comme des voleurs qu'il sont. »

La petite colonne avait tué six hommes au poste avancé, quatre pendant la poursuite ou en ville et elle en avait blessé une trentaine. Clemmer fit ramener dans la ville tout ce qu'il put enlever, chevaux, bœufs, armes et provisions. Ce butin fut dirigé sur Matehuala. Les armes furent transportées au dépôt d'artillerie et le reste vendu au profit de l'Etat et des soldats de la colonne. Malheureusement, l'Etat s'attribue les deux tiers de la capture, de façon que sur près de cinq mille francs que la vente avait produits, le pauvre troupier ne reçut guère qu'une douzaine de francs.

L'ennemi ne reparut pas de longtemps aux environs de Matehuala, et le chef de la bande, Pedro Martinez écrivit au commandant qu'il le pendrait pour avoir fait cette expédition à Valle de Purissima et pour avoir envoyé ensuite des secours à Catorce, où les bandes menaçaient d'opérer. Clemmer riait de ces fanfaronnades et trouvait la récompense de sa belle conduite dans les éloges que lui adressèrent le général Douai et le général Jeannigros.

Si intéressant que fût ce genre de guerre, le commandant aurait voulu prendre part à quelque grande bataille. Malheureusement, le plan de campagne, au Mexique, ne favorisait pas la rencontre des troupes en masse. Le bruit courait que le général Douai ferait une expédition dans le nord [1]. Clemmer demanda à « faire colonne » de ce côté pour partager avec son chef l'honneur de prendre possession de la frontière qui va de Matamoros à Monterey. « Nous serons, dit-il, aux premières loges pour voir ces fameux matadors [2] du nord. J'avoue que ce sont de beaux hommes et qui se battent bien ; mais, à moins d'être cinq contre un, ils ne feront pas fuir nos petits soldats d'un sou. En tous cas, il y aura toujours plus de gloire à combattre l'armée disciplinée d'une grande nation qu'à décimer des bandes de voleurs, comme nous faisons ici depuis le siège d'Oaxaca. »

---

[1] Sur l'ordre du maréchal Bazaine, « les troupes remontèrent dans le nord ; la chasse aux bandes commença entre Saltillo et Matamaros ; le général Douai fut choisi pour dégager les États de San Luis et de Tamaulipas. »

[2] Clemmer désigne ainsi les soldats des Etats-Unis.

Dès le 28 octobre 1865, le gouvernement des Etats-Unis avait chargé son représentant à Paris de désapprouver ouvertement la politique du gouvernement impérial au Mexique.

Ce projet d'expédition dans le nord n'eut pas de suite pour Clemmer. A la fin de février nous trouvons le général Douai à Matehuala. La ville est en fête, les maisons pavoisées. Les cloches sonnent à toute volée ; le soir on danse. Clemmer avait voulu que le général fût reçu avec toutes ces démonstrations de respect ; et, en effet, le général fut charmé des honneurs qu'on lui rendit. Il resta au bal jusqu'à deux heures du matin, dansant avec plaisir, éclipsant le commandant par la perfection qu'il mettait dans la pratique de cet art.

Mais les fêtes et les bals n'étaient que de courts moments de trêve dans cette vie de combats. Nous en donnons comme témoignage ces lignes extraites d'un rapport adressé par Clemmer à son général.

« Parti de Matehuala le 11 mars, au matin, avec une colonne légère . six officiers, M. Baldy, docteur et cent cinquante hommes du régiment Étranger (1re 4e et 5e compagnie du 5e bataillon), je suis arrivé à Mier y Noriego le 12, à deux heures après-midi, sans avoir aperçu l'ennemi. J'ai immédiatement envoyé des exploradores [1] dans la direction de Guadalcazar pour avoir des renseignements sur la troupe de Rivera. Ils sont revenus le 13, à sept heures du matin, après s'être assurés que le gros de cette troupe était à Ojo de Agua et que Aureliano Rivera était, avec quarante de ses meilleurs officiers et

____
[1] *Exploradores,* espions ou éclaireurs.

cavaliers, aux Cerros Blancos... Le même jour d'autres exploradores m'avertirent que Rivera s'était retiré dans des montagnes presque in-accessibles, du côté de San Antonio, et avait appelé à lui les bandes de Rio Blanco et de Soledad.

« J'avais pris position à Mier-y-Noriego, dans le meson[1] qui est situé à l'est de la ville, sur une petite éminence, entre deux *tanques*[2] rem-plis d'eau. J'avais placé deux petits postes avan-cés du côté ouest de la ville, seul côté qu'il me fut impossible de surveiller par moi-même, et un poste de vingt hommes à l'église, avec ordre de se replier les uns sur les autres dans la direction du *meson*, s'ils étaient sérieusement inquiétés la nuit. En effet, dans la nuit du 13, entre dix et onze heures, les petits postes furent attaqués par une troupe de cavalerie et se replièrent en bon ordre, sans cesser toutefois de faire feu sur l'ennemi. Quand ils furent arrivés au poste de l'église, le sergent crut devoir se diriger à son tour sur le *meson* en traversant, comme je lui avais recommandé, les *quadros*[3] formés par des murs en terre sèche, de manière à n'être pas exposé aux coups de la cavalerie.

« Mes postes étaient à peine rentrés, que l'en-nemi fit une décharge générale sur le *meson*. Les hommes que j'avais disposés sur la terrasse

[1] *Meson*, auberge.

[2] *Tanque*, étang.

[3] *Quadros*, carrés de maisons. Les quartiers d'une ville mexicaine sont des réunions de *quadros*.

ripostèrent : la fusillade dura environ une heure, et comme il faisait très noir et que j'ignorais à quel ennemi j'avais affaire, je ne sortis pas de mon retranchement. Je ne sais quelles ont été les pertes des assaillants. De mon côté personne ne fut atteint.

« Le lendemain, ne recevant aucune nouvelle du colonel d'Ornano[1] et de Gorgonio-Nino, je supposais que les troupes de San-Luis n'avaient pas poursuivi celles de Rivera ou que tous les courriers avaient été interceptés. Je ne pouvais aller attaquer Ojo de Agua ; cette opération m'aurait trop éloigné de Matehuala, et les bandes de Rio Blanco et de Soledad auraient pu me couper la retraite.

« Je me dirigeai sur Calabassila. A trois heures après-midi, je m'aperçus que la colonne était suivie par quelques cavaliers. Puis deux coups de feu furent tirés sur M. le sous-lieutenant Meunier, chargé de la topographie de la route et resté un peu en arrière pour compléter son travail. Dès lors les coups de fusil se succédaient sans qu'on pût voir l'ennnemi. Je fis serrer le convoi autant que possible sur la tête de la colonne, et, à la sortie de la dernière gorge, avant d'arriver à la Lojita, je fis cacher quinze hommes de la 1re compagnie derrière une haute haie de bois mort. J'étais persuadé que l'ennemi tombe-

[1] Le colonel d'Ornano exerçait le commandement à San-Luis. Avant de quitter Matehuala, Clemmer avait prévenu le colonel ainsi que Gorgonio Nino du mouvement qu'il allait opérer sur la route de Matehuala à Nier-y-Noriego.

rait dans cette embuscade. J'avais avec moi mon adjudant-major, M. Lemoine, mon interprète, le sergent Romain, mon guide et six *mozzos* [1], tous à cheval. Au bout de huit ou dix minutes, je vis descendre de la montagne, à droite de la route, quatre cavaliers parfaitement armés et bien montés. Je me décidai à leur courir sus ; et, au moment où nous allions les atteindre, un peloton de quarante hommes de cavalerie du général Rivera descendit de la montagne et nous chargea à son tour. Mes *mozzos*, avant même d'avoir entendu le premier coup de feu, avaient tourné bride, de sorte que nous nous trouvâmes engagés quatre contre quarante.

« En un instant le sergent Romain, que son courage avait entraîné trop loin, fut entouré par dix ou douze cavaliers, et, après une défense héroïque, je le vis renverser de son cheval ; je pense qu'il fut tué à coups de lance. Assailli par le grand nombre et entouré de tous côtés, je fis demi-tour avec M. Lemoine et le guide qui, au même instant, reçut un coup de lance dans le dos. Avec mon révolver je tuai le cavalier qui venait de blesser mon guide et nous redescendimes la montagne. Malheureusement, le cheval de M. Lemoine s'abattit en franchissant une forte touffe de palmiers nains. Le capitaine tomba et fut aussitôt entouré par cinq ou six Mexicains qui le blessèrent de cinq coups de lance et de

---

[1] *Mozzos*, domestiques. C'étaient des Mexicains que le commandant amenait avec lui : Il s'en servait comme de courriers.

deux coups de feu. Ainsi désarçonné, grièvement atteint d'un coup de feu, et bien que le fer d'une lance lui eut traversé le poumon gauche, M. Lemoine s'est un instant défendu seul. Après avoir déchargé son revolver et tué deux cavaliers, il eut encore assez de force et d'énergie pour saisir la lance de celui qui venait de le blesser à la main droite[1]. Au même moment j'étais aux prises avec deux cavaliers, et après m'en être débarrassé à coups de sabre et de révolver, je courus au secours de mon adjudant-major et tuai le cavalier qui allait lui porter le huitième coup. Alors arriva le caporal Truo, et nous enlevâmes le blessé. Le sergent Vigouroux nous rejoignit aussitôt au pas de course avec quinze hommes qui déjà tenaient à distance, par un feu bien nourri et bien dirigé, le gros de la troupe ennemie. Je remontai la montagne, chassant toute la bande. J'allai à l'endroit où j'avais vu tomber le sergent Romain ; mais je ne trouvai pas son cadavre. Mes hommes poursuivirent l'ennemi pendant dix minutes, jusqu'à ce qu'il fût hors de notre portée.

«Comme je redescendais la montagne, le capitaine Danton arriva avec deux compagnies... Mais ce renfort ne fut d'aucune utilité. Il était trop tard... A cinq heures, j'arrivai à la Lojita. L'état de M. Lemoine exigeait les soins empres-

---

[1] M. Lemoine avait le côté gauche ouvert, et une balle s'était logée dans ses reins, Il n'en avait pas moins tué deux ennemis et rapporté la lance qu'il avait arrachée de la main de son assaillant.

sés de M. le docteur Baldy, et je fis halte à cette hacienda, prenant mes dispositions pour y passer la nuit. A six heures, plus de cent cinquante cavaliers ennemis vinrent camper dans la plaine et dans la gorge où avait eu lieu l'engagement. Craignant une attaque de nuit, je fis prendre le plus d'eau et de bois possible, je me fortifiai dans les bâtiments et fis occuper les terrasses de l'hacienda.

« La nuit se passa tranquillement. Quelques coups de fusil seulement, et nul de nous ne fut atteint.

« Le 15, au soir, je couchai avec ma colonne à San Antonio, et, le 16, j'étais de retour à Matehuala [1]. »

Cette expédition avait coûté la vie à deux sergents, et le capitaine Lemoine, malgré les soins qui lui furent prodigués, succomba à ses nombreuses blessures. Le général Douai regretta vivement la perte de cet intrépide officier et, dans l'ordre du jour de la division, il cita « particulièrement le commandant Clemmer pour sa bravoure, le caporal Truo et le sergent Vigouroux. »

Le commandant croyait l'ennemi démoralisé après cette triple défaite. Mais la retraite des bandes à Rio Blanco, à Valle de Purissima et à la Lojita n'a fait que les irriter contre le vain-

---

Clemmer tua de sa main trois ennemis; le sergent Romain, un ou deux. Quatre ou cinq soldats de la bande tombèrent encore pendant l'engagement. Clemmer laissa les cadavres sur le terrain.

queur. Leur audace s'est accrue dans les revers, ils ont racolé des hommes de bonne volonté, réparé leurs pertes, et dès maintenant les évènements se précipiteront. Ce n'est plus aujourd'hui que Clemmer songerait à s'éloigner de Matehuala pour chercher un ennemi plus redoutable dans la région du nord. La ville même où naguère « il dormait si bien sur les deux oreilles » est exposée aux attaques des bandes audacieuses. D'abord nos soldats les tiennent à distance par la crainte qu'ils inspirent, par le prestige gagné dans les combats; puis, ils seront obligés de se mettre sur la défensive.

L'ennemi était moins brave que dangereux ; il préférait la ruse à la force ouverte. Des individus, dévoués en apparence à la cause française, se présentaient chez le préfet [1], fournissaient des renseignements de fantaisie sur les opérations des guérilleros, et tout en trompant la confiance des officiers, ils tâchaient de se rendre compte de l'effectif de la garnison et des plans de défense. Le danger était imminent : les bandes préparaient une attaque.

[1] « Le 25 mars, arriva de Linares un inspecteur de la ligne des diligences, nommé Venancio Borbolla. Il se rendit chez le préfet pour lui dire qu'il avait rencontré Ramon del Prado à Palo Blanco, que ce prétendu chef n'était qu'un aventurier de bas étage, possédant au plus une quinzaine de bandits, et que ce dernier lui avait parlé, en riant beaucoup, des menaces adressées au préfet de Matehuala pour lui faire peur.

« Des questions lui étant posées, Borbolla répondit que, le 22 ou le 23, Escobedo avait quitté Linares pour se rendre à Galeano, mais que, pour le présent, il n'y avait aucune force dans la direction de Matehuala. » Mensonges d'espion.

Ici encore, rien n'est plus instructif que le rapport du commandant Clemmer. « Ne recevant pas de renseignements précis sur la marche et les projets de l'ennemi, je désirais nous voir tous réunis pour faire face aux évènements. Prévenu par moi, le commandant Koek rentrait à Matehuala, le 26 mars, au matin, avec soixante-quinze hommes et un convoi de libérables.

« Pour faire des reconnaissances rapides, j'organisai un peloton de cavalerie de vingt-cinq hommes, pris parmi les libérables du 12ᵉ chasseurs, du train et de l'artillerie ; je leur fis donner par les habitants de la ville des chevaux et des sabres et je confiai ce commandement à M. le sous-lieutenant Van der Duyn.

« Le 26, j'envoyai des exploradores dans la direction du Cedral et de Valle de Purissima ; mais aucun d'eux ne revint.

« Le 27, on me signala l'arrivée de deux fortes colonnes venant de trois points différents, et je fus informé de leur concentration à la Carbonera [1], à dix kilomètres de Matehuala. J'envoyai de nouveaux exploradores : ils furent arrêtés. A quatre heures du soir, un avant-poste ennemi vint s'établir hardiment à l'extrémité de l'allée qu'on appelle le Paseo del Pueblo [2]. Je sortis avec M. Van der Duyn pour enlever cette petite troupe ; mais à notre approche elle

---

[1] *Carbonera*, ferme située à dix kilomètres N. N. E. de Matehuala.

[2] *Paseo del Pueblo*, Promenade du village.

s'enfuit vers la Carbonera, où étaient réunis environ quinze cents hommes, commandés, disait-on, par Pedro Martinez, Espinoza, Aviles, Miguel Reyna, Armenta, etc...

« Manquant de nouvelles certaines et ne voulant rien livrer au hasard, je crus prudent de garder la défensive. Pendant la nuit, les barricades furent occupées par deux compagnies, je fis garnir par une section la terrasse de l'église.

« Le 28, à quatre heures du matin, je fis une forte reconnaissance à la Carbonera avec mes cinquante chevaux et deux cents hommes d'infanterie. Je rencontrai la première vedette à cinq kilomètres de l'hacienda. Au cri de *Quien vive !* mes quatre cavaliers d'avant-garde partirent au galop pour l'enlever. Mais elle se déroba à la faveur de la nuit et des broussailles, sans toutefois avoir le temps de donner l'alarme à l'avant-poste. Continuant à marcher rapidement, je rencontrai successivement deux postes avancés, à deux kilomètres et demi de l'hacienda. Ils se replièrent au galop après avoir déchargé leurs armes sur ma colonne. Un caporal fut blessé à la jambe droite et un homme reçut au ventre une balle dont il mourut dans la journée.

« Parvenu, au petit jour, à un kilomètre de l'hacienda, je vis un grand nombre de cavaliers fuir du côté de la montagne. Je trouvai l'hacienda complètement évacuée ; ma cavalerie ne put faire feu que sur la queue des fuyards...

« D'après des renseignements recueillis auprès de quelques vieux Indiens, il devenait évident pour moi qu'Escobedo [1], chef de bande, avait pour véritable projet de s'emparer de Catorce et que sa démonstration sur Matehuala avait été faite pour m'empêcher de secourir la première place. Du reste, en présence des ordres absolus de M. le maréchal, je ne pouvais y envoyer aucune force ; et, d'un autre côté, j'aurais cru imprudent de dégarnir la ville que j'occupe.

« Le 29, quelques Indiens arrivés en ville nous apprirent qu'Escobedo était entré à Catorce le 28, au soir, avec toute son infanterie et son artillerie, que la garnison mexicaine n'avait pris aucune mesure de défense, qu'officiers et soldats s'étaient lâchement sauvés sans même tenter une résistance, que tout était tombé entre les mains de l'ennemi.

« Le 30, au soir, Escobedo était de retour au Cedral, et le 31, au matin, son avant-poste d'Ojo de Agua vint pendre deux Indiens à une demi-lieue de la ville. Sur la poitrine de l'un deux on trouva l'écriteau suivant : *Correo traïdor a la patria* [2].

« Dans la journée du 31, on me signala le mouvement de retraite de l'ennemi. »

---

[1] C'est ce même Escobedo qui, après le départ des Français, s'emparera de Queretaro ; Maximilien vaincu et pris lui remettra alors son épée, sans obtenir toutefois l'autorisation de s'embarquer pour l'Europe.

[2] Courrier traître à la patrie.

Les rebelles traitaient avec la dernière rigueur ceux qui tombaient en leur pouvoir. Ils tuaient sans pitié les hommes et rançonnaient cruellement les villes. Ils ne se contentèrent pas de faire main basse sur les armes et munitions de guerre qu'ils trouvèrent à Catorce, ils imposèrent la ville et, n'ayant pu réunir que deux mille piastres au lieu de soixante mille qu'ils avaient exigés, ils emportèrent une quantité de marchandises évaluée à quatre mille piastres.

Le 25 décembre, ils s'étaient déjà livrés au pillage avec une fureur barbare, dévastant les fermes, notamment l'hacienda de Al Barcones, enlevant des troupeaux de bétail, emmenant avec eux, dans leur repaire de Rio Blanco, le maître de la maison et trois de ses domestiques, après en avoir pendu trois autres. Quelques semaines plus tard, Pedro Martinez, à la tête de deux cent cinquante hommes, occupait militairement Valle de Purissima, forçant les habitants à payer un impôt de guerre et à livrer des vivres, pillant les haciendas, emmenant des prisonniers.

Ce n'étaient pas des soldats, mais des brigands : ils recouraient aux lâches procédés, au vol, au meurtre, et répandaient la terreur dans le pays. Clemmer ne pouvait savoir exactement quel était l'effectif de cette armée ennemie toujours en mouvement, toujours prête à commencer l'attaque et à opérer sa retraite. D'abord il avait eu à combattre contre une bande peu nombreuse, retranchée dans le village de Rio Blanco;

peu après, de nouvelles recrues vinrent se joindre à cette troupe de guérilleros ; enfin, à la Carbonera, il se vit en présence d'une petite armée et il put suivre les mouvements combinés des bandes d'Escobedo, de Pedro Martinez et d'Aureliano Rivera, à partir du 24 mars.

Les troupes impérialistes, peu nombreuses et réparties sur les divers points de la province, n'avaient pas trop de tout leur courage pour tenir tête à leurs adversaires, qui avaient redoublé d'audace depuis que le général Douai avait emmené une partie du contingent dans son expédition à la frontière du nord. Après avoir annoncé à Clemmer qu'il serait pendu, ils avaient fait entendre de plus graves menaces. Le 24 mars, le préfet politique de Matehuala avait reçu une lettre ainsi conçue :

« Nommé chef de l'avant-garde, je vous préviens que dans trois ou quatre jours, la ville de Matehuala sera attaquée. Désirant éviter l'effusion du sang ainsi que les malheurs et les désastres qui seraient la conséquence d'une attaque dans les circonstances graves où vont se trouver les habitants de Matehuala, et en outre parfaitement convaincu que la petite garnison française qui occupe cette place est incapable de la défendre contre les troupes républicaines réunies de plusieurs points en un seul corps, j'ai cru opportun de vous prévenir d'avoir à faire évacuer immédiatement la ville par les soldats impérialistes et traîtres qui défendent une si mauvaise cause.

« Je vous invite aussi à faire dresser une liste de logements pour les officiers de la brigade d'Escobedo et de Martinez qui viennent à la tête d'une armée de deux mille hommes. Vous aurez encore à faire préparer des emplacements convenables pour l'artillerie et son parc, ainsi que pour la cavalerie et tous les équipages.

« Je fais cette démarche, pour vous donner une preuve de nos sentiments d'humanité et de sympathie pour vous.

« *Indépendance ou mort.* »

« Rancho de la Pinta, le 24 mars 1866. »

Cette lettre signée de la main de Ramon del Prado était, au jugement de Clemmer, une fanfaronnade de brigand ; mais les opérations de l'armée ennemie concentrée autour de Matehuala le faisaient réfléchir à ses moyens de défense. La garnison était peu nombreuse, et il ne pouvait compter sur la fidélité de la population. Dans cette petite ville de trois mille cinq cents habitants, il y avait des hommes hostiles à la cause de Maximilien.

Clemmer est bien résolu à repousser toute attaque ; les libérables amenés par le capitaine Koek sont armés pour le combat ; au premier signal du danger les barricades doivent s'élever à l'extrémité des rues. Le plus sûr moyen de prévenir le danger serait d'agir de concert avec les troupes de San Luis de Potosi ; mais les lettres sont interceptées, les exploradores sont arrêtés et pendus. Une fois le commandant réussit à faire parvenir des instructions utiles aux officiers d'une autre colonne. C'est grâce à ses conseils, que le colonel Lopez, du régiment de l'impératrice Charlotte, tua quarante-trois hommes du parti des rebelles et en mit un grand nombre hors de combat.

Escobedo était l'âme de la rebellion et Pedro Martinez était son bras droit. Clemmer avait deviné leur plan de campagne : ils devaient s'emparer de Catorce, et c'est ce qui arriva. Ils devaient ensuite s'emparer de Matehuala, et c'est ce qui n'arriva pas. Avant d'attaquer ouvertement la ville, dont ils redoutaient « la petite garnison française », ils eurent recours aux menaces, à la ruse, aux procédés les mieux combinés pour tourmenter la population et les troupes.

« L'eau potable, qui d'ordinaire arrive à Matehuala d'un tanque, manquait absolument, à raison de la sécheresse prolongée. Clemmer était obligé d'envoyer journellement une corvée armée ainsi que des cavaliers jusqu'au tanque de Las Limas, à quatre kilomètres de la place, pour y prendre l'eau nécessaire à la garnison, à l'hôpital militaire et à la boulangerie.

« Le 29 mars, un poste ennemi, en passant au pueblo Ojo de Agua, à cinq kilomètres de la ville, détourne à ce point l'eau qui vient alimenter les abreuvoirs. Le commandant Koek, avec cinquante cavaliers et une compagnie d'infanterie, courut rétablir le conduit. Le 31, l'ennemi le coupa de nouveau ; et il fallut le réparer le jour même. »

Pour empêcher ces actes d'hostilité, Clemmer aurait dû disposer d'un effectif de troupes plus considérable. Il ne pouvait, sans exposer la ville aux plus graves dangers, s'éloigner de son poste. Le 28 et le 29 mars, les ennemis battaient le pays environnant. Maîtres de toute cette étendue de territoire où les troupes impérialistes occupaient des villes fort éloignées les unes des autres, ils pouvaient opérer sans craindre de rencontrer les soldats de San Luis ou ceux de Matehuala. Clemmer s'était même montré fort audacieux les jours de combat, lorsqu'il avait poursuivi l'ennemi jusqu'aux montagnes [1]. « Le général Douai, écrit-il, m'avait d'abord blâmé pour cette affaire [2], parce que je m'étais avancé trop loin de Matehuala, mais après avoir lu mon rapport et réfléchi à ce que j'y avais expliqué, il m'a fait des compliments. Il m'a demandé mes états de services, voulant me proposer pour la dignité d'officier de la Légion d'honneur. Reste à savoir si le maréchal Bazaine jugera l'affaire comme le général Douai. »

Clemmer devient de plus en plus prudent. Il doit concilier maintenant le courage avec le sentiment de la responsabilité. Il se garde bien de chercher le danger pour avoir le plaisir de

[1] De Matehuala à Valle de Purissima, où un engagement eut lieu en janvier 1866, la distance est de seize lieues.

[2] Dans la lettre du général, il n'est question que de la reconnaissance à la Carbonera. Cette fois cependant, Clemmer n'avait conduit sa troupe qu'à cinq kilomètres de Matehuala.

combattre ; il a pour mission de défendre la
ville, de ménager ses hommes, dé tenir tête à
un ennemi plus fort sans le provoquer et sans
lui laisser prendre l'avantage. S'il avait voulu
se porter au secours de Catorce, il aurait fourni
aux rebelles l'occasion de lui couper la retraite.
Il le dit clairement : « J'appris qu'Escobedo,
s'étant fait précéder de cinq cents cavaliers environ, de deux ou trois cents fantassins et de trois
pièces d'artillerie, était arrivé, escorté de cent
autres cavaliers, à quatre heures de l'après-midi,
et que vers minuit, il était reparti avec le gros
des forces pour le Cedral, laissant deux cents
cavaliers à la Carbonera et cinquante autres à
Cerrito Blanco, tant pour couvrir ses derrières
que pour intercepter toutes les communications
avec la ville...... J'appris dans la même journée
qu'Aureliano Rivera se trouvait avec ses trois
cents cavaliers sur la route de San Luis, à dix
heures de marche de Matehuala. Escobedo put
donc opérer tranquillement sur Catorce, ayant
laissé entre le Cedral et notre ville une force de
cavalerie suffisante pour nous inquiéter et couper
toutes les communications... Il avait fait occuper
par sa cavalerie le Cedral, Vanegas, le Potrero
et Los Catorces. » Ainsi, le commandant est
forcé de rester cantonné dans Matehuala ; il ne
peut ni dégarnir la place ni compter sur le
secours du lieutenant-colonel d'Ornano, qui
commande à San Luis de Potosi.

L'ennemi avait pour tactique de s'emparer
des villes, de les piller et de les abandonner. Il

n'était pas en nombre suffisant pour tenir garnison dans les places conquises ; et, le succès une fois remporté, il se repliait sur San Antonio, à cinq lieues de Matehuala, où il avait concentré ses forces. Ainsi l'on comprend l'erreur des exploradores qui, le 31 mars, signalèrent à Clemmer le mouvement de retraite de l'ennemi. Des détachements nombreux, revenant du Cedral, passaient derrière la Cabonera, et se dirigeaient vers la Vinda par la route de Valle de Purissima. La Carbonera, Ojo de Agua, le Cerrito Blanco et les divers autres points occupés par les bandes furent abandonnés successivement. Enfin le soir, on apprenait, par un prisonnier échappé, qu'Escobedo, le général Espinoza, Pedro Martinez, Miguel Reyna, Aviles, Armenta et plusieurs autres chefs étaient réunis à San Antonio. On eut pu croire à une vraie retraite. Cependant Clemmer ne se laissa pas prendre à cette habile manœuvre. « Je voulus par prudence, dit-il, que les barricades fussent occupées pendant la nuit du 30 mars au 1er avril : je ne tardai pas à reconnaître combien j'avais eu raison. »

En effet, le 1er avril, dimanche de Pâques, au moment où le commandant sortait de la messe, la sentinelle placée sur l'église annonce qu'elle voit venir du côté de la montagne une épaisse colonne de poussière. Il est sept heures du matin. Clemmer regarde attentivement ; et, à l'aide de sa lunette, il distingue une colonne en marche. Le doute n'est plus possible. C'est l'ennemi qui s'avance en bon ordre. Et s'il faut juger du nombre par la poussière qui s'élève sur une grande étendue, l'attaque sera vigoureuse.

Vers huit heures et demie, plusieurs colonnes viennent se grouper successivement derrière le Cerrito Blanco. Le commandant ne peut se persuader que l'ennemi ose attaquer une place dont il connaît la garnison et les préparatifs de défense. A neuf heures, il aperçoit une première colonne de cavalerie, bientôt suivie de l'infanterie et de l'artillerie : ces forces se dirigent sur la ville. Peu d'instants après une deuxième colonne prend le même chemin.

On pouvait évaluer ces forces à cinq cents chevaux et à trois cents fantassins : ils marchaient en très bon ordre.

A trois kilomètres environ de la ville, les colonnes se serrent en masse et, presque aussitôt, deux escadrons se déploient en tirailleurs : l'infanterie et l'artillerie restent d'abord immobiles.

Clemmer n'a pas perdu de temps ; il a observé les mouvements de l'ennemi ; il a compris leur tactique et deviné leur plan d'attaque. Il a déjà pris ses dispositions de défense. « Ayant fait occuper, dit-il, la terrasse de l'église et le réduit par deux de mes compagnies et par les libérables, sous le commandement du commandant Koek, je m'étais porté au cimetière avec trois compagnies et la cavalerie. J'avais pris les dispositions suivantes : une compagnie en bataille barrant la route ; deux compagnies déployées en tirailleurs derrière des murs en pierres sèches, perpendiculairement au chemin suivi par l'ennemi ; ma cavalerie en bataille derrière ma ligne de tirailleurs. J'avais aussi avec moi vingt Belges armés de carabines, que je destinais surtout à atteindre les artilleurs, s'ils mettaient leurs pièces en batterie.

« J'attendis dans cette position, persuadé que mes troupes, dont l'entrain et le désir d'en venir aux mains avec l'ennemi étaient admirables, auraient vite fini de culbuter toutes les forces que nous avions devant nous, si l'attaque avait lieu de front.

« Les escadrons d'Escobedo, déployés en tirailleurs, se rapprochèrent à quinze cents mètres du cimetière et firent, arrivés à ce point, leur évolution à droite et à gauche, en laissant un peloton seulement devant la tête de la colonne. Il me fut facile de reconnaître que l'ennemi n'avait nullement envie de soutenir un combat en rase campagne et qu'il allait s'efforcer de pénétrer par un des points opposés à celui où je me trouvais. Je fus du reste confirmé aussitôt dans cette conviction en apprenant que l'officier, laissé par moi en observation sur l'église, signalait déjà, à peu de distance de la ville, l'apparition d'autres colonnes de cavalerie arrivant au galop par la route de Monterey et par celle de San Luis. J'étais cerné de tous côtés par des bandes dont l'effectif total pouvait être de douze à quinze cents hommes. Sans m'occuper plus longtemps de l'ennemi que j'avais devant moi, je jugeai prudent de rentrer pour tenir solidement les barricades. Trois

compagnies furent chargées de les garder ; cinq
Belges, armés de carabines, montèrent sur la
terrasse de l'église et je plaçai les autres aux
barricades n°s 3, 4 et 11, qui ferment des rues
droites et très longues.

« A onze heures, les premiers coups de feu
furent tirés sur la barricade n° 3, qui fait face
au cimetière. Mes hommes ripostèrent avec un
sang-froid remarquable et, en un instant, la rue
devint libre. Des groupes de cavaliers, courant
en tous sens autour de la ville avec une extrême rapidité, essayaient de pénétrer dans les
faubourgs et faisaient un feu roulant sur les
diverses barricades. Quoique encouragés par la
plèbe de la ville, dont l'immense majorité, j'ai
le regret de le dire, s'était jointe aux assaillants,
les cavaliers les plus hardis n'osaient approcher
à plus de cent cinquante mètres, parce que,
à cette distance, ils voyaient toujours tomber
quelques-uns des leurs.

« L'infanterie et l'artillerie s'étaient massées
au pueblo : après bien des tâtonnements, la
moitié de l'infanterie alla se ranger derrière le
tanque neuf, près de la route de San Luis, à
l'abri des balles. Les officiers d'artillerie cher-
chèrent une position derrière le tanque Colorado,
à deux ou trois cents mètres du réduit, pour
mettre leurs pièces en batterie. Mais, comme
ce point est dominé par la terrasse de l'église,
j'en fis constamment déloger l'ennemi par mes
sous-officiers les plus adroits qui, avec les carabines belges, purent tuer ou blesser la plupart

de ceux qui se présentaient. Quelques rares habitants, faisant cause commune avec nous, s'étaient portés sur les terrasses et tiraient sur tous ceux qui passaient à leur portée. Le bon exemple donné par ces braves gens me consolait un peu du triste spectacle qu'offrait la plèbe réunie aux bandes et vociférant de tous côtés : *Viva la libertad !*

« A trois heures, le feu redoubla tout à coup de violence du côté de l'ennemi. Les balles passant par-dessus les barricades et les maisons, venaient tomber nombreuses dans les rues centrales et sur la place du réduit. A ce moment, un de mes hommes, posté sur la terrasse de l'église, reçut dans le cou une balle qui détermina une blessure sérieuse. Une agitation extraordinaire se produisit sur tous les points de l'attaque. Des groupes de cavaliers passaient et repassaient devant les barricades, déchargeant rapidement leurs armes et poussant des cris furieux. Une partie de l'infanterie elle-même, revenue près du cimetière, semblait vouloir se porter en avant.

« Plusieurs officiers, courant et gesticulant au devant de cette troupe, paraissaient faire des efforts pour les entraîner. Ce fut, en un mot, un moment du surexcitation générale, qui me fit croire quelques instants à une velléité d'assaut contre la barricade n° 3. Mes hommes puissamment secondés par les tirailleurs belges, la défendaient avec une énergie remarquable, et, par un feu habilement entretenu, tenaient toujours balayée la longue et large rue qui, de ce point, aboutit au cimetière. N'osant pas s'y engager, un certain nombre de fantassins, conduits par des officiers à pied, se rapprochèrent des barricades nº 3 et nº 4 en se faufilant derrière les maisons et les murs en terre cuite ; mais, atteints par le feu des terrasses, ils se retirèrent bientôt et retournèrent au pueblo. J'espérais entendre le canon d'Escobedo, et j'attendais ce moment pour faire une sortie, courir aux pièces et les enlever. Soit crainte de les perdre, soit faute d'emplacement, l'ennemi ne les a pas placées en batterie.

A quatre heures cependant, je sortis par la barricade de San Luis avec mes cinquante chevaux et une section d'infanterie, pour repousser deux cents cavaliers mexicains et cent fantassins qui, depuis longtemps, étaient rangés en bataille derrière le tanque neuf. En nous voyant déboucher ils s'enfuirent, tout en déchargeant leurs armes.

« Ne pouvant pas m'éloigner de la ville, j'arrêtai ma poursuite à quatre cents mètres. Dans cette sortie, un cavalier, soldat du train libérable, reçut au ventre une balle qui détermina la mort presque instantanément. Un de mes hommes, qui était un peu en arrière, sur les digues du tanque, fut massacré par les Indiens du quartier.

« M. Van der Duyn prit trois chevaux, une mule et fit deux prisonniers. L'un deux était de la ville même et faisait le coup de feu avec l'ennemi. J'ordonnai de les fusiller immédiatement devant la population pour lui prouver combien peu ses démonstrations hostiles nous intimidaient.

« A cinq heures, une dernière tentative fut encore faite du côté du cimetière. Un soi-disant colonel, dont je n'ai pu savoir le nom, réunit de nouveau des forces considérables sur ce point et voulut les entraîner, m'a-t-on rapporté, en criant : *En avant pour le pillage de Matehuala, pour la mort de tous les Français!*

« Voulant donner l'exemple, il se porta sur la route aboutissant à la barricade nᵒ 3 ; mais presque aussitôt il fut renversé de cheval par une balle qui le blessa mortellement. La troupe s'empressa de rétrograder. A partir de ce moment, le feu se ralentit sur tous les points, et, à six heures, il avait complètement cessé. L'ennemi se repliait dans diverses directions. »

L'attaque de Matehuala était commandée par Pedro Martinez en personne. Escobedo observait les opérations du Cerrito Blanco. Presque toutes les bandes s'éloignèrent pendant la nuit. Le commandant Van der Duyn et le capitaine Robles, faisant une reconnaissance autour de la place, le 2 avril, au matin, dispersèrent quelques petits postes qui étaient restés en observation.

L'ennemi a eu trois officiers et dix-sept hommes tués ; le nombre des blessés était de trente à quarante environ. Du côté des Français il y eut un soldat tué et un caporal blessé, à la reconnaissance de la Carbonera ; deux soldats tués et un caporal blessé, à l'attaque de Matehuala.

Tous les officiers et soldats du bataillon de Clemmer montrèrent beaucoup de calme et de sang-froid au milieu du danger.

Le commandant savait rendre justice au mérite de ses subordonnés. Pour les récompenser de leur belle conduite, il la signalait, dans l'intérêt de leur avancement, au général Douai. Nous lisons à la fin de son rapport : « M. le commandant Koek m'a aidé et suppléé dans les moments difficiles. Cet officier supérieur m'a été d'un grand secours pendant la journée du 1ᵉʳ avril.

« Je dois citer aussi particulièrement M. Mornas qui, chargé de faire évacuer le pueblo par les libérables au commencement de l'affaire, a su maintenir l'ennemi à distance par son attitude ferme ;

« Je citerai également M. le capitaine Van der Duyn et M. le capitaine Robles pour leur belle conduite,

« Le maréchal-des-logis du train Moreau et le brigadier Malet, du 12ᵉ chasseurs, pour la vigueur et l'énergie dont ils ont fait preuve dans les charges qu'ils ont exécutées à la reconnaissance de la Carbonera et à la sortie du tanque neuf,

« Le fusilier Nichaus, pour le dévouement et le courage qu'il a montrés en relevant sous le feu de l'ennemi le soldat du train mortellement blessé et en le ramenant du milieu d'une population hostile,

« Le clairon Elis qui, seul sur une terrasse des plus avancées, a tué quatre Mexicains et blessé plusieurs. »

Clemmer faisait ainsi l'éloge des officiers et des soldats ; mais tous, autour de lui, faisaient son éloge, et le général Douai, plein d'admiration pour un si vaillant commandant, vient le féliciter à son tour en lui donnant la place d'honneur dans cette page de l'ordre du jour qui glorifie les braves :

« Dans cette affaire, où chacun a fait noblement son devoir, le Général de division signale particulièrement le détachement des libérables des corps à cheval, qui s'est vaillamment conduit en chargeant l'ennemi sur des chevaux prêtés par les habitants et qui a eu un homme tué.

« Il croit devoir citer :

« M. Clemmer, chef de bataillon, pour les bonnes dispositions qu'il a prises et l'énergie qu'il a inspirée à ses troupes, etc. »

Grâce à cette énergie et à la présence d'esprit du commandant, la petite ville a échappé au pillage. Il a fait preuve des vraies qualités de l'homme de guerre en déjouant successivement tous les plans de l'ennemi, en refoulant des troupes supérieures par le nombre, en rendant inutiles les projets de trahison des habitants de Matehuala, en faisant subir aux rebelles des pertes considérables et en épargnant ses propres troupes ; enfin il a su ménager à ses soldats l'occasion de se signaler par leur bravoure, sans les lancer imprudemment sur les points dangereux où les balles des assiégeants les auraient décimés. Tel est Clemmer aux grands jours de bataille. Il montre de la sagesse et de la prévoyance dans

les plans de stratégie; il observe, il réfléchit,
il inspire le courage à tous pendant l'action,
et, les opérations une fois terminées, il se montre juste pour ses hommes et rend exactement
compte à son chef des péripéties du combat.

Les rapports que Clemmer adresse au général sont des modèles de clarté et de précision.
Nous ne pouvons souhaiter, dans ce genre, rien de
meilleur, rien de plus instructif. Nous sentons,
en les lisant, que la main qui a tenu la plume
est la même main qui, la veille, tenait l'épée;
que l'esprit qui préside à la parfaite ordonnance des détails du récit est le même qui prési-
dait à la lutte et au groupement des pelotons
et des compagnies. La description n'y semble
point faite de mémoire; elle produit l'effet d'un
vigoureux dessin tracé pendant l'action, tant
il y a loin de cet énergique et pittoresque tableau à un laborieux exposé, écrit à l'aide de
réflexions et de souvenirs. C'est ce cachet de
vérité, ce mouvement, cette variété, cette couleur, qui expliquent l'attrait des pages que nous
devons à la plume du commandant. Il s'y
montre homme de guerre et bon écrivain; et
il nous charme à ce double titre, parce qu'il
ne songe ni à donner de l'éclat à sa phrase,
ni à donner du relief à sa personne. Sans
doute il se place au milieu du tableau, puisqu'il est le chef des soldats, l'âme qui communique à tous les héros du drame la force, le
courage, la sagesse, mais il n'insiste que sur
les faits, se bornant à expliquer le plan de l'une

et de l'autre armée. Il fait comprendre le but
poursuivi, les moyens employés, les résultats
obtenus. Il y a des détails si bien choisis, si
heureusement mis en lumière que, malgré la
rapidité du récit, nous ne saurions le lire
sans voir à la fois, comme dans une page des
Commentaires de César, tous les points sur lesquels l'action a été engagée, les groupes distincts, avec leur attitude et leur physionomie
dans le mouvement et la confusion de la lutte,
enfin le plan topographique, avec des perspectives largement esquissées, qui accompagnent,
comme un harmonieux décor, la scène du
combat. Clemmer racontant la défense de Matehuala ne fait que reproduire par écrit la vision
d'un éblouissant spectacle dont aucun détail ne
lui a échappé.

Un pareil tableau est d'un effet saisissant,
il parle directement à l'âme ; il nous touche
plus qu'une de ces belles toiles, où le peintre
offre à nos regards les horreurs d'une grande
bataille ; il captive l'intérêt mieux que ne le
ferait la page d'un habile historien, qui aurait
concilié dans son œuvre l'amour de la vérité
avec l'amour de l'art. Ne craignons pas de
dire que le compte rendu d'une opération militaire, quand il est l'œuvre de l'officier qui l'a
conduite, est au-dessus d'une œuvre d'art,
puisque l'art emprunte toujours à la fiction un
élément étranger à la vérité.

S'il est beau de commander des soldats, de
savoir décupler leurs forces par une habile tacti-

que et de repousser l'ennemi, il est beau aussi de
savoir expliquer dans un rapport concis et lumineux les péripéties du combat et les combinaisons stratégiques. On peut être bon officier
sans avoir le talent de rédiger un rapport irréprochable ; mais on ne saurait exceller dans ce
genre de travail sans être bon officier.

Clemmer reste victorieux dans la petite ville
de Matehuala. Ses ennemis le craignent, ses
soldats l'admirent, son général le félicite. D'un
autre côté, il est exposé à mille dangers, mais
il n'en est pas effrayé : autour de lui, la populace
fait cause commune avec les bandits du dehors ;
il déjoue leurs combinaisons, méprise leurs menaces, leur impose à tous par la vigueur de sa
résolution, l'habileté de sa tactique et la force
de ses armes. Il est en réalité le seul homme
qui puisse agir en maître dans la ville ; mais
il n'abuse pas de cette absolue autorité ; il a
assez de prudence pour la conserver, assez de
sagesse pour en être digne. « Le général Douai,
dit -il, approuve d'ordinaire tout ce que je décide
et fait grand cas des renseignements que je peux
lui faire parvenir, parce qu'il les trouve toujours
justes et réfléchis. Autant la correspondance
particulière me fait peur, autant j'aime la correspondance officielle avec un bon chef qui
comprend et qui juge sainement les choses. »

Ces qualités d'administrateur et ces qualités
d'homme de guerre méritent, ce semble, une
récompense. Le commandant ne peut pas en
souhaiter de plus glorieuse que l'estime de son

chef, après un beau jour de victoire, et le respectueux attachement de ses hommes ; mais il n'est pas indifférent aux distinctions qui sont comme un témoignage officiel de la dignité de l'homme. Les lauriers de la victoire lui paraîtront plus brillants le jour où il sera nommé officier de la Légion d'honneur. Il aspire à cette nomination et, sachant qu'il la mérite, il compte l'obtenir. Son espoir est d'autant plus fondé, que le général Douai a déjà porté le commandant sur la liste des officiers distingués qui devraient bénéficier des nouvelles promotions. Toutefois, le maréchal Bazaine ne subordonnait pas ses vues personnelles aux justes propositions du général. De son palais de Mexico, où il était loin des opérations militaires, il envoyait des ordres aux généraux, mais s'occupait de la politique bien plus que de la stratégie. Qui dira quelles étaient, déjà à ce moment, les pensées de cet homme ? Il avait plus d'ambition que de patriotisme. Peut-être voyait-il dans le désordre toujours croissant du gouvernement mexicain le présage de son élévation au rang suprême d'où Maximilien devait déchoir. Il pressentait le désastre et ne prenait pas le bon moyen de le conjurer, enveloppant de mystère son plan de campagne, comme s'il avait voulu « faire sa fortune particulière dans un coin de l'infortune publique. » Clemmer n'essayait pas de pénétrer les desseins du maréchal, mais doutait de sa clairvoyance ou de sa loyauté. Du moins on peut le supposer d'après les termes qu'il emploie pour parler de Bazaine, dans certaines lettres discrètes, pleines de réticences et qui font contraste avec les pages écrites à la glorification du général Douai, « ce bon chef qui juge sainement les choses. »

Avant la belle défense de Matehuala, le commandant espérait déjà sa promotion au rang d'officier de la Légion d'honneur; mais il redoutait l'opposition de Bazaine. Aujourd'hui il se figure que son mérite aura raison de l'indifférence du maréchal. « S'il ne veut rien me donner pour la première affaire, écrit-il, il me donnera quelque chose pour le succès remporté le 1er avril...... J'ai encore une fois entendu siffler bien des balles : aucune ne m'a atteint. J'avais pour me défendre cinq cent cinquante hommes contre quinze cents ennemis, infanterie, cavalerie et artillerie. »

Ce sont évidemment pour un officier de beaux titres à faire valoir; mais si dans le ruban de chevalier on ne voit quelquefois qu'une faveur, dans la rosette de l'officier on peut voir une faveur plus éclatante encore. Clemmer espère; il a trop de bravoure et de noblesse pour soupçonner le chef d'un parti pris d'injustice. Cependant il aura encore longtemps à attendre la distinction qu'il désire. Nul ne sait attendre mieux que lui : il a autant de patience que d'énergie; il sait que la patience est un des principaux éléments de la force de l'homme, une garantie de triomphe. Toute sa conduite est expliquée dans ces lignes qui résument les grands principes qui l'ont guidé toute sa vie :

« Je me suis proposé un but; et ce but, je l'atteindrai tôt ou tard, dussè-je y travailler encore dix ans et plus. Avec de la conduite et de la persévérance on vient à bout de tout. » C'est la maxime du sage; c'est aussi celle du héros. La patience est sœur de la confiance et de la foi, et « la foi, c'est la vraie victoire, celle qui met à nos pieds l'univers. »

Ainsi Clemmer ne manquait jamais de ce contentement intérieur qui alimente l'activité humaine; il avait, dans l'épreuve, son bon sens pour se consoler, les combats pour se distraire. Voici encore un jour de bataille qui approche. Ce sera une date mémorable et glorieuse dans la vie du commandant et dans les fastes du régiment Etranger. Les ennemis ont été repoussés, mais ils n'ont pas désarmé. Ils ont juré de pendre le défenseur de Matehuala et ils veulent faire une nouvelle tentative contre la petite garnison qui les a battus. Leur plan est deviné par Clemmer et leur projet échouera.

Les bandes de Pedro Martinez, Pedro Varrios et Avilez, en tout cinq ou six cents hommes de cavalerie, rôdaient depuis quelque temps entre Galeana, Potosi, Penuelo, Canelo, Palo Blanco et Vanegas. Enfin le 23 juin, elles étaient, en grande partie, réunies à Canelo.

Le 26 juin, toute la troupe, se mettant en marche, prit la direction de Salado. Pedro Martinez était commandant en chef : comptant, comme toujours, sur les bons résultats de la ruse, il avait voulu faire croire qu'il se disposait à attaquer ce poste. Clemmer n'ignorait pas que ses ennemis avaient pour tactique de chercher à lui tendre des pièges, en le trompant par d'habiles manœuvres. Aussi n'ajouta-t-il pas foi à la nouvelle que les chefs de bandes avaient répandue dans le pays. Il savait que les officiers des dissidents étaient avisés et ne publiaient pas plus que lui-même les projets qu'ils avaient conçus. Il fit donc observer de près leur marche afin de se rendre compte de leurs mouvements.

Le 28 juin, à dix heures du soir, les espions du commandant lui fournirent un nouvel appoint de renseignements. D'après les informations qu'ils tenaient de bonne source, les bandes étaient arrivées à Vanegas vers deux heures de l'après-midi ; elles venaient de Las Arrimas. Le chef devait tenter, disait-on, l'assaut de Matehuala et se disposait à enlever la ville par surprise.

Clemmer devinait que ces conjectures n'étaient pas fondées ; il écouta les récits, les confidences, mais demeura convaincu que les dissidents ne songeraient pas plus à attaquer Matehuala, qu'ils n'avaient songé à marcher sur Salado. « Pour moi, écrit-il, leur but était Catorce.

« J'organisai immédiatement une colonne légère de six officiers, cent soixante quinze hommes, sous les ordres de M. le capitaine Danton : 4e compagnie du 5e bataillon du régiment étranger, quarante-cinq hommes ; bataillon d'Afrique, capitaine Dupeyron, quatre-vingt-cinq hommes ; détachement belge, capitaine Dufour, quarante-cinq hommes. J'envoyai cet effectif à Catorce par le chemin de la montagne.

« Partie le 29, à une heure du matin, avec des vivres pour quatre jours et des munitions de réserve, la colonne arriva à Catorce à une heure après-midi.

« Je ne m'étais pas trompé ; l'ennemi, au lieu de venir à Matehuala, ne s'était avancé que jusqu'au Cedral, qu'il avait fait occuper par cent hommes, et il avait pris position avec trois cents hommes sur le chemin carrossable de Matehuala à Catorce par Los Catorces, chemin qui passe entre la montagne del Fraïle et le Cedral. Pedro Varrios, de son côté, ayant quitté Vanegas, dans la nuit du 28 au 29, avec deux cents hommes, s'était dirigé rapidement sur Catorce, où il arriva le 29, à sept heures du matin.

« Se croyant parfaitement à couvert par la troupe de Pedro Martinez, qui gardait la route du Cedral et celle de la Puente del Fraïle, il s'était contenté d'envoyer un poste de vingt-quatre hommes sur le Compromiso, point qui domine la ville de Catorce, à l'est, et qui garde la route de Matehuala par la montagne.

« Ce poste avait détaché quatre hommes en vedettes avancées. Le capitaine Danton, après une marche excessivement pénible dans les montagnes, où les Indiens mêmes ne passent que rarement, tomba à l'improviste sur les vedettes ennemies. Celles-ci, poursuivies par quelques hommes seulement, à qui il avait été recommandé de ne pas tirer, pour ne pas donner l'alarme au poste qui ne pouvait être loin, purent se sauver dans la montagne, sans toutefois avoir le temps de prévenir leur poste de notre approche.

« La colonne continua rapidement sa marche et, au bout de cinq minutes, elle se trouva au pied du Compromiso, à six cents mètres de la ville, forteresse naturelle, où, avec des pierres, quelques hommes bien déterminés tiendraient tête à un bataillon. Ce poste était gardé par vingt hommes.

« Le capitaine donna l'ordre à M. le lieutenant Peyreire, du bataillon d'Afrique, officier plein d'énergie, d'enlever cette position au pas de gymnastique avec trente hommes de bonne volonté. L'ennemi surpris eut à peine le temps de fuir en désordre. M. Peyreire put cependant leur tuer deux hommes de sa main et prendre quatorze chevaux du poste sellés et bridés, deux mousquetons, huit lances, et un fanion.

« Pendant ce temps, Pedro Varrios et sa troupe se délassaient en ville, imposant les habitants, pillant les magasins, surtout celui qui appartient à Don Zephirino Flores, préfet politique de Matehuala. Dans ce magasin, ils n'avaient laissé, en partant, que les étagères complètement dégarnies.

« En entendant les coups de feu de l'avant-poste et en voyant la troupe française descendre de la montagne, les dissidents furent frappés de panique et Pedro Varrios le premier prit la fuite du côté de Los Catorces, escorté seulement par deux déserteurs français. Ses soldats abandonnèrent une grande partie de l'argent versé par la ville à titre d'impôt de guerre, ainsi que toutes les marchandises.

« La colonne française arriva sur la place, acclamée par la population.

« M. le capitaine Carrère du bataillon d'Afrique se mit vivement à la poursuite de l'ennemi avec une centaine d'hommes des trois corps. De leur côté, les habitants poursuivirent les bandits à coups de pierres; ils leur tuèrent encore un homme et blessèrent mortellement le chef d'état-major de Pedro Varrios, le nommé Alexandre Aguirre, et plusieurs soldats. Ils prirent deux chevaux et une mule chargée de marchandises volées. Alexandre Aguirre était du Cedral et il était passé dans les bandes depuis une vingtaine de jours seulement. Il mourait le 1er juillet des suites de ses blessures.

« Pendant ce temps, le capitaine Danton, qui gardait la ville avec le reste de la troupe, fit appeler les autorités locales. Le sous-préfet et l'alcade de l'Ayuntamiento[1] avaient disparu à l'approche de l'ennemi ; il n'y avait plus en ville qu'un vieux juge qui ne put donner aucun renseignement.

« M. Danton fit alors fouiller quelques maisons que la populace lui avait indiquées comme

---

[1] *Ayuntamiento*, mairie.

des endroits suspects, capables de recéler des ennemis. En effet, il trouva dans une de ces maisons le nommé Bartholo Chavez, officier, et, à l'entrée de la mine de San Agustin, le lieutenant-colonel Castro de Rio Verde. Ces deux ennemis pris les armes à la main furent fusillés. Il s'empara en outre de huit chevaux, deux mulets, cinq selles et neuf lances.

« Après le succès de ce coup de main, le capitaine Danton prit ses dispositions en prévision d'un retour offensif et me rendit un compte succinct de l'affaire. Persuadé que l'ennemi n'avait nulle envie de retourner à Catorce pour prendre sa revanche, j'ordonnai à M. Danton de faire séjour le 30 afin de laisser reposer sa troupe et de réinstaller les autorités, puis de rentrer à Matehuala le 1er juillet par le Cedral, l'informant que je ferais observer la route et qu'au moindre danger, je me porterais à son secours avec une bonne portion de la garnison et avec le peloton de cavalerie qui me restait. »

Clemmer ne s'était donc pas laissé abuser par les démonstrations insidieuses de l'ennemi. Il avait, au contraire, pénétré les desseins de Pedro Martinez et avait déjoué les combinaisons de sa tactique. Les faits justifièrent ses prévisions, et le petit détachement envoyé contre les bandits remporta un brillant succès. Les bandes mexicaines ne pouvaient plus douter de la supériorité que l'art et le courage donnaient aux Français : ils en avaient fait preuve dans cette guerre à la fois offensive et défensive. Tant de défaites subies coup sur coup inspiraient aux ennemis la crainte du commandant et les forçaient de considérer la petite ville de Matehuala comme une position redoutable, contre laquelle il n'y avait aucune tentative à faire. Catorce même, où ils avaient triomphé si facilement au mois de mars, avait failli devenir leur tombeau, tant avait été soudaine et bien dirigée l'attaque des Français qui les avaient mis en déroute.

L'ennemi, délogé de Catorce, n'eut pas seulement à regretter ses morts et ses blessés ; il perdit encore environ soixante-dix hommes qui profitèrent de la confusion du départ pour déserter. Ce fait fut confirmé par deux de ces déserteurs qui revinrent à Matehuala, d'où ils avaient été emmenés de force le 1er avril.

Après ce revers, les bandes s'étaient retirées à Palo Blanco, et la petite colonne commandée par le commandant Danton rentra sans obstacle à Matehuala le 1er juillet à cinq heures du soir, comme Clemmer l'avait ordonné et prévu. Elle avait accompli des prodiges d'énergie et de sang-froid. Grâce à sa promptitude et à l'habile exécution du plan tracé par son chef, elle avait joué un rôle glorieux, ajoutant une nouvelle page au livre d'or du régiment et sauvant d'un second désastre une ville déjà cruellement éprouvée par les maux de la guerre. En effet, Catorce fut cette fois épargnée ; elle n'eut pas à déplorer le pillage et les exactions qui auraient achevé de la ruiner, si les bandes avaient pu renouveler le succès qu'elles avaient remporté naguère sous le commandement d'Escobedo.

C'est Clemmer qui semble avoir le mieux réussi dans la lutte contre cet ennemi toujours prompt à attaquer, à fuir, à reformer son effectif et à profiter de la complicité d'une population plus attachée à la cause républicaine qu'à l'empire. Déjà en 1865, nous avons vu les menaçants progrès des guerilleros : c'est à peine si les Français se sentaient assez nombreux pour arrêter les bandes qui rançonnaient le pays de Saltillo et de Matamoros. « Le général Douai avait été chargé de dégager les Etats de San Luis et de Tamaulipas, mais les bandes se reformaient pendant ce temps-là, du côté d'Oajaca et dans l'Etat de Puebla, pays occupé par les Autrichiens. Les républicains enlevaient des villes situées à dix lieues à peine de la route de La Vera Cruz à Mexico. La route de Puebla à La Vera Cruz se couvrait de bandes, ainsi que l'Etat de Méchoacan, de plus en plus ravagé et désolé. »

Les mesures de rigueur prises contre cet ennemi insaisissable avaient achevé de l'aigrir et le rendaient plus terrible. Dès le 11 octobre 1865, les chefs militaires reçurent du maréchal Bazaine cette note confidentielle :

« Tous les bandits, y compris leurs chefs, ont été mis hors la loi par le décret impérial du 3 octobre 1865.

« Je vous invite donc à faire savoir aux troupes sous vos ordres que je n'admets pas que l'on fasse des prisonniers. Tout individu, quel qu'il soit, sera mis à mort, aucun échange de prisonniers ne sera fait à l'avenir. »

Ainsi la lutte devenait plus sanglante et les opérations militaires se poursuivaient activement contre « un ennemi toujours battu et toujours combattant. » Les bandes qu'on croyait détruites se reformaient chaque jour ; elles trouvaient de nouvelles recrues dans les gardes rurales.; « et les populations, loin de venir en aide aux Français, s'enfuyaient à leur approche pour ne pas s'exposer à de cruelles représailles ; car à peine les Français s'éloignaient-ils d'une ville, que les Mexicains y entraient et frappaient d'énormes contributions les habitants. Les Français revenus, les malheureux citadins subissaient de nouvelles contributions pour avoir reçu les Mexicains et maudissaient une intervention qui les plaçait sans cesse entre l'enclume et le marteau. » Tel est le tableau qu'on a pu faire des désordres au Mexique, d'après une lettre du colonel Bressonnet au général Frossard.

Matehuala était, comme on le voit, une ville prévilégiée entre toutes. Depuis que Clemmer était chargé de la défendre, elle n'avait rien à craindre des dissidents, et les villes voisines même profitaient de la protection toute chevaleresque du commandant et de ses hommes. La vertu du chef habituait les soldats à la constante pratique des règles du devoir et de la justice. Les tristes exemples qu'on eut alors sous les yeux, dans les différents corps de troupes au service de Maximilien, n'exercèrent point leur dangereuse influence sur la garnison de Matehuala. Cependant il y avait là un mélange de soldats de diverses armes et de diverses nations; et cette promiscuité, qui était une cause de désordre sur les autres points du théâtre de la guerre, ne provoquait dans la petite place ni tiraillements ni conflits. Clemmer avait sous ses ordres, avec le contingent français, un effectif de Belges. Les Belges et les Autrichiens n'étaient que des auxiliaires à la solde du Mexique.

La belle conduite des soldats de Matehuala et de leur chef les honore d'autant plus, que l'indiscipline faisait partout de lamentables progrès. Certains officiers, et des plus haut placés, donnaient de si tristes exemples, qu'ils ruinaient leur prestige, pendant que les soldats, enhardis à manquer de respect envers de tels chefs, perdaient rapidement leurs meilleures qualités. Nous sentons toute l'indignation qui troublait le cœur du lieutenant-colonel de Galiffet, le jour où il écrivait ces lignes : « Je croyais mes hommes indisciplinés et ivrognes. Je ne les savais pas lâches. J'ai eu la chance de tomber au petit jour sur un ennemi retranché de tous côtés ; ma troupe, accueillie par un feu plus violent que meurtrier, a commencé par lâcher prise et ce n'est que quand tous les officiers se sont mis en avant, que j'ai pu chasser l'ennemi et lui tuer du monde. Les hommes, après ce combat, n'avaient pas même la satisfaction du résultat obtenu. J'ai eu la chance de n'avoir que deux hommes tués et deux chevaux, et malgré cette perte insignifiante, quelques uns ont été entendus disant : « Ah, bon ! s'il faut maintenant se faire casser la tête, je n'en veux plus. »

Les hommes qui entouraient le commandant étaient autrement disciplinés et braves. Terribles pour l'ennemi, ils faisaient prévaloir par la force les sentiments d'humanité. Nous connaissons les noms des meilleurs d'entre ces soldats. Clemmer les inscrit avec orgueil sur la liste des combattants qui ont bien mérité de la juste cause. Après avoir détaillé les pertes de l'ennemi à Catorce, et déclaré avec une légitime satisfaction que sa colonne « n'a eu ni tués ni blessés, » il arrive à cette brillante énumération des braves :

« Je dois citer d'une manière particulière :

« M. le capitaine Danton, du régiment Etranger, pour l'habileté avec laquelle il a commandé sa troupe pendant cette sortie et pour le résultat qu'il a obtenu,

« M. Peyreire, sous-lieutenant au 23e bataillon d'infanterie légère d'Afrique, pour l'élan, l'énergie et le courage dont il a fait preuve en enlevant le fortin du Compromiso, où il est arrivé le premier et où il a tué un homme de sa main,

« M. le capitaine Carrère, du même corps, pour avoir poursuivi l'ennemi avec sa vigueur habituelle,

« Le sergent Serpe, du même corps, sous-officier intelligent, plein de courage et de dévouement,

« Le sergent-fourrier Martin et le caporal Ek, du régiment Etranger, pour avoir été toujours en tête, à la poursuite de l'ennemi,

« Le fusilier Nezebrouck, du même corps, pour avoir pris trois lances et tué un ennemi,

« Le caporal Grange et le chasseur Dehaeseler, du corps belge, pour leur belle conduite à la prise du Compromiso. »

Heureux les officiers et les soldats, quand ils ont un chef capable de les apprécier et de les signaler à l'attention bienveillante de ceux qui peuvent récompenser les belles actions ! Les hommes qui se distinguèrent à Matehuala et à Catorce avaient à côté d'eux le meilleur protecteur. Le commandant eut soin de mettre leurs noms sous les yeux du général Douai, et ce ne fut pas peine perdue. Les justes éloges produisirent leur effet : un caporal fut nommé sergent ; deux sergents devinrent aussitôt sergents-majors; quatre autres reçurent la médaille militaire ; deux officiers obtinrent les insignes de chevalier de Guadelupe; deux capitaines furent nommés chevaliers de la Légion d'honneur.

Tel était le résultat des témoignages d'estime que le commandant prodiguait à ses subordonnés. Moins efficace la protection dont il aurait dû bénéficier lui-même. Il relève avec une visible satisfaction les récompenses accordées aux braves de sa garnison; il en est fier parce qu'il y a contribué; il en est heureux parce qu'elles font honneur au corps qu'il commande; puis, arrivé à la fin de la liste, il ajoute d'un ton parfaitement résigné et avec une sorte de sourire : « Pour moi, *nada todavia*... Cela viendra... peut-être. »

Pendant que le héros de Matehuala passait son temps à combattre l'ennemi et à assurer la tranquillité de la ville dont il avait la garde, ses parents apprenaient que les évènements se précipitaient dans ce pays troublé par la guerre et l'anarchie. Grande inquiétude pour leur fils ; le commandant avait beau leur envoyer des lettres pleines d'intéressantes nouvelles, leur dire que les balles et les maladies ne pouvaient l'atteindre; ils avaient reçu autrefois de leur fils Auguste des lettres aussi rassurantes, lorsqu'il se disait « invulnérable », et Auguste était mort. Ils se laissaient aller à de sombres conjectures. L'admiration pour tant de glorieux combats, l'honneur d'avoir donné le jour à un homme qui remportait des victoires ne les dédommageaient pas des angoisses de l'heure présente. La gloire des armes ne s'acquiert point sans danger, et la pensée de tant de hasards auxquels Charles était exposé envenimait toute joie dans le cœur des deux vieillards. Le commandant connaissait leur chagrin et espérait y porter remède en donnant à ses lettres le ton de la gaieté : « Je vous ai promis quelque chose qui vous amusera, leur écrivait-il. Lisez le rapport ci-joint et ne tremblez pas, puisque le danger est passé... » Cependant les parents tremblaient, sachant bien que le danger passé donne l'exacte mesure du danger à venir. L'orgueil paternel aux prises avec l'amour paternel est toujours condamné à avoir le dessous.

Non seulement il eut le dessous, mais, cette fois, l'amour paternel se montra plus exigeant qu'après la guerre de Crimée, lorsque son cri d'alarme fut entendu à Paris, à Alger, à Sétif. Maintenant cette voix attendrie arrive souvent à Matehuala. Le commandant ne sait comment satisfaire des cœurs si curieux, si impatients, si troublés d'inquiétude. Il leur faudrait plus de lettres que Clemmer n'a le temps d'en écrire, et, ce qui est absolument au-dessus de son pouvoir, chacune de ses lettres devrait arriver au jour convenu. Le commandant en vient à adresser à ses parents de doux et justes reproches. « Je vois avec peine, leur écrit-il, que vous ne pouvez pas vous corriger. Dès qu'un bateau a un peu de retard et que le facteur ne vous apporte pas une de mes lettres juste au jour et à l'heure que vous vous êtes désignés d'avance, vous voilà tout inquiets. Je dois être malade ; non, je suis blessé. Une troisième commère arrive : le commandant n'a pas écrit, c'est qu'il est mort. Et voilà comme vous vous montez l'imagination. Rappelez-vous donc ce proverbe : Pas de nouvelles, bonnes nouvelles. S'il ne dit pas toujours la vérité, du moins il console et fait espérer.

« Dans vos dernières lettres, vous ne parlez que du choléra qui partout sévit dans vos environs. Si j'étais aussi peureux que vous, vous seriez déjà morts vingt fois dans mon imagination. Eh bien ; pas du tout ! Je n'y pense même pas. Car je vis toujours avec l'espérance de vous revoir. Vous êtes vieux, c'est vrai ; mais pas assez pour mourir. »

A ces conseils du philosophe s'ajoutent de temps en temps les exhortations et les réflexions du chrétien. La religion a des remèdes contre les tristesses de l'inquiétude, parce qu'elle réveille dans l'esprit la pensée de la Providence, qui peut seule conjurer le danger. Clemmer le sait mieux que tout autre.

Après avoir égayé ses parents par quelque trait d'esprit ou une plaisante anecdote, il reprend un ton sérieux pour leur bien faire croire qu'il a raison d'être tranquille, lui, et qu'ils auraient bien tort, eux, de vivre dans les alarmes. Un jour nous l'entendons qui s'exprime en ces termes : « Vous me direz que je ne vous raconte que des niaiseries qui, pour vous, n'ont pas le moindre intérêt. J'en conviens ; mais cela vous prouve que je me porte bien et que j'ai le cœur content. De plus, si je vous tiens des propos frivoles, c'est que je n'ai rien de sérieux à vous dire.

« Pour le moment, les bandes qui tiennent la montagne restent bien tranquilles. Leurs chefs observent la marche du général Douai vers le nord. Peut-être, quand ils le sauront à cinquante ou à quatre-vingts lieues d'ici, viendront-ils du côté de Matehuala. C'est ce que je demande : en attendant je dors sur les deux oreilles, comme si j'étais à Méteren. »

De telles lettres sont à la fois enjouées et graves, prudentes et vraies ; elles sont également instructives et rassurantes. Le commandant excellait dans ce genre. Mais, après avoir communiqué à ces pages la grâce de son spirituel sourire, après avoir fait preuve de bon caractère et de bon sens, il emploie, pour consoler ses parents, la suprême ressource de son âme. Il les invite à unir leur pensée à la sienne par la prière que féconde la commune intention. « Allez de temps en temps à la messe, écrit-il, et ne faites pas de bruit autour de vous. » Il condamne la tristesse qui, sans le sentiment religieux, demeure stérile pour l'âme. Il sait bien que, dans la vie, on doit tenir compte de la souffrance, du chagrin et du danger; mais il ne veut pas qu'on y voie trois obstacles capables de barrer le chemin ou de retarder la marche en avant. Pour franchir l'obstacle, on ne peut se dispenser de redoubler de courage et de vigueur; et si les forces humaines ne suffisent pas, le ciel y pourvoira. Que l'on agisse comme si le succès de l'action dépendait de l'initiative personnelle, que l'on espère comme si tout succès dépendait uniquement de Dieu. C'est le bon et salutaire principe dont Clemmer paraît s'être inspiré.

Toutefois ne croyons pas que cette sagesse, en lui, fût le fruit de l'étude et de la réflexion. Elle était simplement le fruit de l'éducation qui dispense la raison de se livrer à des recherches dans le mystérieux domaine où elle courrait grand risque de faire fausse route. Le commandant garde l'ensemble des croyances que lui ont données ses parents. Toutes les maximes de la vieille race flamande lui sont familières. Il était sûrement compris de ses parents quand il leur écrivait : « Priez bien que l'ennemi se montre et qu'il me laisse la victoire. » Rien de plus simple et de plus aimable que la formule chrétienne dans la bouche du courageux officier qui sacrifie tout à la droiture et à la vérité et ne sacrifie aucune des bonnes traditions de la famille. Chez lui, le sentiment religieux a toute la force d'une conviction inséparable de l'âme elle-même et n'a rien de commun avec le raffinement d'une dévotion exaltée ou artificielle ou calculée. L'esprit de religion, tel que le concevait Clemmer, est autrement élevé et grand ; c'est le don de Dieu par lequel nous vivons en paix avec nousmêmes et avec les autres, le corollaire de l'esprit de charité qui, selon la parole de l'Apôtre, distingue le vrai serviteur du Christ. Il y a loin de là à cette piété mal entendue où l'amour propre et l'intérêt même trouvent leur compte.

On ne saurait douter que les grandes convictions ne soient autant d'éléments de force et de courage pour l'homme exposé ici-bas aux coups de l'adversité et condamné à s'aguerrir par l'épreuve. Elles donnent de la solidité au caractère et de l'élévation à l'esprit ; elles sont une garantie de fermeté et de constance. Qu'on les supprime, et toute l'énergie humaine tombe en même temps. Une seule conviction, pourvu qu'elle soit noble et juste, peut faire un héros. Nous en trouvons deux, bien fortes et pures dans l'âme du commandant, c'est la foi et l'amour de la patrie.

Dans sa vie, le héros et le chrétien nous apparaissent quelquefois en même temps et comme rapprochés à souhait par un saisissant concours de circonstances. Le 1er avril, jour de Pâques, Clemmer court de l'église au combat et ne sort du combat qu'avec la victoire. C'est ainsi qu'il comprend ses devoirs et qu'il sait les concilier sans préjudice de l'un ou de l'autre. Peut-être trouva-t-il entre eux, cette fois, un rapport providentiel. Certes, il pouvait se flatter, après ce succès inattendu, d'avoir glorieusement employé une journée qu'il avait commencée par un acte de foi.

Ici, nous apercevons au même plan la messe et la bataille : Clemmer n'avait ni prévu ni préparé ce rapprochement. Mais quand les circonstances le permettent, il réunit volontiers l'élément religieux et l'élément militaire. C'est ainsi que nous voyons encore dans un même tableau les cérémonies de l'église et la fête de la garnison, pendant le séjour du général Douai à Matehuala. « Le jour de son arrivée, dit Clemmer, j'ai été le recevoir à la tête de tous les officiers de la garnison et d'un peloton de cinquante cavaliers mexicains. Le préfet, le préfet municipal et les conseillers municipaux dans leurs plus belles voitures, la musique de la ville et une grande partie de la population se sont rendus avec moi au devant du général, à une lieue de la ville. Il s'est montré charmant ; il a eu de bonnes paroles pour tout le monde, et chacun est revenu content. En entrant en ville, il a vu toutes les maisons pavoisées ; on sonnait toutes les cloches. Il m'a demandé pourquoi j'avais fait faire tant de tapage et tant de dépenses pour le recevoir. Je lui ai répondu que tout ce qu'il voyait était dû à l'initiative des habitants. Ce n'était pas tout à fait vrai, mais je savais que ce petit mensonge lui ferait plaisir...... J'ai conduit le général à la messe militaire. L'église est médiocre, mais ce jour-là, elle était belle. M. le doyen lui-même a dit la messe pour faire honneur à son illustre visiteur. »

A ce dernier trait qui achève le tableau, l'homme se révèle. Clemmer n'oublie pas de parler de la messe dans la description qu'il donne de la grande réception : il a bien vu que l'église était ornée ; il sait par qui l'office a été célébré. Quand il passe par quelque ville, il a soin, nous l'avons déjà remarqué, de visiter les églises. Il se rend compte du sentiment religieux de la population, il observe même les prêtres et se fait une assez juste idée des devoirs qu'impose la dignité ecclésiastique. Toutefois, il se garde bien de porter un jugement sur ce qui ne relève pas de sa compétence. Il admire la sainteté des prêtres de son pays ; il se contente d'un parallèle rapide entre eux et ceux du Mexique : c'est assez. Il met sous nos yeux, en quelques mots, le résultat de cette comparaison. « Je ne vous dis rien des prêtres mexicains. Qu'il vous suffise de savoir qu'ils sont à cent coudées au-dessous de notre clergé de France. »

On sent, dans cette parole du commandant, une sorte de tristesse qu'on ne retrouve pas dans la peinture qu'il fait des mœurs et de la religion du peuple mexicain.

« Le Mexicain, (j'appelle ainsi l'homme de sang espagnol et indien) est généralement orgueilleux et ignorant, d'un amour-propre ridicule, fanfaron quand il est loin du danger ou en présence de ses inférieurs, lâche en face du péril, plat valet devant son supérieur, et brave cependant devant la mort, quand il sait qu'elle est inévitable et quand il a pu se confesser. On a déjà fusillé beaucoup d'individus dans ce pays, pour une cause ou pour une autre : et il y a eu peu d'exemples de faiblesse au moment suprême.

« L'Indien est réellement la bête à bon Dieu, ne connaissant rien de ses devoirs d'homme ou de citoyen. C'est toujours le plus fort ou le dernier venu qui a raison pour lui. L'Indien ne voit rien au-dessus de son église, de son *patre* (prêtre) et de celui qui le frappe ou l'exploite par n'importe quel moyen. C'est certainement le chrétien le plus fanatique du monde. Mais quelle religion ! et quelle ignorance ! Je ne puis définir un tel homme qu'en l'appelant chrétien idolâtre ; car, après avoir fait ses dévotions à l'église, donné toutes les marques d'une ferveur exemplaire, il rentre chez lui et fait brûler des cierges devant ses anciennes idoles. Enfin, c'est l'homme abruti, et nous savons par qui, l'homme qui ne raisonne pas et qui est incapable de raisonner, mais qui fait des offrandes et paie cher ses fêtes. »

Clemmer est de ceux qui, dans leurs voyages et dans leurs rapports avec les étrangers, trouvent mille sujets d'étude et de réflexion. Dans les moments de loisir que lui laissent les marches et les combats, il observe minutieusement les traits de physionomie qui distinguent les divers peuples. Il s'est fait une juste idée du type africain, des mœurs turques, de la civilisation cochinchinoise. Aujourd'hui il cherche à démêler les instincts de race, le caractère, les goûts qui dominent dans la société mexicaine. Les résultats de ses investigations sont d'autant plus sûrs, qu'il se mêle volontiers lui-même aux réunions d'hommes, où l'observateur a directement sous les yeux tout ce qui peut satisfaire sa curiosité. A Matehuala, nous le voyons fréquenter les habitants, et il les connait si bien, qu'il exerce sur eux une extraordinaire autorité. Il n'a qu'à commander et ses ordres sont exécutés. Un tel ascendant prouve qu'il avait étudié le caractère de la population.

Il profitait ainsi de ses qualités d'observateur et prenait même plaisir à analyser et à décrire ce qui avait frappé son attention. La nourriture, l'habitation, le costume l'intéressaient beaucoup. Étonné d'abord de la pauvreté de la campagne, au Mexique, et des misérables produits de la culture, il s'était demandé de quoi le peuple se nourrissait. C'était un vrai problème pour son esprit. «Cette énigme m'a été expliquée plus tard, écrit-il. Dans ce pays, il y a des gens qui ne mangent jamais de pain. Un grand nombre même n'en mangent que fort rarement. Ils se contentent de quelques tortiles de maïs, ne portant jamais à la bouche ni pain ni vin ; je crois même qu'ils ignorent l'existence de ces bonnes choses. Enfin la plupart de ces malheureux ne vivent que de figues de Barbarie, de courges et de quelques fruits sauvages qu'ils vont chercher même assez loin. Inutile de vous dire que les riches et habitants des villes vivent ici comme partout ; cependant la tortile de maïs remplace souvent le pain, surtout pour les femmes.

« Les femmes de la classe aisée ne mangent de pain que le matin, avec leur chocolat. La bonne société fait trois repas par jour : le chocolat, le matin, *el chocolate*, le dîner, à une heure après midi, *almuerzo comida*, et le dîner, à huit ou neuf heures du soir : c'est la *cena*.

« De Mexico à Queretaro le pays est assez riche et fertile en blé, maïs, orge et légumes. De Queretaro à San Luis, il n'y a que de maigres produits agricoles. De San Luis à Matehuala, il n'y a rien que quelques champs de maïs de distance en distance. Les villages qu'on rencontre sur la route sont des plus misérables; la population indienne fait pitié.

« Le costume national mexicain a son cachet particulier. Riche et assez joli, il consiste, pour les hommes, en un *sombrero* (chapeau), une chemise, une cravate, un gilet, une veste et un pantalon. Le *sombrero*, dont la calotte est très basse et les rebords très larges et complètement horizontaux, les préserve parfaitement des rayons du soleil. Le cordon du chapeau est en fil d'or ou d'argent. Le dessous du rebord est brodé, orné de fleurs ou autres dessins en or ou en argent, selon la fortune de la personne.

« J'ai vu à Mexico des chapeaux qui coûtaient cent piastres. Le Mexicain porte la cravate à la française, de même le gilet, mais toujours à fleurs ou broché. La veste est courte, le pantalon est long. La suprême élégance est d'avoir un pantalon garni, sur la couture extérieure, du plus grand nombre possible de grelots d'argent, de médailles et même de pièces de monnaie. La chaussure ne diffère pas de la nôtre.

« Les femmes s'habillent à peu près comme les Françaises. Robes de soie, crinolines, pantalons qui descendent trop bas ; jamais de chapeaux. Elles le remplacent par le *rebozzo*, sorte de châle long, dont elles s'enveloppent les épaules et souvent la tête avec beaucoup de grâce. Elles fument toutes la cigarette. De son côté, l'homme porte un vêtement qu'on appelle *sarope* ; il s'en sert comme la femme du *rebozzo*. Le *sarope* est une sorte de cache-nez très ample, quelquefois même en belle étoffe, soie ou cachemire.

« L'Indien porte pantalon, veste et gilet de peau de bête. Son pantalon a les jambes ouvertes jusqu'aux genoux. La femme indienne n'a qu'une chemise très courte et, par dessus, un jupon de couleur. Jamais ni corsage, ni bonnet ; c'est le *rebozzo* qui en tient lieu.

Hommes et femmes vont pieds nus et ne songent pas à vêtir leurs enfants avant l'âge de dix ans.

« Le Mexicain aime les beaux chevaux et le harnachement de luxe. La selle a beaucoup d'analogie avec la selle arabe, chargée de dorures et plaquée en or ou en argent. Toutefois le cheval mexicain est loin de valoir le cheval français ou arabe. »

Telles sont les grandes lignes d'une description où le commandant fait passer sous nos yeux les différentes classes de la société mexicaine, avec leurs costumes et les principaux traits de leur physionomie ; mais ce ne sont là que des données fournies par une observation superficielle. Son regard pénètre plus profondément dans la masse de la population : il a soin d'analyser les tendances de l'aristocratie et de la populace ; il démêle, au milieu des passions violentes qu'exaltent le sentiment de la lutte et le progrès de l'anarchie, les nombreux éléments de désordre en fermentation dans la société, le caractère dominant des hommes parmi lesquels il vit. Il connait l'âme de ces gens-là, il les comprend, les juge, mais ne les admire pas. « Je suis fort peu mexicain jusqu'à présent, dit-il, et j'espère bien ne le devenir jamais. »

Il ne saurait pardonner aux Mexicains leur égoïsme, leur cupidité, leur inconstance, leur rapacité. Ce n'est pas qu'il les trouve incapables de sentiments nobles et désintéressés, mais son bon sens condamne chez eux l'imprévoyance et l'irréflexion. Attendons : le jour n'est pas loin où le commandant connaîtra mieux encore et jugera plus sévèrement ce peuple. Quand il le verra lâche devant les rebelles, prompt à se joindre aux ennemis de Maximilien, prêt à toutes les infidélités et à la trahison ; alors Clemmer dira avec pitié et mépris : « Le peuple mexicain ne sait pas ce qu'il veut. »

Cependant les symptômes de dissolution se multiplient autour du trône chancelant de l'empereur. Désordre dans l'armée, désordre dans les finances, désordre dans toutes les branches de l'administration. On disait déjà que « le maréchal Bazaine aurait à procéder avec toute la diligence possible au rapatriement de l'armée en ne tenant compte que des convenances militaires et des considérations techniques dont il serait seul juge. » Maximilien voulait abdiquer le 7 juillet, jour de sa fête ; et il l'aurait fait, sans l'opposition énergique de l'impératrice.

Peu à peu les troupes françaises se replièrent dans la direction de Mexico. Clemmer reçut l'ordre de quitter Matehuala. Il s'éloigna, bien à regret, de la ville qu'il avait vaillamment défendue, qu'il avait tant de fois sauvée du pillage, qu'il aimait et qu'il aurait voulu protéger plus longtemps, contre les bandes de dissidents. A ce regret vint s'ajouter un sentiment plus pénible encore le jour où le commandant, déjà installé à San Luis de Potosi, apprit que Matehuala serait définitivement abandonné par les troupes françaises. Alors il s'écria avec l'accent de la vraie tristesse : « Ma pauvre villotte de Matehuala, où j'étais si bien et où je m'étais fait aimer des gens honnêtes et fait craindre des gueux, doit être abandonnée par l'armée française. »

Il en était parti lui-même le 24 juillet « comme une bombe », à huit heures du matin, laissant le commandement supérieur à M. Guilhem, colonel du régiment Etranger. Il s'était dirigé sur Saltillo avec ses deux cent cinquante hommes et peu de jours après, il arrivait à San Luis, à la tête d'un millier de soldats, fantassins, cavaliers, artilleurs, auxquels on avait joint un convoi de deux cents malades.

Il avait eu à faire une marche de cent lieues à travers un pays infesté d'ennemis ; mais il n'en rencontra pas sur son chemin.

Il devenait évident pour lui que l'intervention française demeurerait impuissante devant le nombre toujours croissant de l'armée républicaine. Aujourd'hui, il ne dissimule pas sa pensée quand il rend compte des succès de l'ennemi. « Escobedo, Travino, Narango, etc... ont pris sur les troupes de Mejia un convoi d'un million et demi de piastres, et quelques jours après, ils ont enlevé la ville de Matamoros. Je n'ai donc pas besoin de vous dire que nos affaires vont mal dans le nord du Mexique, et je puis vous affirmer, à vous qui ne le savez probablement pas, qu'il en est de même à peu près sur toute l'étendue de l'empire.

« La Sonora, la Sinaloa sont perdues pour nous. On tire des coups de fusil jusque dans Mazatlan.

« Le Michoacan et la Huesteca sont soulevés, ainsi que la plupart des provinces du sud. Le Tamaulipas appartient aux dissidents depuis longtemps, sauf le port de Tampico qui est bloqué par eux.

« La malheureuse affaire de Parras et la nouvelle officielle de l'évacuation du Mexique dans un délai de dix-huit mois ont fait le plus grand tort à l'intervention.

« Je renonce à vous dire ce que les libéraux ont gagné de partisans depuis que ces bruits ont été répandus et exploités par eux. »

Telle est la situation de l'armée française au moment où Clemmer quitte Matehuala. Il trouve l'ennemi si complètement maître du pays, qu'il juge prudent de faire adresser ses lettres à son ancien poste : « Continuez de m'adresser vos lettres à Matehuala, où j'ai laissé quelques amis et des connaissances. Ainsi, je suis sûr qu'elles me parviendront toujours tôt ou tard. Car je dois vous prévenir qu'entre Matehuala et Saltillo la correspondance est absolument interrompue par la présence constante de l'ennemi, et nos échanges de lettres ne peuvent se faire sur cette voie qu'à la faveur des passages de convois militaires. »

Clemmer ne doute plus du succès définitif des libéraux : il connait bien les dispositions du gouvernement des Etats-Unis, la faiblesse de Maximilien, les convenances politiques dont Napoléon doit tenir compte. Pendant son séjour à Matehuala, il a coordonné les divers résultats de sa pénétrante observation, il prévoit les évènements qui rempliront la dernière période de l'intervention française.

« Nos affaires ne vont pas trop bien ici », répète-il dans chacune de ses lettres, et ces mots qui marquent bien la tristesse et le dépit d'une âme profondément contrariée, sonnent maintenant sur ses lèvres comme le mélancolique refrain de quelque chant de départ. Ce qui lui fait le plus de chagrin, c'est la pensée de l'insuccès, le préjudice causé à la gloire des armes françaises. On sent en lui, malgré le calme apparent, un mouvement comprimé d'impatience et d'indignation: sa nature active s'insurge en secret contre le repos qu'on lui impose ; elle supporte cette nécessité comme un joug odieux. Clemmer regrette bien qu'il n'y ait plus de danger ni pour lui ni pour ses compagnons d'armes.

« Nous sommes tous concentrés, par conséquent trop forts pour que l'ennemi ose nous attaquer. » Et il continue ainsi, parlant « des affaires d'un pays dont l'opinion se prononce de plus en plus contre l'empire et contre la France. Je suis loin, ajoute-t-il, d'être au courant de la haute politique ; mais je puis dire que, depuis un an, l'armée française a beaucoup perdu de son prestige, au Mexique. On dit qu'avant trois mois San Luis de Potosi sera à son tour évacué. Il ne faut pas croire que je m'amuse dans cette ville, où l'on est perdu au milieu de la foule. J'aimerais mieux être en garnison dans un petit trou, où j'aurais du moins quelque chose à faire et à penser. Ici, malheureusement, je n'ai qu'à boire et à manger, à dormir, à aller aux parades et appels, à visiter les salles de police et prisons, ce qui m'amuse fort médiocrement, je vous prie de le croire. »

L'inaction lui semblait d'autant plus intolérable, qu'il avait sous les yeux les exemples du désordre, de l'injustice, de la persécution, et qu'il ne pouvait pas faire servir son courage et son épée à la défense des malheureux habitants, ruinés, chassés, opprimés par les héros de la révolution. « Tout ce qu'il y a de gens honnêtes émigrent et viennent à San Luis. Il n'y pas de jour que je ne reçoive la visite de ces malheureux, qui se sauvent devant la corde ou la fusillade en abandonnant tous leurs intérêts. »

Le commandant avait le cœur serré à la vue de tant d'infortunes. Ce spectacle, sans cesse renouvelé, lui faisait prendre en dégoût sa garnison. Pour se dérober à la tristesse et secouer le poids de l'ennui, il prit le parti de demander le commandement d'un convoi de malades et de matériel qui devait descendre sur Queretaro.

Il espérait, en sortant de l'inaction, ressaisir, pour un moment du moins, une modeste part de ce bonheur qui avait disparu trop tôt avec le danger des batailles. Mais il ignorait les difficultés de la besogne ingrate à laquelle il se préparait. Il en fit l'expérience et put se convaincre que rien n'est plus pénible et plus assujettissant que le rôle d'un officier chargé de conduire à de grandes distances un convoi de malades. Quelle surveillance et quelle responsabilité! Ici, Clemmer n'est plus à la tête de cette colonne légère qu'il lance impétueusement comme il lui plaît ; il ne voit autour de lui que l'encombrant cortège d'hommes, de voitures, de chevaux, et plus loin, dans une morne perspective,la halte au gîte d'étape·

Mais ce sera pis encore plus tard, quand il aura sous son commandement un convoi de deux cent cinquante voitures à destination de Mexico. Alors il sera, à diverses reprises, forcé de coucher en route avec son arrière-garde, pendant que la tête de la colonne rejoindra à grand'peine le point marqué pour la halte de nuit. De là des retards, des difficultés sans nombre dans l'organisation du corps en marche, des combinaisons laborieuses pour prévenir les causes de désordre et pour arriver à destination le jour prévu sans s'écarter de l'itinéraire tracé. Cette tâche une fois remplie, Clemmer aura le droit de dire avec l'autorité que donne l'expérience: « Autant il est amusant de faire expédition avec une colonne légère, autant il est ennuyeux d'escorter un énorme convoi. »

Mais aujourd'hui il tient encore un tout autre langage ; il souhaite ce que plus tard il redoutera, et se met avec joie à la tête du convoi qui part de San Luis. Aussitôt arrivé à Queretaro, il reçoit l'ordre de retourner à San Luis en doublant plusieurs étapes. Matehuala était bloquée ; trois ou quatre mille libéraux s'étaient concentrés sur ce point, et le général Douai réunissait toutes ses troupes pour aller au secours de la ville.

De retour à San Luis le 10 octobre, Clemmer en repartait avec la colonne, le 14. « En cinq jours et demi, écrit-il, nous avons franchi la distance de cinquante-cinq lieues qui sépare San Luis de Matehuala. Le général Douai a présenté la bataille que ces messieurs les libéraux n'ont eu garde d'accepter. Tout ce que nous avons pu faire, ça été de les poursuivre pendant deux jours et demi, de leur tuer une trentaine d'hommes, de faire cinquante-deux prisonniers, de prendre beaucoup d'armes et de vivres et de retourner à Matehuala, où nous sommes entrés le 25, harassés de fatigue. »

Mais le succès de cette expédition ne conjura pas le désastre. Le maréchal ne jugea pas à propos de conserver Matehuala, prouvant ainsi qu'il avait renoncé au plan de campagne qu'il avait essayé de suivre en juillet. Alors, en effet, « il s'était décidé à quitter son confortable palais de Mexico », et s'était rendu à Matehuala, commençant par le nord, comme s'il avait eu dessein de dégager ensuite le Tamaulipas, le Michoacan et la Huesteca. « Mais, écrit le commandant, personne ne sait au juste ce qu'il veut faire ; son état-major même l'ignore. »

Par respect pour l'autorité et par attachement à ce principe de sagesse que nous avons déjà apprécié, Clemmer ne juge pas la conduite de Bazaine. Il se contente de dire une fois, au bas d'une lettre : « J'ai vu la maréchale, elle m'a paru très jolie ; quant au maréchal il est guilleret comme un jeune homme. » On ne saurait se montrer plus discret et plus réservé. Toutefois, certains autres officiers ne partageaient pas ces scrupules : ils savaient à qui incombait la responsabilité des évènements et n'en faisaient pas mystère.

« Voilà soixante-dix jours que nous courons, puis, que nous nous arrêtons, tout cela sur les ordres de Mexico qui mettent de quatre à six jours pour nous arriver, Or le pays n'est pas plus pacifié qu'à notre départ, et tout cela par la faute du maréchal. »

Ce jugement sévère est confirmé par l'opinion des historiens qui condamnent Bazaine. Contentons-nous de citer ces lignes : « Le maréchal Bazaine, dépourvu d'élévation d'esprit, n'apercevant rien au-delà de son cercle d'action, et ne discernant pas toujours bien ce qui s'y passait, plein d'ambition sans avoir aucune des qualités de l'ambitieux, subissant en outre, disait-on, l'influence de sa femme, plus ambitieuse et non moins dépourvue de sens politique que lui, laissait s'étendre un mal moral qu'il croyait favorable à ses projets. Maximilien, poète, homme d'imagination, s'était laissé séduire par la grandeur apparente du rôle qu'on lui proposait de jouer au Mexique. Le maréchal Bazaine peu soucieux d'associer son nom à la régénération d'un peuple, ne songe d'abord, qu'à compléter sa fortune militaire et sa fortune privée...... Familier avec la langue espagnole, façonné aux manières des Mexicains, marié à une Mexicaine, ne lui était il pas permis de rêver l'avenir d'un Bernadotte ? »

A Paris comme au Mexique, Bazaine avait donné lieu à de graves soupçons. Toutefois il conservait le commandement de l'armée parce que, l'évacuation étant déjà décidée, on ne jugeait pas utile de lui nommer un successeur. Il continuait à envoyer ses instructions de loin. Le 28 octobre, le général Douai recevait l'ordre d'évacuer Matehuala. Cette fois, Clemmer quitte sa chère « villotte » pour toujours et rentre à San Luis de Potosi le 5 novembre. Plusieurs familles mexicaines, pour échapper aux représailles des bandes, suivaient les troupes françaises.

Après toutes les vicissitudes de cette campagne, une nouvelle surprise attriste et indigne le commandant. Les Mexicains montrent bien aujourd'hui ce qu'ils valent. Il peut les juger mieux que jamais. Laissons-le parler lui-même, il exposera dans un tableau plein de mouvement et de couleur les actes de lâcheté, les intrigues, les bassesses de ces hommes qu'il a défendus contre les bandes armées. Ce sont les mêmes qui s'associent aux désordres politiques et se déclarent les partisans de leurs anciens ennemis.

« Pour vous donner une idée du caractère mexicain, je vous dirai ce qui s'est passé à Matehuala au moment de l'évacuation. La veille et l'avant-veille de notre départ, j'allais faire visite à plusieurs familles avec lesquelles j'avais eu de bonnes relations tant que j'avais conservé le commandement supérieur. C'étaient partout des cris et des pleurs : on avait peur d'être pillé par la plèbe, on craignait les libéraux, chacun voulait abandonner sa maison et se réfugier à San Luis. On avait horreur des Chinacos, qui ne devaient respecter ni les personnes, ni les propriétés. Eh bien, qu'est-il arrivé? A l'exception de quelques familles, toute la population est restée dans la ville, et le matin de notre départ, ceux qui avaient crié le plus fort sont allés trouver les libéraux pour les prier d'entrer immédiatement dans la ville, faisant mille protestations de dévouement aux idées libérales et au gouvernement de Juarez.

« Un richard que je connaissais, un capon, a offert un diner splendide aux chefs des libéraux et, le soir même, il y avait un bal magnifique, un bal offert par cette même population qui m'avait fêté si galamment, au mois de février, dans cette même salle et au son des mêmes instruments. La ville n'en a pas moins été imposée de quatre mille piastres, sous prétexte que, depuis trois ans, elle n'avait payé aucune contribution au gouvernement républicain.

« Ce qui s'est passé à Matehuala s'est passé ailleurs et se renouvellera dans chaque ville que nous évacuerons. Qu'on vienne me dire encore maintenant que le peuple mexicain veut l'empire et qu'il est digne de l'intérêt que lui porte la France. Je répondrai non, toujours non. Le peuple mexicain ne sait ce qu'il veut.

« Enfin, les gens riches et même ceux qui possèdent peu avaient tout intérêt à se déclarer pour l'empire, à le soutenir et à le défendre, parce que ce gouvernement est celui qui, jusqu'à présent, a le mieux protégé les franchises des populations et donné des garanties d'ordre et d'équité. Mais peu importe ; personne ne veut de l'empire. On aime mieux être pillé par des bandes de libéraux que gouverné par un prince étranger et soutenu par des troupes étrangères.

« Il est temps, grand temps que nous nous en aillions de ce pays, qui aura peu gagné à notre contact et où nous avons perdu non seulement beaucoup d'hommes et d'argent, mais aussi une partie de notre influence politique et de notre prestige militaire.

« En ce moment, nous ne savons guère ce que nous allons devenir. On pense généralement que nous aurons sous peu à évacuer complètement le Mexique. Du reste, les mouvements de troupes qui sont ordonnés pour la concentration sur Mexico et Puebla font supposer que de grands changements se sont accentués dans les vues du gouvernement français sur l'empire du Mexique ».

Le commandant a voulu, jusqu'à ce moment, rester étranger à toute question de politique ; les opérations militaires l'occupaient assez pour le dispenser de prendre souci des affaires diplomatiques. Aujourd'hui il cherche à démêler les causes qui expliquent le mouvement de concentration des troupes ; et le problème qui l'intéresse

fait ses preuves, et les Mexicains s'en souviennent. »

Le 9 novembre Clemmer quitte San Luis. Il
se dirige avec un convoi de malades sur Queretaro, où il compte bien pouvoir rester quelque
temps. Son colonel doit prochainement aller l'y
rejoindre avec trois bataillons : ainsi sera évacuée la ville de San Luis. Tous ces mouvements
de troupes laissent deviner les préparatifs de
départ pour la France. Le commandant lui-même
ne désire plus prolonger son séjour dans le pays
que l'armée ne peut pas défendre. Est-il vrai,
comme on le prétend, que le régiment Etranger
ne s'embarquera qu'après les autres ? Clemmer
ne le croit pas ; il fait d'autres vœux. Les désordres dont il est témoin lui font prendre en dégoût sa garnison précaire. Il a son plan bien
tracé ; il veut au bon moment « tirer son épingle
du jeu » et s'en aller avec le grand nombre.
« J'ai déjà, dit-il, planté plusieurs jalons pour
ne pas perdre la bonne route en ces jours
néfastes. »

On dirait, à lire ces lignes, que le judicieux
et prévoyant officier a pressenti les calamités,
et qu'il prophétise le désordre du départ, dont
un historien a fait cet attristant tableau : « Les
passages des *petites* et des *grandes Cumbres*
avaient été franchis sans coup férir ; les partisans
mexicains, tenus à distance par l'artillerie, assis-
tèrent de loin au défilé des chariots chargés
les uns de malades et de vivres, les autres
d'armes, de munitions, d'effets de campement,

et à la procession des véhicules de tous genres, transportant des familles entières avec leurs dernières ressources. Les hommes s'attelaient souvent aux bêtes de somme pour tirer les chariots des fondrières, car ce n'est que par une marche rapide qu'ils pouvaient se soustraire, eux, leurs femmes et leurs enfants aux cruels traitements que les bandits mexicains faisaient subir aux traînards..., espèce de débâcle humaine roulant ses flots de Mexico à Vera Cruz et semant sur sa route des armes, des effets d'équipement et d'habillement, sans parler des morts et des malades. »

Clemmer qui a si bien prévu « ces jours néfastes » n'a pas prévu qu'il aurait à quitter Queretaro aussitôt après son arrivée dans cette ville. Il n'y resta en effet que deux jours. Il reçut l'ordre de continuer sa marche jusqu'à Mexico. Le 29 octobre, il parvenait au terme de son pénible voyage avec le convoi qu'il conduisait. Le lendemain, il était reçu par le maréchal. Enfin il pouvait prendre quelque repos, faire trêve à ses tristes pensées, donner des nouvelles à ses amis : « Le maréchal m'a dit que je resterai ici deux ou trois mois en attendant la concentration de tout le régiment. Pour le moment je jouis des distractions de la grande ville et de son climat délicieux.

« En passant à Queretaro, j'ai rencontré M. le docteur Biebuyck, de Vieux-Berquin, jeune homme charmant, avec qui j'ai passé toutes les heures que me laissait le service. J'ai rencontré aussi un caporal du 3e zouaves, originaire de Nieppe. Ce garçon, qui me connaît, me cherchait depuis un an. Il a été bien content de pouvoir causer un peu de son village et du mien.

« L'évacuation est irrévocablement décidée. L'empereur avait quitté Mexico avec l'intention bien arrêtée d'abdiquer. Mais pendant son séjour à Orizaba, ses conseillers et ses ministres l'ont si bien entortillé qu'aujourd'hui, avant de prendre ce parti, il veut faire appel à tout le peuple, sans distinction de couleurs politiques. Il dira aux Mexicains : Faut-il que je m'en aille ! Faut-il que je reste ? Si l'on voit se renouveler les choses qu'on a vues au moment de son élection, il sera certainement maintenu. Cependant il ferait bien mieux d'aller à Miramar cultiver des fleurs et empailler des oiseaux, abandonnant les Mexicains à l'anarchie et à la guerre civile, qui paraissent être leur élément. Ils n'en sortiront que quand une nation voisine aura conquis le pays et fait disparaître cette race abâtardie qui a tous les vices et peu de vertus. A mon avis, le sort des peuples vaincus leur est réservé. Tôt ou tard, ils seront ainsi punis pour n'avoir pas voulu, avec notre aide, établir un gouvernement honnête et durable.

« Quoi qu'il en soit, abdication décidée ou non, le général Castelnau a des ordres positifs pour faire cesser notre intervention armée. Il paraît certain, d'après les bruits qui circulent dans les états-majors et d'après les dispositions

qu'on voit prendre, que tout le corps expéditionnaire sera embarqué au plus tard le 1er mars
prochain.

« Pour fixer votre opinion sur la situation
qui sera faite à Maximilien après notre départ,
je vous dirai que déjà, sur plusieurs points,
l'armée impérialiste mexicaine fait défection et
que pas une seule grande ville n'obéit au gouvernement impérial, si elle n'est occupée par
une garnison française. Partout où nous ne
sommes pas, les libéraux dominent, les uns au
nom de Juarez, les autres au nom d'Ortego.

« En ce moment le parti clérical et le parti
conservateur paraissent vouloir s'entendre pour
soutenir l'empereur. Malgré cet appui, Maximilien
ne restera pas six mois sur le trône après le
départ des Français, quand même il aurait pour
se défendre les dix mille hommes de la légion
Etrangère promis par la convention de Miramar.
Pourquoi la France exécuterait-elle les clauses
de cette convention, puisque Maximilien n'en a
tenu aucun compte. »

Clemmer déchirerait volontiers cette convention signée à Miramar : son grief contre elle
est facile à comprendre. Elle sacrifiait à des
intérêts diplomatiques le régiment auquel appartenait le commandant. Heureusement, cette
clause ne sera pas mieux observée que les autres,
et, au mois de décembre, le gouvernement
français ordonnera par « dépêche télégraphi-
que » au maréchal de prendre ses dispositions
pour le rapatriement du régiment Etranger qui

devra rentrer en Europe avec le corps expéditionnaire.

Cette nouvelle trouvera bon accueil auprès du commandant et de ses compagnons d'armes. Car, ils forment des vœux pour le départ prochain, persuadés que le concours de toutes les bonnes volontés ne pourrait plus sauver l'empire qui présente partout des symptômes de ruine et de dissolution. « Tâchons de nous en aller, avant que la maison nous tombe sur le dos ; la faire tenir, il n'y faut pas songer. » Tel était, depuis quelques mois, le cri répété par la plupart des officiers de l'armée française.

Il n'y avait que le maréchal qui parût disposé à prolonger son séjour à Mexico. Vers la fin de décembre, Clemmer entendait dire que Bazaine resterait le dernier, avec le 18e bataillon de chasseurs à pied, le 3e zouaves, le 12e chasseurs de France et l'artillerie, et qu'il partirait pour le port d'embarquement, dans la période du 1er au 8 février.

On était à l'affût des nouvelles : les esprits, déchargés du poids des occupations normales, étaient en proie à tous les malaises de la curiosité. On ne saurait concevoir de plus triste spectacle que celui d'une armée qui se sent inutile et qui, par la pénurie du trésor, plus encore que par les combinaisons politiques, est condamnée à l'inaction. Dès le mois de juillet, le gouvernement du Mexique devait recourir aux plus misérables expédients financiers. Les généraux Marquez et Miramon ne pouvaient agir, faute d'argent. « On fait bien des levées forcées d'hommes, écrit Clemmer, mais on n'a pas de quoi les nourrir, les armer, les habiller. Le général Miramon devait partir, le 17 décembre, pour prendre son grand commandement à Guadalaxora, avec quelques pièces de canon et un millier d'hommes ; il ne peut se mettre en route, et cela encore faute d'argent. Il paraît qu'il demande vingt mille piastres, et le trésor mexicain n'a pas un sou à lui donner. »

Ainsi la situation des affaires militaires et diplomatiques ne fait que se tendre de jour en jour. La crise financière achève cette complication d'intérêts et de rivalités. L'expédition du Mexique finit au milieu du désordre, et les libéraux profitent de la maladresse plus encore que de la faiblesse du gouvernement.

Clemmer était bien placé pour suivre le progrès du mal et juger des tentatives impuissantes d'un empire jeune et usé, abattu déjà, épuisant son reste de vie en efforts désespérés, au milieu de cette inquiète agitation et de cet effarement qui annoncent la fin.

« Le gouvernement, écrit Clemmer, refuse aujourd'hui de reconnaître la convention[1] du 30

---

[1] D'après cette convention, la moitié des recettes de toutes les douanes de l'empire, sauf celles du Pacifique, revenait à la France. Ces droits étaient perçus au port de La Vera Cruz. D'après une autre clause de la même convention, le quart des droits perçus par les douanes du Pacifique était attribué au gouvernement français. Cette entente donna lieu à de graves contestations.

juillet, relative aux droits de douane. En attendant, nous encaissons tous ceux de la douane de La Vera Cruz [1]. Malheureusement, le gouvernement empêche de délivrer les marchandises aux négociants, même après le paiement du double droit, la perception étant réclamée par nous et par les Mexicains. Ceux-ci disent que la délivrance des marchandises prouverait qu'ils reconnaissent ladite convention ; ce qu'ils ne veulent à aucun prix. Pendant ces contestations le commerce souffre, et on ferme boutique.

« Le général Castelnau et M. le ministre de France sont allés faire visite à l'empereur à Cholula, à deux lieues de Puebla, dans l'espoir, dit-on, de le faire abdiquer. Des résultats de cette visite rien n'a transpiré. Des personnes même affirment que ces messieurs n'ont pas été reçus par l'empereur.

« Les journaux de Mexico continuent à dire qu'il doit très prochainement venir habiter Tacubaya, à deux lieues de Mexico. »

Le gouvernement français, préoccupé de ses propres intérêts et inquiet surtout de l'attitude que prenaient les Etats-Unis, ne pensait qu'à hâter le rapatriement des troupes. Le mouvement de concentration se poursuivait activement. Le colonel Guilhem qui, après le départ de Clemmer, était resté à San Luis de Potosi, quittait cette ville le 22 décembre. Il arrivait, le 31, à Queretaro,

[1] Les droits de douane étaient perçus également à Tampico.

qui devait être évacué pour le 10 janvier 1867. Le 26 décembre, un convoi de six cents malades et trois cents voitures prenait le chemin d'Orizaba. Un autre convoi aumônier, aussi grand encore, devait partir le 8 janvier, rude corvée pour les les officiers. Heureusement, Clemmer y échappe cette fois, et, le mouvement de retraite de l'armée sur La Vera Cruz étant commencé, il part lui-même de Mexico, le 4 janvier.

Le lendemain, il rencontre l'empereur à Ayetla et lui fait rendre les honneurs par sa troupe. « Il a passé devant le front de mon bataillon, dit-il, en voiture et au pas, la tête découverte. Arrivé à la gauche de la colonne, il m'a remercié par quelques paroles bienveillantes. L'empereur me paraissait ému en me parlant, et je ne l'étais pas moins que lui. »

Le 9 janvier, nous trouvons Clemmer à Puente Tesmelucan : il s'occupe activement de son service, ayant quinze lieues de route à surveiller. Son bataillon est au pied de la *Femme-Blanche*, montagne couverte de neige. Ainsi se passe le mois de janvier. Enfin l'ordre arrive de descendre sur La Vera Cruz.

Clemmer est là, attendant le jour fixé pour l'embarquement ; mais avant de s'éloigner du Mexique, où il a fait héroïquement son devoir, il obtiendra la distinction qu'il souhaite. Nous savons qu'il comptait déjà la recevoir, après les brillantes opérations militaires qui remplirent les trois premiers mois de l'année 1866. Tout vient à point à qui sait attendre. Il est nommé officier de la Légion d'honneur, le 1er février. « Cette nomination m'a fait plaisir », dit-il ; ajoutons qu'elle était bien méritée et qu'elle venait justifier le mot prophétique du commandant : « Mon tour viendra. »

Il a maintenant quarante-deux ans : il a conquis successivement quatre grades et ne doit rien qu'à son courage, car il a bravement affronté la mort. Deux fois, il a été cité à l'ordre du jour ; il porte sur sa poitrine des décorations qui attirent les regards et commandent le respect. Nous y voyons, à côté de la croix d'officier de la Légion d'honneur, les médailles de Crimée, d'Italie et du Mexique, les insignes de chevalier de l'ordre espagnol d'Isabelle la Catholique, la médaille de la reine d'Angleterre, la décoration de chevalier de l'ordre de Notre-Dame de Guadalupe.

L'éclat de toutes ces distinctions, le souvenir des beaux faits d'armes, enfin les préparatifs du départ pour l'Europe suffisent à expliquer l'extrême joie de Clemmer ; mais il n'a pas encore le parfait contentement. Il voudrait savoir à quel régiment il est destiné. Déjà, au mois de décembre, il y pensait ; il formait l'espoir d'obtenir le commandement d'un bataillon de tirailleurs algériens. Cet espoir se réalisera, et l'officier ne partira pas du Mexique sans en avoir la certitude. Tout arrive au gré de ses vœux, comme le prouvent ces lignes écrites, le 25 février, à la veille de l'embarquement : « Je suis au comble de la joie. On vient de me donner le commandement du bataillon de tirailleurs, et je retourne à mon ancien régiment, à Constantine. Je m'embarque demain sur le *Calvados*. Lorsque je serai arrivé à Alger et que j'aurai licencié mon bataillon, j'irai voir M. Alliou à Constantine. Cette nomination me fait autant de plaisir que la croix d'officier de la Légion d'honneur. »

Le 30 mars, il arrivait devant la côte d'Afrique et s'empressait d'adresser à ses parents cette courte lettre :

En mer, en face d'Alger. « J'arrive en bonne santé. J'espère débarquer cette après-midi. Le courrier de France part à midi et prend cette lettre en passant. Dans dix jours, vous pourrez m'adresser vos lettres au 3⁰ régiment de tirailleurs algériens, à Constantine. »

Sa première joie, après le débarquement, fut de revoir son ami Camerlynck et de lui faire part de l'espérance qu'il avait d'être promu prochainement au grade de lieutenant-colonel. Il dut lui répéter plus d'une fois, pendant les heures d'intime entretien, ces mots qu'il lui envoyait du fond du Mexique : « Il faut avouer, mon cher Henri, que je vous aime bien ! »

Le 10 avril, Clemmer reprenait le commandement de ses tirailleurs algériens : c'est parmi eux qu'il se reposa des fatigues de l'expédition lointaine, c'est avec eux qu'il allait passer le reste de sa vie, et c'est à la tête de leurs rangs qu'il était destiné à mourir. Après avoir ainsi repris pied en Afrique, il reparaît au pays natal, où il est affectueusement entouré et fêté, parcourant la Flandre, actif, infatigable, tel que nous l'avons vu après la campagne de Cochinchine. Nous le trouvons à Méteren dès le mois de juin ; il y attend le moment de la kermesse et le jour de la fête de son père.

Son retour est le signal des plus touchantes réjouissances. On ne se doute pas, autour de lui, que la mort s'apprête à porter un coup terrible à cette heureuse famille.

Pierre Deberdt, qui était parti avec Clemmer pour l'Afrique en 1865, y trouva le même sort qu'Auguste. Le commandant annonçait ainsi la triste nouvelle à Fidéline : « Votre filleul, caporal au 3e régiment de tirailleurs, est mort le 8 août, à l'hôpital de Sétif. Le pauvre garçon avait souffert de fortes coliques, le 7, à dix heures du soir ; mais, le lendemain, le mal était passé et ne l'empêchait pas d'assister, le matin, à l'exercice. A midi, le choléra se déclarait. Le malade fut immédiatement transporté à l'hôpital et, le soir, à huit heures, il était mort. Le 9, il a été enterré avec les honneurs dus à son grade. On a fait plus même : toute la compagnie a voulu suivre son convoi. Son capitaine m'a écrit à ce sujet des choses touchantes. J'ai laissé la lettre à notre sœur Régina, mère du défunt. Hier, je lui ai annoncé la triste nouvelle ; je ne saurais vous dire quels torrents de larmes j'ai vus couler, quand j'ai raconté les derniers moments de son enfant. J'en ai encore le cœur serré. La douleur vraie fait mal à voir. »

Pierre mourait, et, au même moment, un autre neveu de Clemmer, Charles-Louis Hurthemel prenait sa place dans l'armée d'Afrique. Famille de soldats, de braves cœurs, toujours prêts à revendiquer leur part de dangers et de sacrifices. Arrivé à Constantine quand son oncle était encore à Méteren, Charles-Louis n'en sentit pas moins la douce protection dont son cousin avait profité, au même régiment. Il savait à peine quelques mots de la langue française, mais il trouva de bons camarades parmi les Flamands habitués à la caserne et qui, au Mexique, avaient combattu sous les ordres du commandant. Ces soldats de même race mettaient en commun leur expérience et leur bonne volonté, unis de cœur entre eux et à leurs compagnons africains.

Cependant Clemmer se préparait à prendre la grande détermination qui fait époque dans la vie de l'homme. Fréquemment il rencontrait à Bailleul, chez son cousin Denturck, une jeune fille, Coralie Ruyssen. Il la connaissait, du reste, depuis longtemps. Entre eux existaient des rapports de famille, qui les amenaient l'un et l'autre dans le cercle étroit d'une société intime. Le commandant comprit que le moment était venu pour lui de se marier, et il choisit la femme que la Providence lui indiquait, et dont les qualités devaient lui assurer le bonheur du foyer. Aussi la prit-il en singulière affection, décidé à lui faire part de ses projets d'avenir. La proposition du mariage fut agréée. L'Afrique, avec ses garnisons changeantes et ses farouches tribus d'Arabes, s'offrit à la pensée de la jeune fille ; mais cette perspective ne l'effraya point. Clemmer, ce héros au bon sourire, avait les grandes vertus qui rassurent une fiancée. Plus tard, il prodiguera à sa femme les marques d'une sollicitude pleine de tendresse.

Le mariage fut célébré à Bailleul, au milieu d'un grand concours de parents et d'amis, apportant à l'envi les témoignages de sympathie au couple brillant et formant mille vœux de bonheur. On était alors en octobre, et, vers la fin du même mois, les nouveaux époux partaient pour l'Afrique ; long voyage dont le terme était Constantine, cette garnison chère au commandant. Ils ne sont pas encore arrivés à Marseille, qu'il a déjà, lui, doucement attentif, trouvé cent fois l'occasion de raffermir ce pauvre cœur de femme, de compâtir aux peines inévitables qui troublent l'âme, au début du voyage, après la séparation, au milieu des confuses sensations que laissent les paroles d'adieu. C'est cette tendre compassion qui lui fait dire : « Vingt-quatre heures en chemin de fer, c'est tuant pour une femme qui n'a pas l'habitude des voyages. »

Ainsi se révèlait, dès ce moment, par les prévenances d'une affection réciproque, la parfaite harmonie des cœurs, garantie de l'immuable concorde, trésor infiniment précieux dans le mariage. La femme du commandant était une personne choisie entre mille, ornée de la sagesse que demande le grand art de conserver le bonheur. La nature, l'éducation, les traditions de famille avaient élevé son âme à la hauteur de tous les devoirs. Aux vertus de la chrétienne se joignaient la délicatesse du sentiment, la belle intelligence, la douceur du caractère et aussi la constante énergie qui devait, pour le jour des cruelles épreuves, la préparer à la résignation silencieuse dans le deuil. Ceux qui la connaissent peuvent comprendre tout ce qu'il y a de noblesse dans un regard où parle une âme recueillie, tout ce qu'il y a de distinction dans l'exquise simplicité des manières. Ses traits expriment la bonté et donnent au visage cet air de bienveillance qui, chez les femmes minces et hautes de taille, est d'ordinaire relevé d'une nuance de grâce charmante. C'est dans la conversation qu'on peut apprécier ses qualités d'âme : elle parle volontiers et avec modestie des belles actions de son mari, et l'on devine, à la note attendrie de l'expression, le chagrin toujours récent de la veuve. On comprend qu'une telle femme ait répondu à tous les vœux de Clemmer, qui ne se laissait séduire ni par les raffinements de l'élégance ni par l'éclat de la grande fortune. Il n'était pas de ceux qui, cherchant une femme, sont bien aises de trouver, dans une dot énorme, l'appoint providentiel, ressource commode pour un train de vie ruineux. Il ne subordonnait pas l'affection à la richesse et, une fois marié, il disait volontiers en parlant de sa chère Coralie : « Je suis tranquille et content; car j'ai une femme économe et sage. »

Le 6 novembre, Clemmer et sa femme arrivaient à Marseille. Le 8, à midi, ils s'embarquaient. Beau temps ; agréable voyage sur mer. La jeune femme était tout heureuse de n'éprouver ni peur ni mal. « J'ai fait la traversée comme un vieux troupier, écrit-elle ; je n'ai pas été malade. » Toutefois, elle mit volontiers pied à terre sur le quai de Philippeville, où elle arriva le dimanche matin, à sept heures. Sa première pensée fut de remercier la Providence et d'assister à la grand'messe. « J'ai remarqué avec plaisir, dit-elle, qu'on officie tout aussi bien en Algérie, sinon mieux, qu'en France. Du reste, mon esprit était tout porté à la dévotion, et j'en ai profité pour remercier Dieu, qui nous a accordé une si heureuse traversée. »

Le soir même, départ pour Constantine. Pendant un jour et une nuit, on roule en diligence, et le 11, à sept heures du matin, on arrive au terme du voyage. Là, le neveu Charles-Louis vient à la rencontre de son oncle et de sa tante : il sera pour eux le respectueux et dévoué compagnon, le vivant souvenir de la famille et du pays.

Constantine, où les nouveaux mariés comptaient s'installer, ne fut, malheureusement pour eux, qu'un poste de halte. A peine arrivés, ils eurent à faire leurs préparatifs de départ : ordre d'aller à Sétif. Voici pour la jeune femme le commencement de la vie errante. Elle ira d'une ville à une autre, et plus tard, rappelant les souvenirs de ses pérégrinations à travers l'Algérie, elle pourra dire : « Nous avons passé dix-huit mois en Afrique, et, dans ce laps de temps, nous avons fait Constantine, Sétif, Batna et Biskra. »

Le 16 novembre, le commandant et sa femme partent de Constantine. S'ils n'ont pas rencontré de tempête en mer, ils en essuient une sur le chemin qu'ils parcourent pour se rendre à Sétif. Un violent orage se déchaîna tout à coup et assaillit les deux voyageurs et leurs compagnons de route. Nous en trouvons la description dans une lettre de Clemmer. C'est un tableau terrible, que nous pouvons comparer aux plus curieux récits des explorateurs. Le narrateur met sous nos yeux, avec des détails saisissants, une scène de désarroi dans la morne campagne africaine : bouleversement des forces de la nature, danger, effarement d'une petite caravane.

« Quand nous fûmes arrivés à mi-chemin, le temps s'est tellement troublé, le vent a soufflé avec une telle force en se chargeant de poussière, qu'il nous a été impossible de poursuivre notre route. Postillon, conducteur et chevaux, tous étaient littéralement aveuglés. Heureusement pour nous, après avoir risqué vingt fois de verser dans le ravin ou de tomber dans quelque trou, nous avons pu nous abriter dans une petite maison de cantonnier, où, pour de l'argent, nous avons trouvé du pain, du vin, de la soupe à l'oignon et, ce qui vaut mieux que tout le reste, un lit où nous avons pu nous reposer jusqu'à minuit, sans nous apercevoir qu'il était dur. Le vent une fois tombé et le temps tourné au beau, nous avons repris la voiture et nous nous sommes remis en route pour Sétif. Nous y sommes arrivés le matin, transis de froid et ensevelis de poussière.

« Vous dire à quoi ressemblait le temps qu'il faisait, l'après-midi et une partie de la nuit du 15, me serait impossible. Le vent était si fort, que plusieurs fois j'ai cru que la diligence serait renversée ; il était si chargé de poussière, que, du coupé où j'étais je ne voyais pas la tête des chevaux ; il était si froid, que, dans la voiture, nous sentions les lançures et l'engourdissement de l'onglée.

« Coralie se croyait à la fin du monde, au jugement dernier. Elle a, je pense, dit plusieurs fois son acte de contrition. Je cherchais à la rassurer de mon mieux. Je restais calme et impassible devant la fureur de la tempête, bien que je ne fusse moi-même tranquille qu'à demi. »

La femme, on le voit, change le cœur de l'homme, le rend plus timide, soucieux, prudent. Avant son mariage, Clemmer eût été enchanté de la tempête, « il eût trouvé cela fort amusant », comme autrefois le tremblement de terre, à Constantinople, comme le sifflement des balles, au Mexique. Toutefois, s'il avait quelque crainte pendant ce périlleux voyage, ce n'était pas pour lui, mais pour elle. La tendresse du mari subjuguait le tempérament du héros.

Désormais, Clemmer nous apparaîtra avec une physionomie plus douce, laissant volontiers prédominer dans ses traits l'expression d'une âme souriante et attendrie. Dans le tableau sévère où nous sommes accoutumés de le voir, nous ne le trouvons plus exactement à la même place. Nous apercevons, sur le même fond de nature africaine, les personnages et les groupes disposés dans un autre ordre. La couleur et la perspective n'ont pas changé, mais c'est un autre relief, une nouvelle harmonie de proportions. Les enfants du désert, avec leur brillant costume et leur peau basanée, ne sont plus au premier plan. Le commandant se montre plus près de sa femme que de ses soldats et, à côté d'eux, figure le neveu Charles-Louis, l'enfant de la famille, le doux compagnon de Clemmer, docile comme un petit page aux ordres de la jeune femme, qui trouve en lui les deux types qui l'intéressent : le Turco et le Flamand.

Le commandant aime autant que jamais ses tirailleurs, mais il ne leur appartient plus exclusivement. Son cœur l'attache au foyer, à cet intérieur calme et agréable, où sa femme lui procure les douceurs d'une existence réglée par la sagesse et l'affection. Il a cessé d'aimer la vie aventureuse et, malgré son goût pour la guerre, il n'appelle plus de tous ses vœux, comme autrefois, les dangers qui tranchent avec la monotonie du service. L'existence ne saurait être monotone pour celui qui partage son temps entre les joies de la famille et les devoirs de son état. Clemmer

est à la fois le modèle des époux et des officiers ;
le légitime ascendant de sa compagne développe
en lui la sensibilité de l'âme ; les liens du sang le
touchent de plus en plus. La pensée de son
neveu, mort à Sétif quelque mois auparavant,
reste vivant au fond de son cœur, et c'est avec
un soin religieux qu'il garde une mèche de
cheveux, relique funèbre qui rappelle le souvenir
du pauvre jeune homme.

Ainsi s'accusent des tendances nouvelles,
des goûts plus délicats, des aspirations plus
tendres, qui mettent l'affection au même rang
que la bravoure. L'homme des batailles se plaît
à devenir aussi l'homme de la famille. Il jouit
du plaisir d'être chez lui, de se sentir bien installé dans la petite maison : il la décrit en
quelques lignes qui révèlent un parfait contentement. « Chambre à coucher, salon, cuisine,
chambre pour les domestiques, écurie pour
quatre chevaux, chambre de débarras pour les
malles et la provision de bois. Le tout genti-
ment meublé, pour la somme de soixante francs
par mois. » Ce charmant logis sourit au commandant ; il en fait ses délices ; il y trouve sa
part de bonheur paisible. « Nous et notre famille, nous n'avons pas à nous plaindre, dit-il.
Nous avons tous conservé la santé et la tranquillité du cœur, avantage si précieux et si
nécessaire à des gens comme nous. » Et, s'adressant à ses parents, il écrit cette lettre qui répond
si bien à ses sentiments et à la pensée de ceux
qui l'aiment : « Vos désirs ont été satisfaits.

Vous vouliez me voir revenir du Mexique : je suis revenu sain et sauf. Vous vouliez pour moi une position qui me mît à l'abri des aventures, je me suis marié et je suis bien heureux avec la femme que j'ai choisie. Vous me souhaitez des petits enfants ; cela viendra peut-être. Espérons, et demandons par la prière que l'année qui commence soit pour nous aussi prospère que celle qui vient de s'écouler. Vous croyez peut-être que, depuis que je suis *deux*, je vous oublie ; non, nous parlons souvent de vous et du pays. Depuis que je suis tranquille, à Sétif, je me trouve si heureux, que, sans mon grand attachement pour vous, j'oublierais le monde entier. Figurez-vous que je n'ai pas encore eu le temps d'écrire à qui que ce soit, pas même à M. Leurs et à mon ami De Coninck. Tout va bien, je me porte comme un charme ou un carme, à votre choix.

« Coralie se porte aussi à merveille. Nous faisons tous les jours une longue promenade dans la verdure. Nous nous hâtons d'en profiter, parce qu'elle ne durera pas longtemps, et nous rapportons d'énormes bouquets de fleurs des champs. Il y en a ici de fort jolies. »

C'est le ton de l'idylle ; ce sont des enchantements plutôt que des fictions ; le tableau est d'une délicieuse fraîcheur, et, ce qui est surtout admirable, rien n'est plus naturel et plus vrai que cette peinture. Le mariage a donné au commandant une âme de poète, des goûts d'artiste. C'est à peine si l'on reconnaît le terrible soldat dans ce promeneur ravi qui, dans les chemins bordés de moissons, parmi l'ombre et les parfums, répond au sourire des fleurs et de la belle saison. Par quel pouvoir magique Sétif, « vilain pays » autrefois, a-t-il été ainsi transformé en un merveilleux paradis ? On aime le pays où l'on aime. Aujourd'hui le commandant doit rendre sa femme heureuse, et, pour y réussir, il doit commencer par être heureux lui-même. Rien n'est plus aisé que d'être content du pays, quand on est content de tout le reste, et les époux, satisfaits l'un de l'autre, savent mettre la nature en harmonie avec leurs goûts.

Maintenant les lettres de Clemmer sont comme les feuillets d'un journal intime : on peut l'y suivre pas à pas, recueillir ses pensées, ses émotions, ses espérances. Tout le fruit de son observation est là. A côté de l'image du bonheur, on trouve la description des misères de l'Arabe ; plus loin, c'est un autre tableau, la peinture des ravages que font les sauterelles. Que de couleurs ! quelle variété de récits et de réflexions !

Au delà du présent, le commandant découvre la riante perspective de l'avenir : il voit par la pensée le moment où son bataillon sera envoyé à Paris. Il le souhaite de tout cœur, comme il faisait déjà quelques années plus tôt, quand il était en garnison à Soukaras. Ainsi se complète le bonheur de sa vie, car les joies de l'heure présente ne sauraient être parfaites qu'autant qu'il s'y mêle une juste proportion d'espérance. Ajoutons encore qu'elles ne peuvent régner dans une âme sans y partager leur empire avec l'esprit et la bonté. L'égoïsme les tue, la charité les accroît. Nous savons que le commandant mettait son plaisir à faire du bien aux autres. Nous en avons une preuve encore dans sa paternelle sollicitude pour son neveu. « Charles-Louis se porte fort bien, écrit-il ; il commence à parler un peu plus, à penser un peu moins à son village. Il n'a pas l'air de s'ennuyer... J'ose dire même qu'il prend de l'embonpoint, bien qu'il ne veuille pas en convenir. Je l'ai surpris l'autre jour qui travaillait à élargir son gilet et sa ceinture. Il est maintenant rond comme une boule. »

Dans chacune de ses lettres, Clemmer ménage une petite place pour ce jeune soldat qui va à l'école, apprend le français, « se dégourdit de plus en plus et se conduit toujours bien. »

Le commandant et sa femme ne demandaient qu'à rester à Sétif jusqu'au moment du départ pour Paris. Ils mettaient volontiers leurs espérances en parfait accord avec leurs désirs. C'est une des lois du cœur humain ; et, cette fois, tout la justifiait pour eux, puisque le colonel leur avait déclaré qu'ils ne quitteraient certainement pas la garnison avant l'automne de l'année 1868. Vaines garanties, fausse prédiction. Au commencement de juillet, Clemmer reçut l'ordre de partir pour Batna.

Adieu Sétif, adieu le charmant logis. C'est le premier chagrin de la jeune femme. Elle se souvient du précédent voyage et de la tempête. Il n'est pas vraisemblable que l'ouragan la guette

encore pour la surprendre en route; mais la
fatale diligence, avec son cahot, l'attend au poste
du départ. De Sétif à Batna, soixante-quatre
lieues. Quel trajet! que de fatigues! Pour elle,
c'était alors le souci du déménagement, pour
ceux de Méteren, c'était, au même moment, le
début des réjouissances de la kermesse. Il y a de
ces coïncidences dans la vie qui déterminent pour
l'esprit deux courants de pensée, amenant avec
eux l'indéfinissable malaise de la nostalgie.

Le commandant partit le premier avec son
bataillon, le 5 juillet, à trois heures du matin.
Quelques jours plus tard, elle alla le rejoindre;
enfin le fidèle neveu prit à son tour le même
chemin avec la dernière compagnie de tirailleurs.

La nouvelle garnison valait bien Sétif. Le
commandant ne tarda pas à s'y trouver heureux
et réussit aisément à mettre sa femme de son
avis. Là encore, ils purent faire d'agréables
promenades; le pays était même plus curieux
à visiter; la nature s'y montrait plus riche et
plus colorée. Clemmer, avec ses goûts d'artiste,
initia sa femme à l'interprétation des beautés
d'un tableau champêtre, et disposa son âme à
jouir des délices d'une des contrées les plus
riantes d'Afrique. Sa curiosité et sa finesse
d'observateur se révèlent dans ses lettres, qu'il
écrit maintenant à loisir. Lisons cette description de Batna et de ses environs : « Batna,
dit-il, est une ville tout à fait européenne,
bâtie en 1845 ou en 1846. Elle a la forme d'un

parallélogramme allongé, entouré d'un mur d'enceinte, avec quatre portes qui regardent les quatre points cardinaux.

« La ville a onze cent vingt mètres de long sur quatre cent cinquante ou cinq cents mètres de large. Toutes les rues se croisent à angle droit. Les deux grandes rues, qui relient entre elles les quatre portes, sont très larges et bordées d'arbres. C'est d'un bel effet. Malheureusement, presque toutes les maisons se composent du seul rez-de-chaussée. On en trouve à peine une dizaine qui aient un étage. Aussi, la ville ressemble-t-elle tout à fait à un village. Les rues latérales et transversales sont également droites, mais moins larges que les rues principales, et sans arbres.

« A Batna, on voit une église, une école primaire, un pensionnat de petites filles dirigé par des sœurs et une école arabe-française.

« Lambèse ou Lambesça, à dix kilomètres de Batna, grande ville romaine autrefois, mais ruinée depuis des siècles et devenue aujourd'hui un petit village français, renferme de très belles antiquités, entre autres, le Pretorium, les Bains de Diane, des citernes, des statues, des mosaïques, le tout assez bien conservé. De nos jours, Lambèse est plus connue par sa maison de détention, bâtie pour les condamnés politiques en 1852. Aujourd'hui on n'y voit pas de prisonniers de cette espèce, mais des prisonniers de toute catégorie, de tout âge, Français ou Arabes, au nombre de quinze cents.

« Il y a, dans le voisinage de Batna, des forêts de chênes et de cèdres, exploitées par le service forestier, et, plus loin, des forêts vierges, presque inexploitables. Impossible de pénétrer dans ce fouillis de ronces, de bois mort, de hautes herbes, formant des masses compactes et inextricables. Il n'y a que les bêtes sauvages qui puissent se faire jour à travers ce gigantesque chaos ; et c'est bien sur la lisière de ces forêts que les amateurs de périlleux affût, tels que Chassaing et Bobonnel, vont chasser le lion et la panthère. Plaisir bien doux, parait-il. »

Autant le spectacle de la nature était agréable, autant était triste le spectacle qu'offrait la population dans ce pays arabe. Le commandant fait une peinture navrante de toutes ces misères : terres restées incultes faute de bêtes de somme pour les labourer, faute de grains pour les ensemencer; disette affreuse qui décime les pauvres gens, dix décès en regard d'une seule naissance, des femmes, des vieillards, des enfants mourant de faim dans la rue, insuffisance des secours du gouvernement, etc. Sa mémoire a gardé le souvenir des malheurs du précédent hiver. « Je ne suis point arabophile, dit-il ; bien loin de là ; cependant, l'hiver dernier, j'ai eu souvent le cœur serré de tristesse à la vue de tant de femmes, d'enfants, de vieillards morts de faim ou de froid. Quel spectacle ce serait pour mon ami De Coninck, et quel sujet pour un tableau où il voudrait peindre les horreurs de la misère ! »

Dans une âme aussi compatissante l'égoïsme ne trouve pas sa place. Il n'eut pas manqué, s'il avait pu s'y glisser à la faveur de l'indifférence, d'en corrompre la pure félicité. Car le bonheur, chez ceux qui en sont vraiment dignes, ne consiste pas à jouir des avantages exclusivement personnels ; il se complète d'une large part du bonheur d'autrui et de la satisfaction d'un noble penchant qui commande au cœur de prendre pitié de toute infortune. Les goûts de Clemmer n'avaient rien de commun avec les aspirations épicuriennes, et la compassion qu'il sentait pour les misérables élevait son âme sans assombrir sa vie. Sa femme et lui répudiaient le stérile chagrin. Et quel chagrin eut tenu contre tant de sujets de contentement qu'ils se donnaient l'un à l'autre ? Heureux à Batna comme à Sétif, ils auraient été heureux au bout du monde. Clemmer pouvait dire, comme Saint-Arnaud, ces paroles touchantes et vraies : « Quelle bonne chose, un bon ménage, une femme qu'on aime ! C'est le paradis sur la terre. »

Mais n'y avait-il pas une tâche d'ombre sur ce charmant tableau ? Ce ménage n'avait pas d'enfants ; et, s'il faut en croire les poètes, la maison sans enfants, c'est un parterre sans fleurs, un ciel sans étoiles. Le commandant n'est plus de l'avis des poètes. Les premières illusions passées, il n'a d'affection paternelle que pour « les enfants du désert », pour ses tirailleurs qui arrivent tout grands, marchant, évoluant au son du tambour et du clairon. Tambours et trompettes de bazar lui rompraient la tête dans son intérieur calme, gai, mais recueilli, bien clos, silencieux à souhait pour le plaisir de la conversation. Certainement Clemmer et sa femme ont eu d'abord le désir de voir fleurir autour d'eux une jeune famille; mais ils ont eu la sagesse de changer de goût quand leurs vœux ont semblé inutiles. Ils se contentent de vivre à deux; ils n'en font pas mystère, et leurs parents comprendront enfin qu'ils ne doivent pas former obstinément de vaines espérances, quand ils liront ces lignes de leur fils : « Coralie trouve que vous la taquinez avec vos souhaits de progéniture. Elle dit, et je suis de son avis, que les enfants sont un grand embarras pour les militaires. Partant, nous n'en désirons ni l'un ni l'autre. Si Dieu nous en envoie, nous les accepterons volontiers, et nous les élèverons avec soin ; mais nous voudrions bien ne point avoir cette charge. Ainsi soit-il. »

Clemmer avait en horreur l'encombrement qui, sur le chemin de la vie, entasse plutôt les obstacles que les difficultés, créant mille assujettissements et condamnant l'activité humaine à de stériles efforts. En campagne, il aime la colonne légère, et, dans sa vie privée, nous trouvons la prédominance du même caractère, le même goût pour l'ordre et la simplification. Il a son principe bien arrêté : pour arriver au but, il ne voit qu'un chemin, la ligne droite, sans se soucier des escarpements et des précipices.

Car il compte pour rien le danger et la peine, sachant qu'avec de l'énergie, l'homme en a bien vite raison. Il veut se sentir toujours prêt à toute éventualité, n'avoir à craindre aucune cause de retard en cas d'alerte ; il s'embarrasse le moins possible des intérêts matériels et ne se charge même pas du souci d'un déménagement compliqué.

Maintenant il songe au voyage de Batna à Paris. Les préparatifs commencent. L'année 1868 touche à sa fin, le bataillon doit être en mesure de partir pour Constantine avant le mois de mars ; car les troupes qui seront envoyées en détachement à Paris y arriveront, selon toute apparence, au mois de mai.

Pendant que les officiers et les soldats se préparent à dire adieu pour une année à la garnison africaine, la femme du commandant prend, de son côté, ses dispositions pour le retour en France. Bien douce pour elle la pensée du voyage, plus douces encore la perspective du pays, après vingt mois d'absence, et l'espérance de revoir la famille. L'Algérie a ses enchantements, quand on la visite en compagnie du commandant, esprit délicat et mari complaisant ; mais rien n'égale la joie de penser à un prochain retour.

Un évènement imprévu menaça d'anéantir ces beaux projets. Au commencement de février 1869, des troubles éclatèrent dans le sud de la division d'Alger. Aussitôt, mouvement général des troupes. Chaque corps d'armée se mobilise et

descend en colonne vers le centre de l'insurrection.
Les troupes de Constantine sont dirigées sur
Bousàada, celles de Batna doivent se rendre à
Biskra Une partie du bataillon de Clemmer court
renforcer le poste de Tuggintto, et lui-même se
hâte d'arriver à Biskra. Au bout de dix jours, sa
femme va le rejoindre. Elle ne craint pas les
insurgés, et, en vérité, ils ne sont pas à craindre.
Son mari n'a pas manqué de le lui faire savoir,
comme il le dit aussi dans cette lettre à ses
parents : « Cette expédition est une partie de
plaisir. Il fait ici un temps délicieux. Quant
aux troubles, il y a longtemps qu'il n'en est
plus question et que les Arabes, venus du Maroc
avec l'espoir de raser nos tribus du sud, ont été
rasés eux-mêmes et sont rentrés dans leur pays.
Il est à supposer que ce mouvement ne portera
pas préjudice à notre voyage de Paris. Charles-
Louis se porte bien ; il est avec nous à Biskra,
enchanté d'avoir vu le désert. »

Il est beau, le désert, avec son étendue
immense, son silence profond ; c'est le morne
océan de sable, qui a pour limites, au nord, les
escarpements des montagnes d'Algérie. Charles-
Louis et sa tante furent ravis de contempler la
grande plaine fauve, monotone, sans ombre ;
mais ils purent ouvrir leur âme à des émotions
bien plus douces, lorsque, le 19 avril, l'ordre
fut donné de partir pour la France. Le bataillon
quitte Batna, le 22, et arrive, le 26, à Constantine.
Vingt jours après, il se dirige sur Philippeville,
et l'embarquement s'effectue à la fin de mai.

Enfin le commandant reprend garnison à Paris. Là fut son point de départ, quand il entra dans la carrière. Il peut reporter aujourd'hui ses regards sur l'immense chemin parcouru depuis le jour où, simple soldat, il venait à la caserne. Il a déjà laissé loin derrière lui le but qu'il s'était alors proposé d'atteindre ; il a vu se réaliser les rêves mêmes que ses succès lui ont permis de former plus tard. Paris lui rappelle un passé lointain et l'invite doucement à faire revivre ses souvenirs, à les grouper dans un tableau riant, tout plein de flatteuses perspectives. Les fatigues, les dangers, les souffrances, les triomphes, les contrastes les plus hardis y forment un ensemble saisissant, extraordinaire et pourtant fidèlement vrai. Sa pensée, dégagée de toute préoccupation, peut à loisir s'attacher à cette merveilleuse image. Il sait que sa famille est heureuse : sa femme et son neveu sont partis pour la Flandre. Ils ont, en effet, apporté aux vieux parents les doux témoignages d'affection du brave officier, modèle de piété filiale. Ils sont reçus avec la plus vive joie ; on leur fait fête en attendant le retour du commandant.

Cette fois, la kermesse de Méteren ne coïncide plus avec un déménagement en Afrique. Charles-Louis peut prendre sa part des réjouissances du village et profiter des économies réalisées avec le concours de sa tante, en prévision des jours fortunés qu'il passe maintenant au pays.

Après quelques semaines d'absence la femme du commandant revient à Paris, elle ne se ressent plus de la fièvre qui, par moments, la rendait souffreteuse en Algérie, et s'empresse de jouir des douceurs de sa nouvelle résidence, charmée des distractions que lui offre la capitale et du magnifique logement où elle est installée. La petite maison de Sétif est oubliée : on entend sous les fenêtres le bruit des voitures qui roulent sur le quai d'Orsay. De l'autre côté de la Seine, le Pavillon de Flore apparaît souriant dans la royale coquetterie de son architecture. Clemmer et sa femme sont au centre même du beau Paris, entourés des honneurs qui sont le privilège du grade, à peu de distance du pays et de la famille, à côté d'un groupe d'amis dont les rapproche une mutuelle sympathie. Le commandant s'intéresse aux travaux de l'artiste De Coninck, et l'artiste se plaît à voir le commandant à la tête de ses Africains. La superbe monture de l'officier le frappe d'admiration, et il la choisit comme modèle dans une grande peinture à fresque qu'il prépare pour l'église Saint-Martin, à Dunkerque; c'est ainsi que le cheval de Clemmer devient, dans la composition du peintre, le cheval de saint Martin.

Le mois de juillet n'est pas encore fini, et déjà cette existence pleine d'enchantements s'assombrit. Une triste nouvelle arrive, et il semble qu'une ombre passe derrière elle, effaçant aux yeux du commandant le féérique décor où brillaient le quai d'Orsay et les Tuileries. Sa mère est malade, mortellement malade. L'épreuve est rude pour le tendre fils. Il en était venu à croire,

par une douce et longue habitude du cœur,
que le bonheur ne pouvait exister pour lui s'il
ne le partageait pas avec sa mère; il ne la trouvait
jamais « assez vieille pour mourir; » il aurait
voulu, par un miracle d'affection, la rendre im-
mortelle. A cette heure de cruelle angoisse, il
écrivit une lettre de douleur et d'amour, mêlant
les conseils à toutes les autres marques de sollicitude, laissant entendre à son père ces paroles
désolées qui sonnent comme des sanglots : « Pauvre mère ! Nous veillerons à ce qu'elle ne manque
de rien. Priez de ma part M. Leurs de vous venir
en aide dans cette circonstance. Je ne puis que
vous conseiller de transporter ma mère à
Bailleul, puisque vous espérez tous qu'elle trouvera là un soulagement à l'affection qui doit la
conduire inévitablement au tombeau.

« Le cœur me saigne ; je ne puis pas vous
en écrire davantage. »

Il prévoyait le coup de la mort, cette impitoyable ennemie de l'homme qui brise les liens
les plus puissants et consomme ici-bas les grandes séparations. Pour la première fois, il se sentait faible en face de la réalité. Il avait associé
sa mère à sa destinée : aux jours de péril ou
de gloire, il avait vu près de lui cette figure
souriante; il en avait fait le témoin de ses actions
et de ses pensées. Aujourd'hui, il sent qu'elle
s'éloigne ; elle est moins présente, moins visible;
elle commence à disparaître, enveloppée de cette
clarté de paradis qui transfigure, puis dérobe aux
regards de l'homme les traits de ceux qui entrent

dans la demeure éternelle. La plus noble affection parmi toutes celles qui ont un objet terrestre, c'est l'amour pour notre mère; cette affection est la plus juste aussi, notre mère étant la seule femme dont nous soyons sûrs d'avoir été toujours aimés. La séparation laisserait même de trop cruels regrets, si la prière n'apportait son céleste remède.

Le malheur prévu arriva. Clemmer perdit sa mère, et nous devinons quelle fut la plaie de son âme. Tout entier à son deuil, il laissa durer sa tristesse, demeurant fidèle au souvenir comme à un devoir filial, et, après une année, nous trouvons encore le même chagrin qui survit dans son cœur et qui lui fait dire ces paroles attendries : « La perte que nous avons faite en juillet a laissé un grand vide dans notre famille, vide irréparable. La bonne et sainte femme doit être au séjour des bienheureux, d'où elle protège encore les siens. »

Tel était, dans la pensée du fils, le retour sur le passé. Le vieux père, privé de sa compagne, ne resta plus longtemps à Méteren. Il se disposa à quitter la solitude de sa maison et à se fixer à Boëschèpe, chez sa fille Régina, où sa place était toute préparée dans le cercle aimé de ses petits-enfants. Le commandant applaudit à ce dessein et souhaita qu'il fût promptement exécuté : « J'ai reçu votre lettre du 6 août, écrit-il au vieillard, et je suis content que vous ayez réglé à votre satisfaction toutes vos petites affaires, à Méteren. J'espère

comme vous que vous serez heureux à Boëschèpe; je fais des vœux pour que tout aille bien. »

Pierre-Jean Clemmer avait grand besoin des
distractions de la vie de famille. Celles qu'il
trouvait à Boëschèpe auraient même été insuf-
fisantes pour lui, s'il ne s'était pas senti continuellement réconforté, après son récent malheur,
par les lettres de son fils. Les tristes préoccupations l'avaient suivi dans sa nouvelle résidence ; il pensait à la mort et se laissait aller
à de funestes inquiétudes, que le commandant
s'efforçait de combattre par de bons conseils
pleins de sage logique. « Pourquoi vous occuper
déjà de la mort ? écrit-il. Si maintenant vous
êtes heureux et content, c'est, il me semble,
le moment de ne pas y penser, si ce n'est dans
vos prières... Vivez tranquille, et vous vivrez
encore longtemps. »

Il pouvait, en effet, vivre tranquille, exempt
de soucis, au foyer paisible de sa fille et de
son gendre Louis Deberdi, puisque, depuis peu,
il avait eu sa part d'un héritage après la mort
d'un proche parent. Mais cette petite fortune,
venue sur le tard, était elle-même un sujet
d'inquiètes réflexions. Ce n'est pas que l'argent
fût pour lui un embarras; mais il voulait
aviser avec trop de sagesse au moyen d'en
disposer par testament et il craignait qu'à sa
mort, le capital ne fût pas réparti, comme il
convient, entre ses héritiers. Il portait la peine
assez ordinaire aux gens qui se torturent l'esprit à faire des testaments sans se douter que

la plus élémentaire justice simplifie l'œuvre du testateur en faisant prévaloir le principe de l'égalité sur toutes les combinaisons de l'esprit de charité. Le vieillard indécis eut l'heureuse pensée de consulter son fils, qui lui prouva sans peine comment l'égalité des parts met forcément tous les héritiers d'accord : « Si, après votre mort, vous ne voulez pas avoir de compte à rendre, comme vous le dites dans votre lettre, il faut rester dans l'équité et la justice. Puisque vous demandez mon avis sur votre testament, que vous m'avez envoyé ; je vous dirai franchement que je ne le trouve pas juste...... Il ne faut pas avantager un tel ou un tel, de crainte de faire des jaloux. Si j'ai pu vous faire quelque bien en ce monde, je n'ai fait que mon devoir et je ne veux pas en être récompensé au détriment de mes sœurs. Vous m'avez demandé mon avis, je vous l'ai donné en conscience ; mais vous êtes toujours libre d'agir d'après vos convictions, et quels que soient les ordres que vous laisserez après votre mort, vous pouvez être certain qu'ils seront exécutés. »

On ne saurait mieux allier la déférence à la franchise : Clemmer fait preuve de conscience, de bon sens, de désintéressement ; il porte au fond de son âme les deux qualités du parfait honnête homme, la justice et la bonté. Qu'il y a loin de ce noble sentiment, source de concorde, aux vulgaires convoitises de ceux qui jettent le trouble dans les familles et se font, dans le partage du patrimoine, la part du lion !

Ce qui occupait la pensée de Clemmer, ce qui le touchait plus que l'argent, c'était la santé de son père. Il voulait, par d'encourageantes paroles, le fortifier contre les atteintes de l'âge, et, sans répéter les mêmes maximes, il s'ingéniait à le rassurer contre les menaces de la mort, sachant qu'elles donnent peur et que cette peur fait mourir les vieux. « Mme Denturck m'a dit qu'elle vous avait trouvé très bien portant et tout rajeuni. Il ne faut donc pas penser à la mort. » Cet habile procédé réussissait. Les vieillards sont crédules et faciles à tromper. Rarement ils ont assez de philosophie pour écarter les sombres images, plus rarement encore en ont-ils assez pour mépriser la mort. Ils sentent qu'ils sont, dans le champ déjà en partie moissonné, les épis que la faux n'épargnera plus longtemps. Faute du long espoir, ils s'attachent avec une complaisance naïve aux séductions du présent. Ils ont gagné beaucoup, quand ils ont gagné du temps, et ce temps, si précieux à l'heure du couchant, c'est du temps perdu, du moment que l'inquiétude vient en corrompre la jouissance.

Les lettres du commandant sont le meilleur antidote contre l'inquiétude du vieux Clemmer. Elles arrivent toujours à propos pour renouveler ses forces ; le fils a trouvé le secret de faire vivre son père, et le jour où le vieillard manquera de cet appui, il succombera sous le double poids du chagrin et des années : sa mort suivra de près celle du brave officier.

Ainsi le temps passe, il passe trop vite au gré du commandant, qui commence à voir de près le moment du départ pour l'Afrique. « Nous profitons de toutes les distractions que nous offre Paris, écrit-il, au mois de novembre ; nous en profitons, comme si nous voulions en faire une ample provision pour l'année prochaine. » Paris est pour lui une résidence incomparable. A la tête de ses tirailleurs il se trouve en possession de toutes les prérogatives d'un colonel. C'est à ce titre qu'il jouit des avantages les plus enviés : les invitations flatteuses ne lui font pas défaut ; il figure aux soirées brillantes, dans les salons des ministres, des maréchaux, etc... Quand il est de garde aux Tuileries, il dîne à la table de l'empereur, en compagnie de l'impératrice et du prince impérial. « La première fois, dit-il, ne sachant pas trop comment tout cela se passait, je me suis senti un peu intimidé, mais ensuite j'étais à mon aise là comme chez moi. Dans chacune de ces circonstances l'empereur parlait un instant avec moi ; et, la dernière fois, l'impératrice, qui venait de faire son voyage en Égypte, s'est entretenue avec moi plus de dix minutes. C'est une femme charmante et très jolie. »

Voici le 1ᵉʳ janvier de l'année 1870. Fidèle à son habitude, Clemmer adresse affectueusement ses vœux à son père et, plein de confiance dans l'avenir, il lui dit : « J'espère que l'année qui commence sera plus heureuse pour nous que celle qui vient de s'écouler. » Il le croyait ; il

20

ne savait pas qu'au delà des espaces visibles, cette date était écrite en lettres de sang sur le manteau des étoiles. Il formait de magnifiques projets, comptait obtenir une permission de quinze jours, vers la fin d'avril, et promettait d'aller voir encore son père avant de partir pour l'Afrique. Mais des troubles éclatèrent à Paris au moment du plébiscite, et il dut renoncer à l'espoir de passer quelques jours au pays, quand il lut cette lettre du général : « Par ordre du ministre de la guerre, aucun chef de corps ne peut s'absenter de Paris jusqu'à nouvel ordre, à cause de l'état des esprits parmi une certaine partie de la population de Belleville. »

Le bataillon se tenait prêt pour le départ. Le 31 mai, il quittait Paris et reprenait le chemin de Constantine ; le commandant se rendait volontiers à cette garnison qu'il aimait. Comme c'était convenu, sa femme irait le rejoindre quelques mois plus tard. La séparation ne fut pas trop cruelle : aux paroles d'adieu se mêlaient celles de l'espérance. Les deux époux n'avaient qu'à suivre, chacun de son côté, le plan qu'ils avaient tracé de concert en s'inspirant à la fois de la sagesse et de l'affection. Ainsi, la femme devait profiter quelque temps encore des douceurs de la famille et du pays ; l'officier, uniquement occupé de son service, devait se préparer aux manœuvres pour le jour de l'inspection générale.

Satisfaits de cette harmonieuse combinaison, les époux se séparèrent : elle le regarda partir, et son regard avait cette incomparable douceur d'expression que l'attendrissement donne au sourire. Il y répondait, lui, avec tout son cœur, et complétait, en s'éloignant, le sens des dernières paroles par le dernier geste qui marque le mouvement de l'âme et dessine le lien de l'amour réciproque. Les deux cœurs s'unissaient dans une pensée commune et redisaient avec une égale confiance, quand déjà la distance se faisait entre eux, ce mot, toujours le même : Bientôt.

Vaine leur espérance, inutiles leurs projets. Jamais les deux époux ne se reverront. Clemmer et sa femme, séparés aujourd'hui par la distance, le seront bientôt par la mort. Heureusement, l'avenir sait garder ses secrets; il laisse à l'homme l'ignorance qui seule permet de goûter la félicité terrestre jusqu'au dernier moment. Ainsi, le commandant, parti de Paris sans de trop vifs regrets, retourne volontiers en Afrique, où il a passé les plus belles années de sa jeunesse. « Car j'aime, dit-il, ce pays où le militaire tient encore le premier rang dans la société et où chacun est absolument libre d'arranger sa vie comme il l'entend. Enfin, c'est le pays du soleil, de la lumière et de la chaleur. »

Toutefois, il n'oublie pas la capitale. Il aime Paris et, parlant du séjour qu'il vient d'y faire, il montre bien qu'il en a gardé un bon souvenir. « Je n'ai eu qu'à me louer, dit-il, de toutes les personnes que j'y ai connues et avec lesquelles j'ai eu des relations. J'y ai été tranquille et heureux. »

Plus que l'Afrique, plus même que Paris, il aime son pays de Flandre, Méteren, le joli village, les sites pittoresques, la campagne colorée qui flatte et repose les yeux, les collines boisées qui font cercle autour de la vallée, les pâtures toujours fraîches et vertes, avec les grands ormes qui semblent border des avenues. C'est à Méteren ou à Bailleul qu'il compte se fixer un jour, lorsque, la carrière entièrement parcourue, il pourra se reposer et dédommager sa femme des fatigues de la vie errante. Ce rêve de félicité, qui enchantait aussi certaines heures de la vie de Saint-Arnaud, inspire à Clemmer les lignes suivantes, écrites en 1870 : « Coralie n'est pas tout à fait de mon avis, quand je fais l'éloge de l'Afrique. Mais j'espère que peu à peu elle s'habituera à ce pays. D'ailleurs nous n'y resterons pas éternellement.» D'autres que Clemmer ont formé des vœux de ce genre sans les voir jamais se réaliser. Quand on a passé son enfance à Méteren ou à Bailleul, on comprend la beauté de cette riante contrée, mais on en apprécie surtout les délices quand, par la rigueur du sort ou des hommes, on doit s'acheminer vers un poste lointain, dans quelque âpre région.

Si éloigné qu'il soit, Clemmer ne se sent pas maintenant tout à fait séparé de son pays. La douce moitié de lui-même, sa femme est encore là-bas : elle ne doit pas reprendre le chemin de l'Afrique avant le mois d'août. « Après l'inspection générale, écrit le commandant à son père, c'est-à-dire vers le 15 août, je demanderai une permission d'un mois pour aller vous voir et chercher ma femme, que je ramènerai en Afrique dans le courant de septembre, après les grandes chaleurs. »

Le mois de juillet arrive. Le bataillon de Clemmer a quitté Constantine pour prendre garnison dans un petit poste de la même province. Quelques semaines plus tard, il reçoit l'ordre de se rendre à Bougie. Les tirailleurs se mettent en route et, chemin faisant, voient arriver des troupes qui, parties d'un autre point, suivent la même direction. Elles annoncent la grande nouvelle qui fait tressaillir tous ces braves. *La guerre est déclarée ! Guerre avec la Prusse !* Aussitôt, sur le commandement des chefs, on double les étapes. A Bougie, les soldats trouvent d'autres régiments occupés aux préparatifs de départ. Les vaisseaux attendent dans le port de Philippeville. Quelques jours après, Clemmer et ses tirailleurs arrivent en Alsace, impatients de combattre, persuadés qu'ils courent à la victoire. Ils sont du nombre de ces corps d'élite dont les Allemands redoutent les charges audacieuses. « De ces hommes, écrit le prince Frédéric-Charles, on forme des régiments de marche. dont l'ambition est surexcitée et dont les pertes sont vite réparées. Ces troupes sont portées en première ligne pour exécuter les coups de main et ouvrir le chemin de la victoire. Leur exemple électrise les forces de soutien et fait vibrer l'enthousiasme qui les entraîne à leur tour. »

Les tirailleurs, dont Clemmer savait en-
flammer l'ardeur et maintenir l'élan, vinrent
compléter le 1er corps d'armée réuni sous le
commandement de Mac-Mahon, aux environs de
Strasbourg. Ils composaient, avec le 3e zouaves,
la brigade Lacretelle et appartenaient à la 4e
division, commandée par le géhéral de Lartigue.

Déjà dès le 25 juillet, le corps d'armée du
maréchal Mac-Mahon avait déployé ses forces
sur une ligne très étendue. Pendant que la 3e
et la 4e division demeuraient à Strasbourg, la
1re division était à Wœrth, et la 2e à Haguenau.
Les mouvements stratégiques allaient commencer
dans le nord de l'Alsace, entre le prolongement
de la chaîne des Vosges et le Rhin. La division
Douai se porta, le 2 août, d'Haguenau sur Wissembourg et prit position au Geissberg, qui domine
la ville du côté du sud-est. Dans le même
moment, les troupes allemandes commandées par
le prince Frédéric-Charles descendaient vers ce
point de la Lauter, et, à la faveur des bois de Bien-
Wald, se réunissaient en masses nombreuses.
Cet ennemi invisible se préparait à frapper un
grand coup, et, le 4 août, il surprit la 2e division
et la vainquit, malgré l'intrépidité du 1er régiment
de tirailleurs, qui fit dans les lignes prussiennes
une brèche sanglante.

Parti de Strasbourg avec la 3e et la 4e
division, Mac-Mahon s'était porté plus au nord,
pour combiner ses opérations avec celles des autres forces de son corps d'armée, lorsqu'il apprit,
dans la nuit du 4 au 5, la défaite et la mort du

général Abel Douai. Il ne douta plus que cette première bataille ne fût le présage d'une seconde et terrible rencontre, persuadé que les Allemands, maîtres de Wissembourg, ne manqueraient pas de se diriger sur Saverne. Son plan fut de barrer le chemin au prince royal de Prusse, et, le 5 au matin, il se mit en marche, sachant bien qu'il allait au-devant « de masses énormes et d'une artillerie formidable. Il se proposait d'accepter une bataille défensive sur la rive droite de la Sauer, dans une excellente position... Il choisit pour champ d'action une série d'éminences protégées par le lit de la rivière, avec des hameaux et des terrains rocheux sur leurs pentes. Ces hauteurs couraient depuis Reischoffen jusqu'au delà d'Elsasshausen, en passant par Fræsch-willer. » Il disposait d'un effectif d'environ trente-trois mille hommes.

Cependant, l'armée ennemie qui en comptait cent vingt mille, descendait avec quatre cents canons sur Wœrth en longeant les deux côtés du massif boisé du Hoch-Wald.

Quand vint la nuit, les Français avaient pris leurs dispositions pour la bataille. La division Ducrot formait la gauche et s'appuyait à Reischoffen ; la division Raoult était au centre, entre Fræschwiller et Wœrth; à droite, et jusqu'au delà d'Elsasshausen, venaient les lignes de la division de Lartigue, à laquelle appartenait le bataillon de Clemmer.

L'armée passe la nuit dans le plus grand calme : partout un profond silence. Les troupes se reposent des fatigues de la marche et, en attendant la bataille annoncée, elles refont leurs forces, après l'accablante chaleur de cette journée d'orage. Elles dorment d'un sommeil tranquille, mais interrompu quelquefois par le bruit des coups de feu qui éclatent aux avant-postes. Ajoutons qu'elles veulent rester sur le qui-vive, se sentant près de l'ennemi. Les moments d'insomnie leur semblent courts, tant elles ont l'esprit occupé d'héroïques projets pour le lendemain. Les tirailleurs algériens et les zouaves lèvent de temps en temps la tête, interrogeant du regard l'espace, sombre encore, où ils pourront se jeter sur l'ennemi. Ils sont impatients d'en venir aux mains, enflammés de cette ardeur contenue qui, au premier signal, leur fera prendre l'offensive avec une irrésistible impétuosité : sûrs de leur courage, ils le sont aussi du triomphe.

Dès le lever du jour, les soldats se tiennent prêts. Ils accueillent par des bravos ceux des zouaves et des turcos qui ont été envoyés en reconnaissance dans les villages et les bois, le long de la Sauer, et reviennent trempés, après avoir marché une partie de la nuit sous une grosse pluie d'orage.

A cinq heures, la pluie cesse, et le soleil illumine, aux yeux des troupes gaies et confiantes, le beau pays que les deux armées vont se disputer. « Le vallon verdoyant, rafraîchi par des ruisseaux bordés d'arbres, décrit un arc de cercle; dans le fond se trouvent la ferme et le moulin de Bruch-Mulhe, dont la Sauer, petite rivière, presque à sec en été, fait tourner péniblement les meules... Le paysage est gai, plein de fraîcheur et d'horizons; le fond du vallon est coupé de prairies et de champs labourés; partout des ruisseaux, de beaux arbres verts, des bosquets touffus; les morts doivent reposer en paix sous ces frais ombrages [1]. »

C'est dans une des vertes prairies qui tapissent la pente de la vallée, que, le matin, de bonne heure, Clemmer s'entretient avec quelques officiers. Ils échangent leurs vues sur les mouvements probables des deux armées, exposent leurs conjectures et se concertent pour assurer la parfaite exécution des instructions qu'ils ont reçues. Charles-Louis Hurthemel, à qui nous devons plus d'un renseignement sur les péripéties secondaires de la bataille, est à côté d'eux, attentif, tenant par la bride le cheval de son oncle. « Charles, dit celui-ci en se retournant du côté de son neveu, la journée sera rude; la bataille s'engagera dans un moment et durera probablement jusqu'au soir. Il faut s'y préparer en prenant du café et un bon verre. » On boit le café, puis, vers six heures, l'artillerie commence à tonner sur divers points occupés par l'aile gauche du corps d'armée. Clemmer indique à Charles-Louis l'endroit où il aura à se tenir; il lui recommande d'y rester, lui promettant d'y revenir un peu plus tard. Aussitôt il monte à

[1] Dick de Lonlay, *Français et Allemands*, p. 56.

cheval et s'élance en avant, rejoignant à la hâte ses turcos.

Le 3e tirailleurs algériens et les zouaves, dont se compose la brigade du général Lacretelle, sont rangés en bataille au front de la division. Appuyés à la ferme d'Albrechtshauserhof et à la forêt du Niederwald, ils occupent le terrain en pente qui descend à la Sauer, en face du moulin du Bruch-Mulhe. Dès la première heure, une vive fusillade est échangée entre ces premières lignes et les compagnies prussiennes du XIe corps, réparties dans les vignes, de l'autre côté de la Sauer, et sur les pentes du Gunstett, où elles s'abritent derrière les bâtiments d'une ferme. Les tirailleurs français, soutenus par les canons, défendent facilement leurs positions, et, vers neuf heures, ils essaient de repousser l'ennemi en prenant l'initiative de l'attaque dans la direction du Gunstett.

Pour prévenir un engagement sur la rive gauche de la Sauer, les Allemands se portent au nord-est de la colline avec l'artillerie divisionnaire et ouvrent leur feu contre nos batteries, opposant cent huit canons aux quarante huit pièces de la division de Lartigue. Notre artillerie, trop faible, ne peut résister longtemps à la force des innombrables projectiles qui détruisent les attelages et le matériel. C'est un feu infernal, avec un sifflement de balles, et un fracas d'obus éclatant ou s'entrechoquant. Au milieu de cette tempête de fer, de plomb et de fumée, notre artillerie se tait bientôt, tandis que l'artillerie allemande, recevant à chaque instant de nouveaux renforts, élargit son cercle d'action avec une puissance terrible.

Pendant ce duel à mort, les tirailleurs sont admirables de courage et de sang-froid ; les turcos et les zouaves rendent aux Prussiens balles pour balles et poussent leurs cris menaçants, qui dominent le bruit de la fusillade. Ils sont décidés à ne point plier devant la force et le nombre, mais à défendre leurs positions jusqu'à la mort.

Pour arrêter le mouvement offensif de l'ennemi, les turcos et les chasseurs se portent en avant.

« En avant ! crient turcos et chasseurs.

« En vain les batteries du Gunstett les accablent d'une grêle d'obus ; en vain les munitions manquent ; en vain notre artillerie se tait. On se bat corps à corps ; la plupart de nos soldats qui tombent tués ou blessés, sont frappés à bout portant ; toutes les blessures sont entourées d'une auréole bleue de poudre.

« Turcos et chasseurs ne songent plus à tirer : ils lardent ou assomment. A chaque instant des colonnes ennemies viennent combler les énormes trouées que nous avons faites.

« Nos Algériens se couchent, comme à Wissembourg, laissent passer l'ennemi, et, se relevant brusquement, le poursuivent, la baïonnette dans les reins. Il n'en revient pas un de ceux que nous surprenons ainsi.

« Trois fois, les Prussiens montent à l'assaut de nos positions, et, trois fois, redescendent, la baïonnette dans les reins. Mais ces gens là disposent de tant de monde, qu'ils font, à chaque attaque, monter des troupes fraîches...

« Ces divers mouvements offensifs causent de grandes pertes au 3e turcos... Au premier rang se distinguent, tous à cheval, et défiant les balles ennemies, le colonel Gandil, le lieutenant-colonel Barrué, les commandants Clemmer, Aubry, Thiénot, le capitaine adjudant-major Brauld, les capitaines Montignault et Vissant[1]. »

Il est plus de onze heures. L'ennemi gagne du terrain malgré tant de courage déployé et tant de sang versé dans les lignes françaises. Le général allemand de Bose, arrivé depuis un moment sur la hauteur du Gunstett, réunit toutes ses troupes pour forcer le passage de la Sauer et prendre possession du Niederwald. Arrivés là, les Prussiens trouvent à qui s'adresser : une lutte terrible s'engage entre eux et les Français qui les attendaient dans les fourrés. Nos soldats tiennent tête aux assaillants et les refoulent jusqu'à la rivière.

Cependant les turcos épuisés de fatigue et réduits à un petit nombre, vont se reformer à l'abri de l'artillerie. C'est à ce moment que Charles-Louis voit apparaître son oncle. Le commandant arrive, tête nue. Ses yeux brillent d'une flamme terrible. Une blessure, ouverte au-dessus de la joue droite, couvre de sang une partie de son visage et achève de donner à ses traits une

[1] *Op. cit.*, page 79,

expression farouche. Enfin, soit douleur, soit
colère, il est effrayant, et son neveu étonné ose
à peine soutenir le regard de cet homme surex-
cité par une lutte à mort. Pas de relâche... Le
commandant demande à boire, puis, vivement,
sans prononcer une parole, il lance son cheval,
ayant hâte de rejoindre ses tirailleurs. Par un
mouvement naturel, le jeune soldat le suit. « Non,
allez-vous en », dit son oncle. Malgré la défense,
Charles-Louis continue d'avancer, pensant bien
qu'au jour de la bataille on peut désobéir.
Brusquement Clemmer se retourne et d'une
voix impérieuse : « Partez d'ici, vous dis-je ; partez, et vite. » Cet accent, ce geste énergique
élargi de toute la longueur de l'épée, arrêtent
le jeune tirailleur. Il fait quelques pas en arrière,
mais, par un héroïque entêtement, il ne veut
pas s'éloigner de ses compagnons d'armes. Il
se tient à l'endroit d'où il a vu partir son oncle,
regardant tristement la pente que domine le
champ de bataille, et, plus bas, la route qui disparaît dans les houblonnières.

On devine la pensée du commandant : il
prévoit le désastre. La balance penche déjà
sous un poids terrible. Inutile d'y jeter encore
le sang de son neveu ; mais il y jettera le sien.

A cheval au milieu de ses hommes, il fait
appel à leur énergie pour un suprême effort.
Les masses ennemies, accrues d'un corps de
Wurtembergeois, sont plus étendues et plus
compactes qu'au commencement de la bataille.
Le prince Frédéric-Charles, arrivé à une heure

avec son état-major, s'efforce d'anéantir la division de Lartigue pour s'emparer de Reischoffen. Le général de Bose fait exécuter à ses troupes un mouvement tournant et essaie de prendre possession du village de Morsbronn.

C'est aux turcos que revient encore une fois l'honneur de s'opposer à la marche de l'ennemi : Clemmer les entraîne, mais l'artillerie allemande vient broyer à chaque instant le front de l'indomptable phalange. En face du pont du Bruch-Mulhe, les Algériens s'obstinent en vain à tenir tête à des forces écrasantes. Quelques officiers supplient le commandant de descendre de cheval et de ne pas rester ainsi exposé en cible aux coups certains de l'ennemi : « Non, répond-il en arabe ; les enfants du désert ne connaissent pas les chefs qui mettent pied à terre pendant le combat. » Et il continue de diriger ainsi la fusillade, dominant son bataillon, faisant briller son épée au-dessus des rangs qui restent encore debout. Les Algériens soutiennent le choc des colonnes ennemies qui ont leur point d'appui sur la rive droite de la Sauer, en avant du pont de Bruch-Mulhe. La mêlée s'engage, courte mais sanglante ; de part et d'autre les troupes tombent foudroyées par cet ouragan de fer et de feu.

Au même moment, les Allemands prennent possession de la rive droite à Spachbach, pendant qu'une masse d'infanterie prussienne se porte sur Morsbronn et sur Eberbach, en convergeant autour de l'Albrechthaüserhof, d'après les ordres envoyés par Frédéric-Charles au général de Bose.

Vers le milieu de l'après-midi, deux heures avant la funèbre déroute, les turcos refoulés cherchent à se maintenir entre Eberbach et la forêt du Niederwald ; Charles-Louis Hurthemel veut se joindre à eux. Il est inquiet sur le sort de son oncle, qu'il ne voit pas revenir, impatient aussi de prendre part au combat et de connaître les résultats obtenus par les compagnons d'armes. Il s'avance vivement et rencontre des turcos blessés qui se traînent vers le quartier de l'ambulance. Les Africains l'ont reconnu, et sans lui laisser le temps de les interroger : *Clemmer morte !* disent-ils avec l'accent d'une profonde tristesse. *Morte le commandant !*

TABLE DES MATIÈRES